lonely planet

MAJORQUE

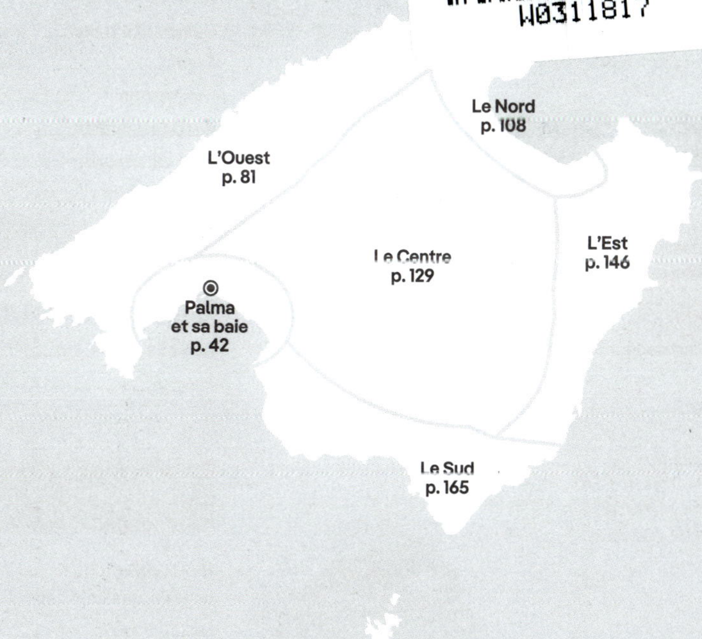

Laura McVeigh

SOMMAIRE

Platja de Cala Gat, Cala Ratjada (p. 22)

Portocolom (p. 160)

Cap de Formentor (p. 117)

Playa del Muro (p. 123)

Caló des Moro (p. 170)

MAJORQUE

LE VOYAGE COMMENCE ICI

Pourquoi venir à Majorque ? En quelques mots, pour ses plages de sable blanc, ses criques immaculées, ses eaux turquoise et son ciel méditerranéen à se damner. Sans oublier les montagnes de la Serra de Tramuntana, l'architecture mauresque et moderniste de Palma, les villages de Deià et Fornalutx, nichés dans les collines plantées d'oliviers, d'orangers, de bougainvilliers et de jasmin. Autres arguments de taille : la cuisine, les festivals, les cinémas et concerts en plein air estivaux, les enclaves artistiques et une riche histoire, à la croisée des influences espagnole et majorquine. Majorquine d'adoption, ce que j'aime par-dessus tout ici, c'est la chaleur, la gentillesse et le sens de l'humour des insulaires. Majorque est bien loin de se réduire au tourisme de masse : c'est aussi un paradis pour les visiteurs en quête de nature sauvage et d'authenticité.

Laura McVeigh

lauramcveigh.com, @lcmcveigh

Laura est une romancière à succès international et une auteure de voyage.

Mon expérience préférée, c'est marcher de bon matin jusqu'à Cap Gros pour admirer Port de Sóller, puis me baigner dans une crique déserte en contrebas, avant d'écrire toute la journée.

Valldemossa (p. 92)

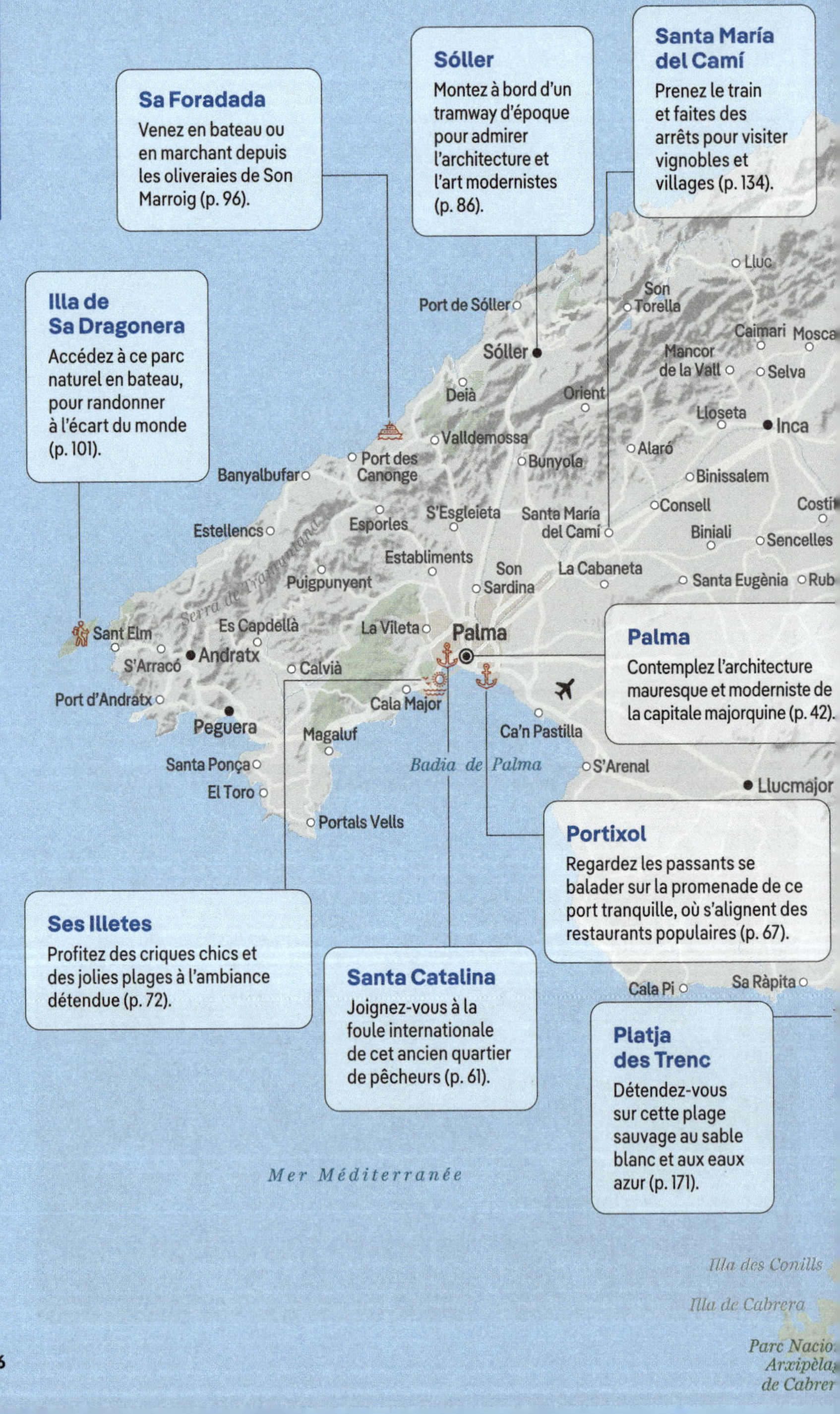
Sa Foradada
Venez en bateau ou en marchant depuis les oliveraies de Son Marroig (p. 96).
Sóller
Montez à bord d'un tramway d'époque pour admirer l'architecture et l'art modernistes (p. 86).
Santa María del Camí
Prenez le train et faites des arrêts pour visiter vignobles et villages (p. 134).
Illa de Sa Dragonera
Accédez à ce parc naturel en bateau, pour randonner à l'écart du monde (p. 101).
Palma
Contemplez l'architecture mauresque et moderniste de la capitale majorquine (p. 42).
Portixol
Regardez les passants se balader sur la promenade de ce port tranquille, où s'alignent des restaurants populaires (p. 67).
Ses Illetes
Profitez des criques chics et des jolies plages à l'ambiance détendue (p. 72).
Santa Catalina
Joignez-vous à la foule internationale de cet ancien quartier de pêcheurs (p. 61).
Platja des Trenc
Détendez-vous sur cette plage sauvage au sable blanc et aux eaux azur (p. 171).
Lluc
Son Torella
Port de Sóller
Caimari
Mosca
Sóller
Mancor de la Vall
Selva
Deià
Orient
Lloseta
Inca
Valldemossa
Alaró
Port des Canonge
Bunyola
Banyalbufar
Binissalem
Consell
Costi
S'Esgleieta
Santa María del Camí
Estellencs
Esporles
Biniali
Sencelles
Establiments
Son Sardina
La Cabaneta
Puigpunyent
Santa Eugènia
Rub
Serra de Tramuntana
Es Capdellà
La Vileta
Palma
Sant Elm
S'Arracó
Andratx
Calvià
Port d'Andratx
Cala Major
Peguera
Magaluf
Ca'n Pastilla
Santa Ponça
Badia de Palma
S'Arenal
El Toro
Llucmajor
Portals Vells
Cala Pi
Sa Ràpita
Mer Méditerranée
Illa des Conills
Illa de Cabrera
Parc Nacio
Arxipèla
de Cabrer

Platja de Formentor

Admirez cette belle crique sablonneuse adossée à des pins (p. 118).

Pol·lèntia

Découvrez le plus grand site archéologique de l'île (p. 119).

Capdepera

Explorez le château aux murs crénelés et les rues tortueuses du village (p. 157).

Santuari de Sant Salvador

Trouvez la sérénité dans cet ancien monastère perché sur une colline et profitez d'une vue panoramique (p. 152).

Parc Natural de Mondragó

Suivez la promenade à travers la pinède jusqu'à des criques bien abritées (p. 176).

AVENTURES SAUVAGES

Avec la Serra de Tramuntana, des paysages variés et un climat méditerranéen doux, Majorque permet un vrai retour à la nature. Pédalez sur des routes spectaculaires, escaladez des rochers escarpés, arpentez des sentiers de montagne et dormez en refuge. Les amateurs d'adrénaline s'en donneront à cœur joie, entre canyoning, plongée et saut depuis les falaises. Envie d'un rythme plus tranquille ? Explorez les marais et observez les oiseaux des parcs naturels comme ceux de S'Albufera, l'Arxipèlag de Cabrera ou Sa Dragonera.

Ornithologie

Au printemps, observez l'avifaune des marais de S'Albufera. Les férus d'ornithologie pourront entrer dans le parc juste après le lever du soleil, un peu avant l'ouverture officielle.

Randonnée responsable

Emportez vos déchets, restez sur les sentiers balisés et respectez la faune et la flore. Faites très attention si vous traversez une propriété privée.

Chasse

Attention aux panneaux "Coto Privado de Caza" : ils désignent des terrains de chasse privés. Restez sur les sentiers principaux.

Route de Sa Calobra (p. 89)

NOTRE SÉLECTION D'EXPÉRIENCES EN PLEIN AIR

Faites une partie du **GR221 (140 km)** ❶, qui relie Andratx à Pollença en traversant la Tramuntana, ou optez pour une balade plus courte depuis Andratx. (p. 103)

À vélo, descendez la route sinueuse menant à **Sa Calobra** ❷. Avec sa forte pente, ses virages serrés et ses tronçons étroits, elle est spectaculaire, mais dangereuse, surtout l'été quand les touristes sont nombreux. À réserver à ceux qui ont le cœur bien accroché. (p. 98)

À la haute saison, prenez le ferry pour **Sa Dragonera** ❸, île inhabitée et protégée, pour faire de la randonnée, pique-niquer et nager. (p. 101)

Muni de jumelles, visitez les marais du **Parc Natural de S'Albufera** ❹ et guettez l'avifaune. Bien qu'il y ait de quoi observer en hiver, mieux vaut venir au printemps. (p. 124)

Explorez le **Parc Natural de la Península de Llevant** ❺, belle zone naturelle protégée, riche en sentiers pédestres et refuges. (p. 154)

Festivaliers à Sineu (p. 142)

FÊTES ET FESTIVALS

Les Majorquins sont profondément attachés à leurs traditions et organisent, au fil de l'année, nombre de fêtes religieuses, historiques ou culturelles. Plusieurs fêtes et festivals mettent aussi à l'honneur musique, cinéma, vendanges et récoltes.

L'agenda

Les fêtes locales sont importantes : des îliens de tous âges y participent et elles sont souvent retransmises en direct sur la chaîne de télévision régionale, IB3.

Célébrations principales

Parmi les dates et événements majeurs, citons le carnaval en février, la Semana Santa (Semaine sainte), plus solennelle, et la Festa Sant Jordi, célébrée le 23 avril dans bien des villes.

NOTRE SÉLECTION DE FESTIVALS

Déguisez-vous pour le **Sa Rua** ❶ (carnaval) et rejoignez la foule. Au programme : défilé, musique, stands de nourriture. Les enfants ont leur propre défilé : Sa Rueta. (p. 132)

Es Firó ❷ reconstitue l'assaut des corsaires maures sur Port de Sóller et Sóller. (p. 85)

Tous les ans en octobre a lieu l'**Evolution Mallorca International Film Festival** ❸. (p. 54)

À Santa Margalida, lors de la **Festa de la Beata** ❹, chars décorés et diables dansants se mêlent aux habitants en costume traditionnel. (p. 138)

FABULEUSES FINCAS

Découvrez la vie et l'histoire de l'île en séjournant dans l'une des nombreuses et splendides *fincas* (propriétés rurales). Si certaines sont rustiques et authentiques, d'autres se révèlent luxueuses et se prêtent à un séjour dans un cadre époustouflant.

Écoresponsabilité

Séjournez dans une *finca* écologique ou dans une ferme en activité.

Pour tous les budgets

Hébergements basiques et rustiques ou havres de luxe, les *fincas* conviennent à tous.

Restaurants

Bon nombre des grandes *fincas* hébergent d'excellents restaurants, dont certains figurent au Michelin.

NOTRE SÉLECTION DE FINCAS

Le **Monnaber Nou Eco Hotel & Spa** ❶ s'étend sur 225 ha, avec un spa et une piscine. Cette ferme écocertifiée met l'accent sur un usage éthique des ressources. (p. 144)

Vaste domaine rural rénové (XVIIe siècle), **Son Mas** ❷ dispose d'un spa. (p. 161)

Repas d'exception, jardins et vue panoramique vous attendent au domaine rural de **Ca's Xorc** ❸. Parfait pour aller marcher dans la Tramuntana. (p. 87)

Finca du XVIe siècle, **Mirabó de Valldemossa** ❹ est une base idéale pour la randonnée. (p. 93)

Hotel Predi Son Jaumell ❺ est un hébergement de luxe, avec un restaurant étoilé au Michelin. (p. 158)

CALAS ET PLAGES

Forte d'innombrables baies et *calas* (criques), Majorque est pour beaucoup synonyme de littoral, de plages idylliques et de criques rocheuses. Et il y en a pour tous les goûts entre la plage sauvage d'Es Trenc, et celles de Pollença et d'Alcúdia, au nord, où l'on s'adonne à la planche à voile. Sans oublier la station balnéaire familiale de Port de Sóller, les *calas* rocheuses de la côte ouest, les villes portuaires sablonneuses de l'Est et du Sud-Est et les plages festives de la baie !

Sports nautiques

Essayez planche à voile, kitesurf, plongée, canyoning ou coastering auprès de l'un des prestataires de sports et activités nautiques de l'île.

En dehors des sentiers battus

Partez à la recherche de criques tranquilles et de bassins rocheux. Au nord-est, la côte est ponctuée de belles criques difficiles d'accès.

Attention au soleil

Lézardez au soleil autant que vous voulez, mais protégez-vous : malgré la brise, le soleil est implacable.

SIMON DANNHAUER/SHUTTERSTOCK ©, TOUT À GAUCHE : DANISKIM/SHUTTERSTOCK ©, À GAUCHE : SIMON DUX MEDIA/SHUTTERSTOCK ©

Platja des Trenc (p. 171)

NOTRE SÉLECTION DE PLAGES

À l'instar d'Audrey Hepburn, d'Elizabeth Taylor et de Charlie Chaplin, foulez le sable de la belle **Platja de Formentor** ❶ bordée de pins. (p. 118)

Faites une sortie snorkeling dans la **Cala Banyalbufar** ❷, crique d'exception difficile à trouver. Des marches raides mènent à un petit port et à des cabanes de pêche. À moins d'arriver très tôt, garez-vous au village et descendez à pied. (p. 95)

Des kilomètres de plage sauvage, de sable blanc et d'eau turquoise se déroulent à la **Platje des Trenc** ❸. (p. 171)

Passez une journée dans un beach club. Ses **Illetes** ❹ jouit d'un cadre grandiose, près de Palma et à mille lieues de la vie urbaine. (p. 72)

Inscrivez vos enfants à l'école de surf de BonaOna à **Ca'n Pastilla** ❺. En l'absence de vagues, ils apprendront à faire du skateboard, du paddle ou du kayak. (p. 65)

Katmandu Park (p. 72)

EN FAMILLE

Majorque est une destination familiale populaire, où les enfants ne sont pas en reste côté activités et visites. Parcs aquatiques, équitation, surf, tyroliennes, escalade, sentiers de montagne adaptés, vélo, natation, cours de planche à voile ou de kayak : ils ne s'ennuieront pas et vous non plus. Vous pouvez aussi opter pour une journée de farniente à la plage !

Excursion à cheval

Passez un après-midi à cheval sur la plage de Son Serra de Marina.

En quête de nature

Envie d'évasion ? Consacrez un jour à explorer l'Illa Cabrera ou l'Illa de Sa Dragonera. Prenez le bateau pour rejoindre ces parcs naturels et n'oubliez pas pique-nique, crème solaire et chapeau.

NOTRE SÉLECTION DE LOISIRS EN FAMILLE

Les meilleurs parcs aquatiques sont **Western Water Park** ❶ (Magaluf), **Aqualand** ❷ (S'Arenal) et **Hidropark** (Alcúdia) ❸. (p. 72, 66, 121)

Profitez des aires de jeux, des manèges et de la maison renversée de **Katmandu Park** ❷. (p. 72)

Découvrez la vie marine au **Palma Aquarium** ❹. (p. 66)

Pour de l'Accrobranche et de la tyrolienne, faites un tour au **Jungle Parc** ❺. Arrêtez-vous à **La Reserva** ❺ pour des activités de plein air. (p. 72, p. 59)

Visitez des grottes souterraines : **Coves del Drac** ❻ ou **Coves de Gènova** ❻. (p. 160, p. 72)

GASTRONOMIE

La cuisine majorquine est copieuse et rustique. Les tapas, bien que figurant sur de nombreuses cartes, sont moins traditionnelles. *Poke bowls, enchiladas* et sushis : un large choix de cuisine internationale est servi ici. Végétariens, végans et intolérants au gluten trouveront également leur bonheur. Nouvelle tendance : des chefs ouvrent des restaurants gastronomiques (dont certains étoilés) sur toute l'île.

Régimes végans et sans gluten

Les options de restauration ne manquent pas, notamment à Santa Catalina et dans la vieille ville de Palma.

Repas traditionnel

Mangez dans un *celler* (ancienne cave à vins reconvertie en restaurant) pour un repas typique.

Cours de cuisine

À Palma, participez à un atelier pour découvrir la cuisine majorquine. Ecocirer, à Sóller, propose des ateliers pour enfants axés sur une alimentation saine.

NOTRE SÉLECTION DE RESTAURANTS GASTRONOMIQUES

Chef étoilée au guide Michelin, la talentueuse Maca de Castro est très réputée et tient l'**Andana** ❶ à Palma. (p. 55)

Réservé aux adultes, le **Dins Santi Taura** ❷ propose une cuisine sophistiquée qui revisite les spécialités majorquines. (p. 55)

Avec son superbe cadre montagneux et sa terrasse aux vues spectaculaires, **Es Racó d'es Teix** ❸ est incontournable à Deià. (p. 97)

Au cœur de Palma, **Botànic Restaurant** ❹ propose une cuisine innovante végétale à base de produits 100% locaux. (p. 58)

Béns d'Avall ❺, près de Deià, jouit d'une belle vue sur la mer et propose une cuisine de qualité reposant sur la permaculture. (p. 88)

ESCAPADE ARTISTIQUE

Voilà longtemps que Majorque a la faveur des artistes : avec ses nombreuses galeries et musées, elle leur offre désormais un foyer vivant. Du CCA Andratx, avec son programme de conférences et d'ateliers, à la Fundació Pilar i Joan Miró, à Palma, l'île vous réserve bien des surprises.

Studios d'artistes

Réservez auprès d'Art Balear pour visiter des ateliers en activité.

Vis ma vie d'artiste

Poterie, céramique, tissage ou peinture : divers cours sans inscription sont donnés sur toute l'île.

Artiste local

Contemplez l'œuvre de Miquel Barceló, artiste réputé originaire de Felanitx, dont les statues ornent l'intérieur de La Seu, la cathédrale de Palma.

Para ti de Betty Goldau Es Baluard Museu de Art Contemporani (p. 53), Palma

NOTRE SÉLECTION DE GALERIES ET MUSÉES

La **Fundació Pilar i Joan Miró** ❶ présente les studios de Joan Miró dans leur aspect d'origine, avec une collection de toiles. (p. 53)

Le **Museu Fundación Juan March** ❷, à Palma, recèle une grande collection d'art espagnol contemporain, dont des œuvres de Miró, Picasso, Dalí et Barceló. (p. 53)

Es Baluard ❸, dans une imposante forteresse (XVIe siècle) sur le front de mer de Palma, renferme des œuvres signées Tàpies, Miró et Dalí. Admirez aussi les sculptures sur les terrasses. (p. 53)

En plus d'une belle collection (Picasso, Miró, etc.), la **Ca'n Prunera** ❹, à Sóller, est agrémentée d'un jardin. Pour voir davantage de céramiques de Picasso et d'œuvres de Miró, direction les expositions de la gare. (p. 86)

Lors de la **Nit de l'Art** ❺ (nuit de l'Art), les galeries de Palma ouvrent en nocturne, et plusieurs événements, conférences et performances ont lieu. (p. 54)

VILLES ET RÉGIONS

Composez votre voyage selon vos envies.

L'Ouest

CULTURE ET NATURE

Flânez dans les orangeraies et oliveraies des bourgades où fleurissent les bougainvilliers. Le charmant village de Valldemossa conserve les traces de Frédéric Chopin et George Sand. Arpentez la Serra de Tramuntana, une réserve de biosphère Unesco. La côte s'explore en bateau depuis Port de Sóller.

p. 81

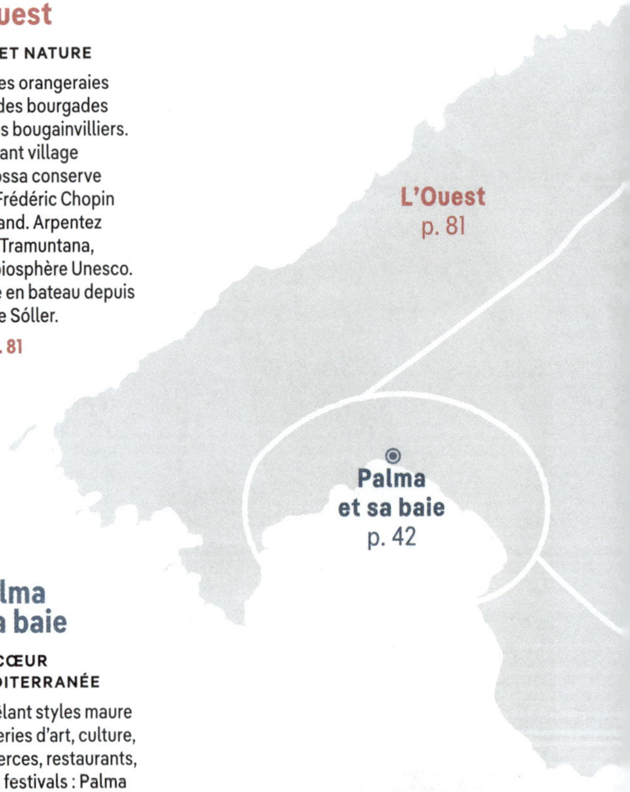

Palma et sa baie

AU CŒUR DE LA MÉDITERRANÉE

Architecture mêlant styles maure et moderne, galeries d'art, culture, marchés, commerces, restaurants, vie nocturne et festivals : Palma est la séduction même. La journée se prête au farniente sur une plage de sable blond ou dans un club de plage, mais on peut toujours opter pour un cours de voile.

p. 42

Le Centre

PLAISIRS TERRESTRES ET SPIRITUELS

Le centre de l'île, recouvert de vignobles que l'on peut visiter, invite à des haltes dans un *celler* (bar à vins). Choisissez de préférence le printemps ou les fêtes des vendanges à l'automne pour visiter ses villages couleur miel. Vous pourrez ensuite combler les besoins de votre âme en effectuant une retraite spirituelle dans l'un des monastères ou *refugi* nichés dans la montagne.

p. 129

Le Nord

RUINES ROMAINES ET PLAGES DE RÊVE

Découvrez le passé romain de l'île à Pol-lèntia, le long des remparts d'Alcúdia. Faites de la planche à voile, du surf ou du bateau dans la baie de Pollença ou profitez de la vaste plage, dotée d'une promenade ombragée. Le Parc Natural de S'Albufera comblera les ornithologues amateurs.

p. 108

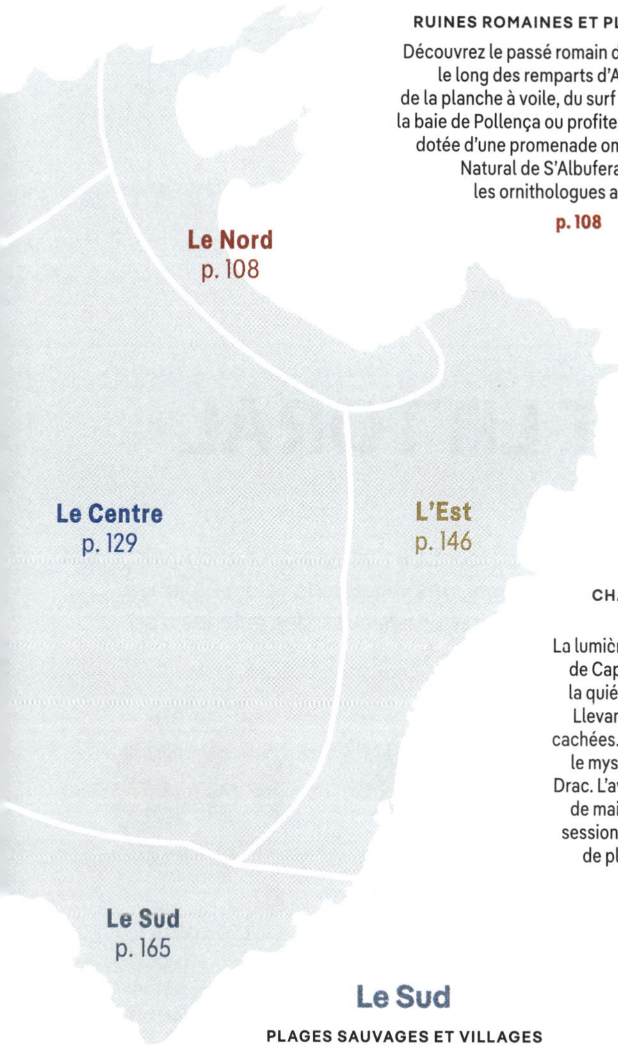

L'Est

CHÂTEAUX, GROTTES ET CRIQUES

La lumière sur les murs du château de Capdepera à l'heure dorée, la quiétude du Parc Natural de Llevant, les criques et plages cachées... Ici, règne la magie, voire le mystère dans les Coves del Drac. L'aventure est aussi à portée de main : inscrivez-vous à une session de canyoning, de kayak, de plongée ou d'escalade.

p. 146

Le Sud

PLAGES SAUVAGES ET VILLAGES DE PÊCHEURS

Quittez votre retraite de charme ou votre *finca* (gîte rural) pour gagner des plages sauvages, des *calas* (criques), le Parc Natural de Mondragó ou la réserve naturelle de l'île de Cabrera et son écosystème vierge, tout en faisant des haltes dans les villages de pêcheurs et les sites de l'âge du bronze.

p. 165

SINA ETTMER PHOTOGRAPHY/SHUTTERSTOCK ©

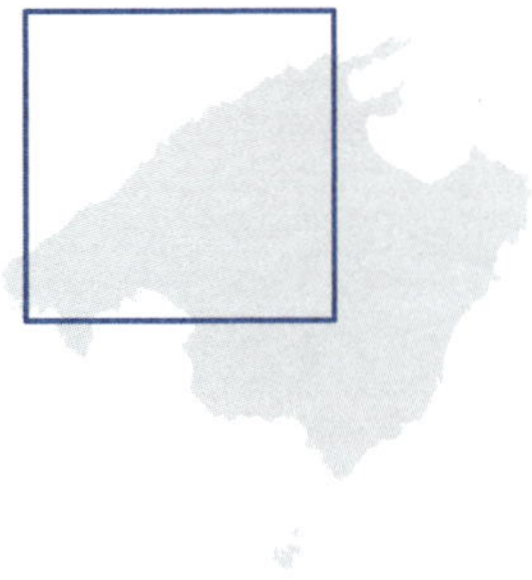

Banyalbufar (p. 95)

ITINÉRAIRES

ART ET LITTORAL

Durée : 10 jours **Distance :** 107 km

En basse ou moyenne saison, louez une voiture pour découvrir l'ouest de l'île, ses paysages fascinants, des villages de vallée typiques, la cuisine et la culture majorquines, mais aussi des galeries d'art dynamiques et des sites historiques.

1

ANDRATX 2 JOURS

À **Andratx** (p. 99), visitez la collection d'art contemporain du CCA Andratx (fermé le lundi). De là, partez découvrir le littoral voisin, par exemple à l'occasion d'une excursion en bateau au Parc Natural Sa Dragonera (photo ci-dessus). On peut aussi randonner dans la Serra de Tramuntana, en empruntant notamment sur les sentiers fréquentés du Puig de Galatzó.

40 minutes

2

BANYALBUFAR 1 JOUR

La route côtière sinueuse offre une vue superbe sur le littoral ouest. Faites une halte à **Estellencs** (p. 95), puis dans un café ou un restaurant sur le trajet vers **Banyalbufar** (p. 95). Ce site calme, propice à la randonnée, est proche de plusieurs jolies criques (*calas*) préservées, mais d'accès difficile par une route étroite.

25 minutes

3

VALLDEMOSSA 1 JOUR

Visitez l'ancienne résidence de Frédéric Chopin et George Sand et parcourez les rues pavées de **Valldemossa** (p. 92). Le village natal du seul saint local, une religieuse, Santa Catalina, est à couper le souffle. Sa visite est plus agréable le soir, une fois les touristes partis. Vous apprécierez alors davantage ses cafés, restaurants et galeries d'art.

20 minutes

KRIS HOOBAER/SHUTTERSTOCK ©, KONSTANTIN TRONIN/SHUTTERSTOCK ©, KATRINEAANENSEN/SHUTTERSTOCK ©

4

DEIÀ ⏱ 1 JOUR

Deià (p. 96) est victime de son succès et mieux vaut s'y rendre en basse ou moyenne saison : l'été, s'y garer relève du parcours du combattant, surtout près de la Cala Deià (un des lieux de tournage de la série *The Night Manager*). Ce village romantique a séduit artistes (Niki de Saint Phalle), acteurs (Pierce Brosnan), écrivains (Anaïs Nin) et musiciens (Andrew Lloyd Webber).

25 minutes

5

SÓLLER ⏱ 2 JOURS

Ses squares plantés d'orangers et son architecture moderniste appellent la nostalgie, mais **Sóller** (p. 86) est aussi une petite ville animée avec musées, commerces et festivals.
Un tramway conduit à Port de Sóller, dans les contreforts de la Tramuntana. La "vallée dorée" est un paradis pour la randonnée, la plongée et la voile.

1 heure 15 minutes (par la route de montagne)

6

POLLENÇA ⏱ 2-3 JOURS

Sur la route, arrêtez-vous à **Fornalutx** (p. 87), l'un des plus jolis villages d'Espagne.
En traversant des paysages de montagne vertigineux, vous arriverez au Santuari de Lluc, point de départ de nombreuses randonnées, avant de faire escale à **Pollença** (p. 114), ville insulaire d'où l'on gagne le Cap de Formentor (p. 117), sa nature sauvage, ses plages et ses criques.

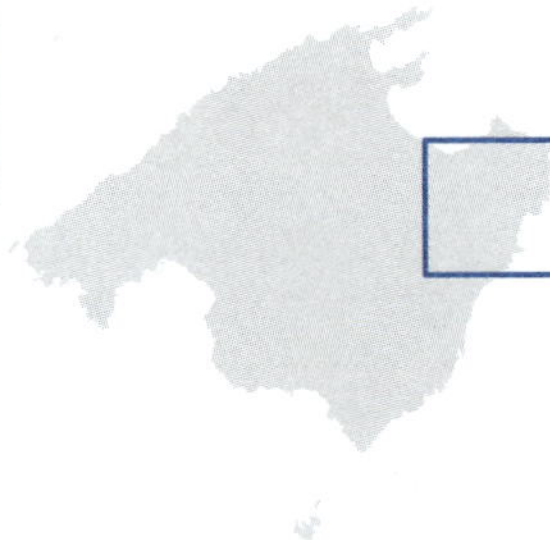

Plage de Cala Gat à Cala Ratjada (p. 153)

ITINÉRAIRES

TRÉSORS CACHÉS

Durée : 5 jours **Distance :** 35 km

Cette région moins touristique révèle un visage plus authentique de l'île, loin des foules. On y part à la quête de criques isolées et de l'héritage d'une histoire millénaire en voiture de location, ou à vélo si l'on a plus de temps.

1

MANACOR ⏱ 1-2 JOURS

Manacor (p. 152) est une petite ville animée, notamment le lundi, jour de marché. Elle a vu naître Rafael Nadal qui possède une école de tennis tout près. Séjournez-y pour visiter Portocolom, ainsi que les Coves del Drach et profiter du bord de mer. De là, il est possible de rejoindre Artà à pied, à vélo ou à cheval, par un éco-sentier de 29 km.

🚗 *25 minutes*

2

ARTÀ ⏱ 1 JOUR

La pittoresque et rurale **Artà** (p. 152) se visite à pied. Découvrez ses rues tortueuses, ses fortifications, sa vue imprenable sur le Parc Natural de Llevant et, le mardi, son marché, célèbre pour ses poteries et ses paniers tressés. Un site tayalotique, un musée régional et le Santuari de Sant Salvador intéresseront les amateurs d'histoire.

🚗 *15 minutes*

3

CAPDEPERA ⏱ 1 JOUR

Capdepera (p. 157) est une ville d'histoire et de caractère, appréciée pour sa cuisine gastronomique, son agrotourisme et le marché du mercredi. En mai, ne ratez pas sa grande foire médiévale. À voir aussi dans les environs : Cala Ratjada, Cala Agulla, Font de Sa Cala et le Parc Natural de Llevant.

🚗 *25 minutes*

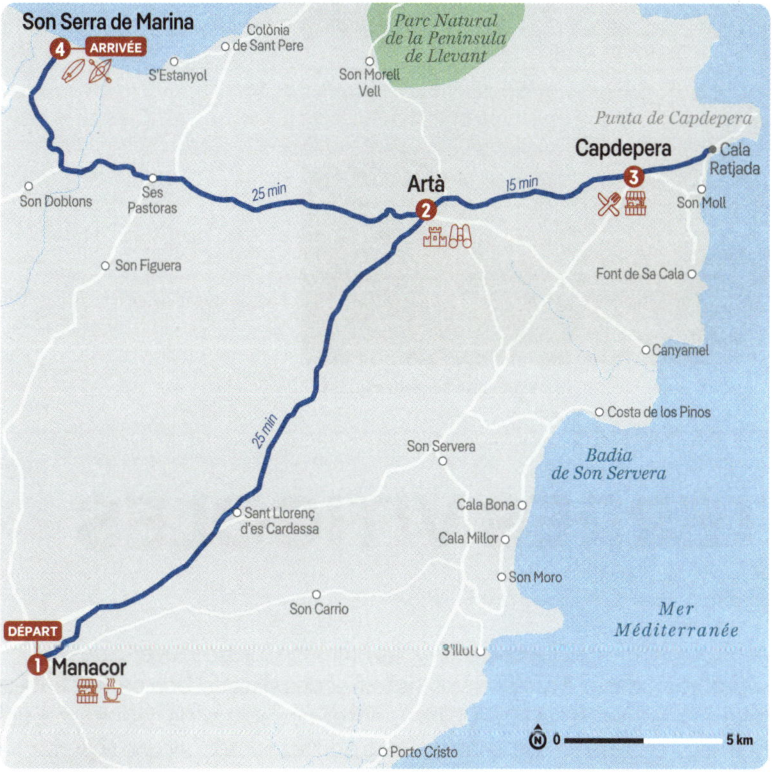

4

SON SERRA DE MARINA

⏱1 JOUR

Moins touristique et davantage fréquenté par les Majorquins, **Son Serra de Marina** (p. 124) est un spot de surf qui ravira tous les fans de sports d'aventure (canyoning, kayak, windsurf, kitesurf, spéléologie, équitation et plongée). Le Parc Natural de S'Albufera tout proche est un paradis pour animaux en liberté.

Sur l'éco-sentier qui relie Manacor à Artà (p. 152)

DANISKIM/SHUTTERSTOCK ©

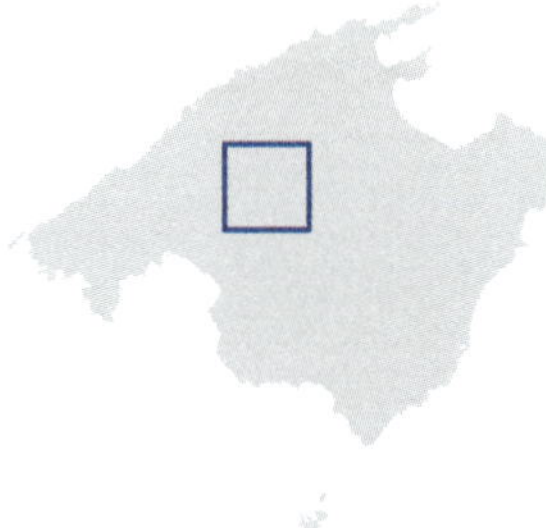

Vignoble à Sencelles (p. 134)

ITINÉRAIRES

TERRES VITICOLES

Durée : 5 jours **Distance :** 42 km

Au cœur même de l'île, ce circuit vous emmène à la découverte des vignobles (pensez à réserver vos visites) et des villages. Une partie peut être faite en train, car Santa María, Binissalem et Inca sont sur la même ligne, des bus assurant le reste du parcours. Vous pouvez aussi louer une voiture.

1

SANTA MARÍA DEL CAMÍ 1 JOUR

Avec ses commerces, ses cafés, ses restaurants, des boutiques-hôtels et des *fincas* (gîtes ruraux) à proximité, **Santa María** (p. 134) est un bon point de chute pour visiter les domaines viticoles proches, comme Macià Batle et Bodegas Angel. Le dimanche, la bourgade s'anime avec le marché.

15 minutes

2

BINISSALEM 1 JOUR

Au cœur des vignobles, le bourg de **Binissalem** (p. 134) est un endroit calme et authentique d'où découvrir la région – sauf en septembre, quand la Festa des Vermar célèbre les vendanges. Réservez pour visiter des caves : les Bodegas José Luis Ferrer (photo ci-dessus), les Bodegas Biniagual ou le Celler Tianna Negre.

10 minutes

3

INCA 1 JOUR

Réputée pour sa maroquinerie et ses *cellers* (bars à vins traditionnels), **Inca** (p. 134) est la troisième plus grande ville de l'île. Elle est bien desservie par les transports en commun, ce qui en fait un lieu de séjour agréable pour découvrir les vignobles de la région. Marché le jeudi.

10 minutes

VULCANO/SHUTTERSTOCK ©, ARTESIA WELLS/SHUTTERSTOCK ©, JOAN LLADO/ SHUTTERSTOCK ©

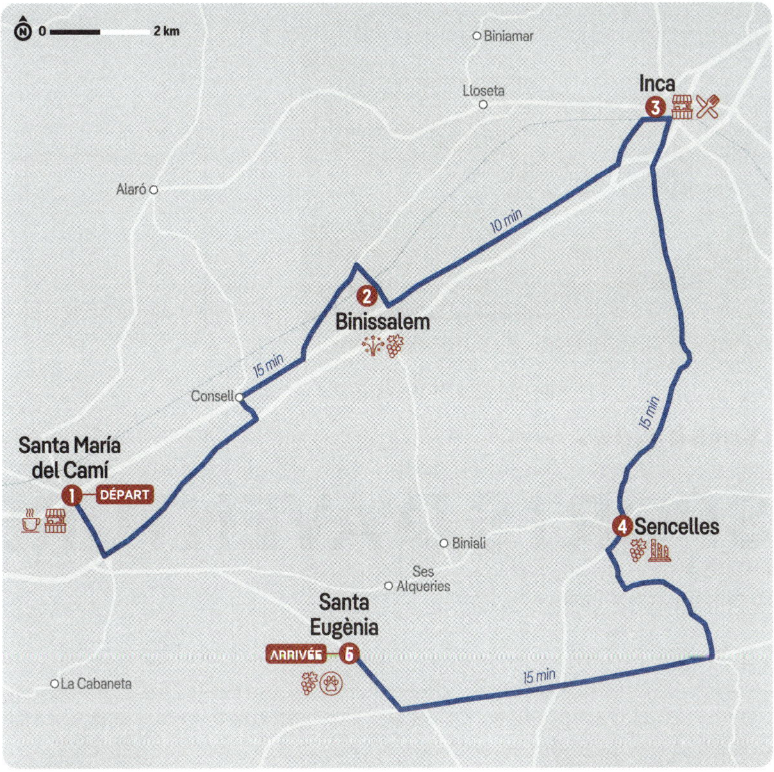

4

SENCELLES ⏱ 1 JOUR

Centre agricole au cœur de la Pla (plaine) de Mallorca, avec un marché chaque mercredi, **Sencelles** reflète vraiment la vie rurale majorquine. Connue pour sa production viticole, son huile d'olive, ses figues et ses élevages ovins, elle est entourée de sites archéologiques intéressants. Le planétarium (près de Costitx) mérite aussi la visite, tout comme le domaine Can Ramis (p. 136).

15 minutes

5

SANTA EUGÈNIA ⏱ 1 JOUR

Ancien village maure sur la route des vignobles, **Santa Eugènia** (marché le samedi) est le berceau du Vinya Taujana : après la visite du vignoble, vous pourrez déguster un verre de vin accompagné de tapas. L'endroit est propice à la randonnée et au vélo. Vous trouverez d'excellents petits hôtels et restaurants dans le village et ses environs, ainsi que le Natura Parc, petit zoo et centre de conservation.

Cave à vins, Binissalem (p. 134)

DANISKIM/SHUTTERSTOCK ©

Skimboard, Cala Mesquida (p. 160)

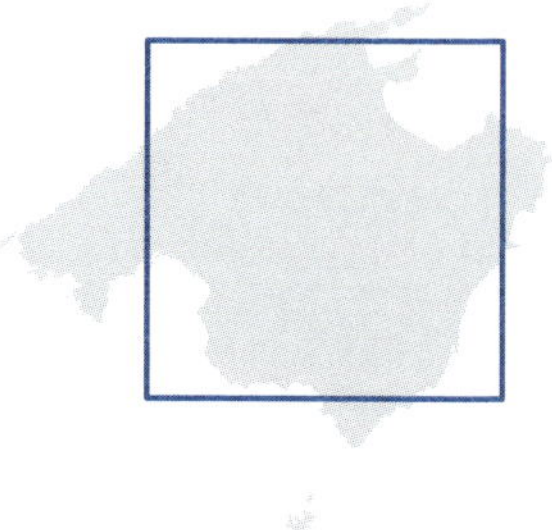

ITINÉRAIRES

SPORTS D'AVENTURE

Durée : 10 jours **Distance :** 140 km

Canyoning, psicobloc, kitesurf, plongée sous-marine, cliff jumping, parapente, escalade, équitation… Cet itinéraire comblera les amateurs d'aventure et d'adrénaline ! L'idéal est de loger dans un ou deux spots dédiés et de réserver ses activités auprès des professionnels locaux.

1

POLLENÇA 2 JOURS

Dans la baie de **Port de Pollença** (p. 116), vous trouverez un vaste choix d'hébergements près des spots d'activités nautiques. Initiez-vous à la voile, au windsurf, au kitesurf ou à la plongée avec un coach local, ou faites de la randonnée, à pied ou à vélo, à partir du Cap de Formentor. Dans les terres, vous pouvez loger dans un cadre historique, à **Pollença** (p. 114).

20 minutes

2

ALCÚDIA 2 JOURS

Juste en bordure de la baie, **Port d'Alcúdia** (p. 120) et ses plages de sable fin accueillent de nombreuses écoles de sports nautiques (kayak, paddle, windsurf, etc.) et de parapente. Vous pouvez aussi loger à **Alcúdia** (p. 119), ville au riche passé historique, dont les remparts entourent un dédale d'étroites rues pavées.

30 minutes

3

SON SERRA DE MARINA 1 JOUR

Plus calme et à l'écart, sur une côte au charme irrésistible, **Son Serra de Marina** (p. 124) est le rendez-vous des surfeurs, windsurfeurs et kitesurfeurs, mais aussi des adeptes de la randonnée équestre.

1 heure

GIOVANNI G/SHUTTERSTOCK ©, LUNAMARINA/SHUTTERSTOCK ©, TRABANTOS/SHUTTERSTOCK ©

4

SANTANYÍ 2-3 JOURS

Si vous adorez la spéléologie, le Jet-Ski ou le snorkeling, adoptez **Santanyí** (p. 170), où vous trouverez restaurants et hébergements de qualité. Vous pouvez aussi faire de la plongée sous-marine tout près, au large de l'Illa de Cabrera, et du paddle, du kayak ou de la randonnée dans le Parc Natural de Mondragó (photo ci-dessus).

50 minutes

5

PALMA 2-3 JOURS

Prolongez votre séjour à **Palma** (p. 42). Vous pourrez louer des vélos pour rejoindre la baie, prendre des cours de voile, tenter la tyrolienne ou emmener vos enfants dans un parc aquatique. Pour l'escalade, le canyoning, l'équitation et le coastering, adressez-vous à une agence spécialisée locale, comme Món d'Aventura ou Rock & Ride Mallorca.

Cala Santanyí (p. 170)

QUAND PARTIR

Palma se visite toute l'année, mais pour apprécier pleinement le reste de l'île, mieux vaut éviter l'hiver.

Le printemps, est la saison idéale pour randonner à pied ou à vélo, ou suivre le carnaval ou les processions de la Semana Santa (Semaine sainte). L'été, après la plage, nombreuses sont les possibilités d'assister à un festival de musique, une séance de cinéma en plein air le soir, ou à des fêtes locales, comme la Festa de la Verge del Carme (16 juillet), avec des processions dans les villages balnéaires. En automne, avant et après la Festa des Vermar (fête des vendanges), il est encore possible de profiter de la nature et, en début de saison, des sports aquatiques. L'hiver, l'île devient plus calme et fraîche. Palma s'illumine, les marchés de Noël occupent le Passeig del Born. Le 5 janvier, l'île salue l'arrivée des Rois mages par des défilés. Palma commence l'année avec les feux d'artifice de la Saint-Sébastien et des concerts sur les places.

Conseil

L'hébergement est moins cher en basse et moyenne saison. Pour Pâques et l'été, réservez vraiment tôt.

PAROLE D'HABITANT

UN LIEN FORT AVEC LA NATURE

Carmen R. Huidobro a créé españolita.net, porte d'accès à l'héritage et au patrimoine espagnols @espanolita_net

"Ici, art de vivre et traditions sont préservés. L'île regorge de trésors cachés, d'endroits magiques que je continue de découvrir. On y respecte la nature, on vit au fil des saisons. C'est ici que mon attachement à l'Espagne est le plus fort, dans la nostalgie que j'éprouve devant la mer et les paysages. C'est ce que je tente de transmettre avec Españolita."

Amandiers en fleur

LE VENT

En hiver, l'île est balayée par le mistral (nord-ouest) et la tramontane (nord), puis à partir de mars, des vents thermiques commencent à souffler, pour le plus grand bonheur des kitesurfeurs. Les températures oscillent entre 10 et 15°C en hiver, pour monter à plus de 40°C en été.

La météo au fil des mois

JANVIER	FÉVRIER	MARS	AVRIL	MAI	JUIN
Temp. moy. diurne : **15°C**	Temp. moy. diurne : **15°C**	Temp. moy. diurne : **18°C**	Temp. moy. diurne : **20°C**	Temp. moy. diurne : **24°C**	Temp. moy. diurne : **28°C**
Jours de pluie : 5	Jours de pluie : 5	Jours de pluie : 5	Jours de pluie : 5	Jours de pluie : 4	Jours de pluie : 2

AU MILIEU DE LA MÉDITERRANÉE

Majorque, la plus grande île des Baléares, offre une multitude de paysages : des montagnes, un intérieur des terres couvert de pinèdes, d'amanderaies et d'oliveraies, 550 km de côtes avec des baies et des criques protégées. L'hiver y est doux, l'été très chaud. Le nord est plus frais et plus humide, surtout en hiver.

Les grands rendez-vous

En janvier, les fêtes de la Saint-Sébastien électrisent Palma : feux d'artifice, défilés, concerts et soirées sur la plage. En février, l'île résonne des parades costumées et de chars décorés des carnavals. Celui de Palma (Sa Rua) a une version destinée aux enfants : **Sa Rueta**. **Janvier et février**

L'île entière fête la **Semana Santa** avec des processions le lundi, jeudi et Vendredi saint (réunissant près de 5 000 participants à Palma). Pollença organise une "descente aux flambeaux" des marches de Calvari (p. 114). **Semaine sainte en mars/avril**

Palma connaît une autre nuit de festivités, la nuit de la Saint-Jean (p. 54) avec un *correfoc* ("feu qui court"), des animations de plage et des concerts jusqu'à l'aube. **23 juin**

Dans l'arrière-pays, on fête les vendanges lors de la **Festa des Vermar**. Binissalem (p. 139) organise même des combats à coups de grappes de raisin. **Fin septembre**

Fêtes locales et festivals

Port de Sóller accueille un événement majeur : **Es Firó** (p. 85). Une foule en costumes d'époque se livre une bataille bon enfant pour commémorer l'invasion ratée de corsaires maures en 1561, repoussés par les habitants menés par des femmes, "les Vaillantes". **Deuxième dimanche de mai**

Plusieurs villes portuaires (Port de Sóller, Portocolom, Colònia de Sant Pere, Palma, etc.) célèbrent la sainte patronne des marins et des pêcheurs lors du **Dia de Virgen del Carmen** avec des processions où l'on porte des statues de la Vierge Marie. Les bateaux sont bénis et des torches sont allumées dans les ports. **15/16 juillet**

Pollença organise aussi une reconstitution de bataille lors des semaines de célébration des **Festes de la Patrona** (p. 114). **Août**

PAROLE D'HABITANT

SÓLLER

Fondatrice d'Immobiliaria Xisca Coll, Xisca Coll est née et a grandi à Sóller. @immobiliariaxixcacoll

"Sóller est une île dans l'île, entourée de montagnes que l'on dirait peintes par un magicien. Chaque jour, je les regarde, chaque jour je les admire. Je ne cesse de mesurer ma chance de pouvoir en profiter. Mon père m'a appris le nom de chaque sommet, et quel que soit celui en haut duquel je me trouve, j'éprouve un sentiment unique de bonheur et de liberté."

Sóller (p. 86)

MÉTÉO

D'ordinaire, octobre est le mois le plus humide, malgré de fréquents orages fin août. Juin et juillet sont les mois les plus secs, juillet le plus ensoleillé, heureusement, la brise marine apporte un peu de fraîcheur.

JUILLET	AOÛT	SEPTEMBRE	OCTOBRE	NOVEMBRE	DÉCEMBRE
Temp. moy. diurne : **32°C**	Temp. moy. diurne : **32°C**	Temp. moy. diurne : **27°C**	Temp. moy. diurne : **25°C**	Temp. moy. diurne : **19°C**	Temp. moy. diurne : **16°C**
Jours de pluie : 1	Jours de pluie : 2	Jours de pluie : 4	Jours de pluie : 6	Jours de pluie : 6	Jours de pluie : 6

À GAUCHE : TOLOBALAGUER.COM/SHUTTERSTOCK © À DROITE : BRAT82/SHUTTERSTOCK ©

Camí de S'Arxiduc (p. 98), Valldemossa

AVANT DE PARTIR POUR MAJORQUE

Nos recommandations pour bien se préparer.

Dans sa valise

Vêtements : bénéficiant de 300 jours de soleil par an environ, Majorque bénéficie d'un climat chaud, voire très chaud. Néanmoins, au printemps et en automne, les soirées sont parfois fraîches (et ventées sur la côte). En hiver, il peut neiger un peu en montagne. Des orages et des pluies diluviennes ne sont pas exclus en août et septembre, tout comme en mars et avril, mais octobre est souvent le mois le plus pluvieux. Si vous randonnez en altitude, prévoyez des vêtements chauds et imperméables.

Chaussures : en montagne, des chaussures de marche s'imposent. Pour arpenter les rues pavées et parfois pentues des villes et villages de l'île, des sandales ou des chaussures plates confortables suffisent.

Chapeau : bien entendu, il est impératif pour se protéger du soleil !

À savoir

Saluez et remerciez les gens en majorquin (surtout loin des centres touristiques) : ce sera toujours apprécié.

Même si cela ne ressemble pas à une file d'attente à un guichet ou une caisse, il y a une logique. En arrivant, demandez toujours qui est le dernier et soyez patient.

Portez une tenue appropriée. Pas de maillot de bain dans le centre de Palma.

LIRE

Un hiver à Majorque (George Sand, 1842) *Le* classique publié en 1838 qui rendit Majorque et Palma célèbres. George Sand y raconte le voyage qu'elle fit sur l'île en 1838 avec ses deux enfants et Frédéric Chopin, déjà très malade.

La Ville d'ambre, Dans la cité engloutie, Solstice (José Carlos Llop, 2013-2016) Dans cette trilogie, le Modiano espagnol fait revivre le Majorque des années 1960 et 1970. Dans le dernier volume, il explore la côte sauvage de Majorque, faisant ressurgir le meilleur de l'île.

Olympia à Majorque (Baltasar Porcel, 2007) Une Islandaise revient à Majorque après y avoir vécu dans les années 1950 et est confrontée au décalage entre ses souvenirs et la cruelle réalité contemporaine. Un tableau burlesque et contradictoire de Majorque.

Histoires du quartier (Gabi Beltrán et Bartolomé Seguí) Dans ce diptyque en bande dessinée, l'auteur retrace sa vie d'adolescent dans les années 1980 dans les rues de Palma.

En quelques mots

Deux langues sont en usage sur l'île : l'espagnol et une version majorquine du catalan. La première est plus parlée dans les lieux très touristiques, la seconde par les insulaires.

MAJORQUIN

Bonjour *Bon dia* (Bon di-a)
Salut *Hola* (ola)
Bon après-midi *Bona tarda* (bo-a tard) S'emploie après 15 h.
Comment allez-vous ? *Uep, com anam? Uep* (ou-ep) est un mot de remplissage très utilisé comme interjection à Majorque ("alors", "eh" ou "oh"). *Com anam* signifie "Comment ça va ?" Réponse classique : *Bé, tot bé* ("Bien, impeccable").
S'il vous plaît *Si us plau* (si-ou-plaou)
Merci *Gràcis* (gra-cis)
Oui *Sí*
Non *No*
De rien *De res*
Au revoir *Adèu* (day-ou)/ *Fins un altra!* (finz-oun-altra) signifie "jusqu'à la prochaine fois" au sens "à bientôt" ou "à la prochaine".
Ceci/ça *Això* (aïcho) est l'un des mots les plus utiles, qui signifie "cette chose/ce truc". Si vous voulez montrer ce que vous aimeriez voir/ acheter mais ignorez son nom, dites juste *això, per favour.*

ESPAGNOL

Bonjour *Hola*
Bon après-midi *Buenos días*
Comment allez-vous ? *Qué tal? ou Cómo estás?* Réponse : *Bien ou Muy bien* ("très bien").
S'il vous plaît *Por favor*
Merci *Gracias*
Oui *Si*
Non *No*
De rien *De nada*
Au revoir *Adiós/Hasta luego* ("à bientôt")

VOIR

Cloud Atlas (Lana et Lilly Wachowski, Tom Tykwer, 2012) D'après un roman de David Mitchell, six histoires, dont la première et la dernière ont été tournées à Majorque, s'entremêlent.

Mallorca L'inspectrice britannique Miranda Blake et le policier allemand Max Winter enquêtent sur les crimes commis sur l'île pour la police de Palma.

The Night Manager Adaptation TV du roman de John Le Carré, avec un casting prestigieux et des scènes à Deià, Port de Sóller, Palma et Pollença.

ÉCOUTER

IB3 Radio Radio locale 100% consacrée à Majorque.

Majorca Mallorca Podcast sur l'actualité, la culture et les événements.

Cool Vibes vol. 1 Compilation de musique électro strictement majorquine réalisée par Daniel Vulić, DJ et directeur d'une radio à Majorque.

Terra Secreta (Maria del Mar Bonet) Célèbre auteur-compositeur-interprète de Palma, avec une grande carrière internationale.

FANFO/SHUTTERSTOCK ©

Un plat de tumbet

À TABLE !

Une profusion de produits frais, une offre gastronomique généreuse, allant du restaurant étoilé au *celler* rustique : Majorque offre bien des plaisirs aux gourmands.

Majorque comble tous les goûts culinaires. Tout en étant ouverte sur l'international, l'île a su conserver sa cuisine locale et ses traditions. Végétaliens et végétariens, comme ceux recherchant des repas sans gluten, sans lactose ou sans produits laitiers seront surpris face à l'importance de l'offre proposée. C'est notamment le cas à Palma. Pour les amateurs de cuisine traditionnelle, l'île compte de nombreux restaurants de caractère servant du poisson frais (*cap roig*, la rascasse, *besugo*, la dorade, et *moll*, le rouget sont tous locaux) et de copieux plats de viande (ragoûts, soupes, *frito mallorquín*...).

L'île regorge de marchés alimentaires, de petites épiceries fines et d'excellents domaines viticoles. Les mois les plus chauds, on mange en plein air et jusque tard en soirée. Que vous soyez en quête de tapas ou d'un restaurant étoilé, vous trouverez facilement à vous régaler.

La cuisine traditionnelle majorquine

Pour découvrir la cuisine traditionnelle, rendez-vous au restaurant Es Guix (p. 98) ou aux *cellers* d'Inca (p. 134), particulièrement appréciables l'hiver : savourez le plaisir douillet d'un repas copieux arrosé de vins locaux, attablé dans une cave voûtée, près d'un bon feu de cheminée.

Chaque jour, Santi Taura, chef très apprécié sur l'île, revisite les classiques de la cuisine majorquine sur une chaîne de TV locale. Pour vous faire votre opinion, poussez

Les essentiels

TAPAS
Comme ailleurs en Espagne, les tapas sont très variées et permettent de faire un repas léger à peu de frais.

ARRÒS BRUT
Ce "riz sale" est un plat copieux mêlant riz, *butifarrón*, *sobrassada*, champignons et légumes.

ENSAÏMADA
Viennoiserie saupoudrée de sucre glace, souvent servie au petit-déjeuner avec un *cafè amb llet* (café crème).

la porte du DINS Santi Taura (p. 55), son restaurant étoilé.

L'île offre d'excellentes conditions pour le raisin et de nombreuses visites de vignobles sont proposées, notamment autour de Binissalem (p. 135). Vous pouvez aussi, comme les Majorquins, aller de bar en bar pour goûter les tapas, ou *pintxos*, avec un verre de *vino* local.

Végétariens et végans

Étant donné l'abondance de fruits et légumes sur l'île, les végétariens et végans seront comblés. Une offre variée leur est proposée à Palma, Santanyí et Sóller notamment. Quelques adresses à retenir : Ca n'Ela (www.facebook.com/canelaveganrestaurant) près de la cathédrale de Palma, l'adorable Grà Irish Gastropub (nourriture végétale et sans gluten, www.foodjuicepassion.com) à Santanyí, ou le Re Organic (reorganic.es) à Sóller, qui sert de nombreux plats végétariens et végétaliens dans une jolie cour ombragée.

Restaurants de poisson

Comme on peut s'y attendre sur une île de Méditerranée, les restaurants de poisson sont très répandus sur le littoral. On trouve beaucoup d'excellents établissements, offrant de superbes vues sur la mer (par exemple, à Port de Sóller). À Palma, le Ca N'Eduardo (caneduardo.com), situé au-dessus d'un marché de poisson, est très apprécié. À Deià, on peut manger sur le front de mer au Ca's Patro March (sur réservation, p. 97). Tout le long de la côte abondent cafés de plage et bars de plage *(chiringuitos)*. Le Ponderosa (www.ponderosabeach.com/en) sur la plage de Muro est très prisé des habitants comme des touristes. Si vous souhaitez vous rendre dans un restaurant en particulier, il est préférable de réserver bien à l'avance, surtout en été.

MARINA KRYUCHINA/SHUTTERSTOCK ©

Poulpe grillé

ZIXIA/SHUTTERSTOCK ©

ÉVÉNEMENTS CULINAIRES

Fira de la Taronja (juin) Visitez Sóller, Port de Sóller et Fornalutx à l'occasion de cette fête des oranges et des citrons. Profitez des stands de nourriture et d'artisans, et de l'ambiance festive.

Festa des Vermar (septembre) Au programme de la fête des vendanges de Binissalem (p. 139) : compétition de foulage, défilés, *correfoc* ("feux qui courent"), bataille géante de raisins.

Fira de s'Oliva (novembre) À Caimari, une fête qui célèbre l'huile d'olive.

Fira Dolç (octobre) À Esporles (p. 95) se tient la populaire fête du sucre. Les stands alignés dans les rues donnent l'occasion de goûter les meilleures pâtisseries et sucreries majorquines.

La Fira de l'Esclata-sang (novembre) Cette fête du champignon a lieu dans le petit village de Manacor de la Vall. Feux d'artifice, stands alimentaires, danses et musique, feux de joie et défilé, le tout en l'honneur des champignons.

La Festa des Vermar (p. 139), Binissalem

SOBRASSADA
Saucisse sèche aux épices, servie sur du pain ou intégrée aux plats majorquins.

TUMBET
Poêlée de tomates, aubergines, poivrons et pommes de terre servie avec de la viande ou des œufs.

COCA MALLORQUINA
Pains plats croustillants aux garnitures variées.

CARQUINYOLS
Biscuits croquants aux amandes.

PANADES
Chaussons garnis à base d'agneau, de porc, de poulet ou de *sobrassada*.

Spécialités locales

Pour les curieux

Frit mallorquí : savoureuse poêlée d'abats d'agneau et de porc frit avec pommes de terre, poivrons, piment, ail, oignon et laurier.
Botifarró : sorte de boudin noir fumé.
Caragols : escargots préparés dans un bouillon contenant ail, fenouil et piment, servi avec un aïoli.

Cuisine de rue

Allez sur les nombreux marchés de l'île et dégustez les produits locaux proposés. À Palma, visitez les Mercat de l'Olivar (p. 58), Mercat de Santa Catalina (p. 58) et Mercat 1930 (p. 58) pour déguster produits frais et street food.

TABLES D'EXCEPTION

L'île compte neuf restaurants étoilés au Michelin, parmi lesquels : **Adrián Quetglas** (p. 55), **Béns d'Avall** (p. 88), **DINS Santi Taura** (p. 55), **Andana** (p. 55) et **Marc Fosh** (p. 55)

En quête d'une expérience inoubliable ? Ne ratez pas **Sa Foradada** (p. 95 ; accès à pied ou par bateau, puis ascension à pied) et savourez une paella en profitant d'une vue exceptionnelle. Ou allez goûter l'agneau rôti du rustique **Es Verger** (p. 98), sur la route du Castell d'Alaró.

Arròs brut

UNE ANNÉE DANS L'ASSIETTE

PRINTEMPS

C'est la période de la récolte des citrons et des abricots. Les asperges sauvages apparaissent dans les campagnes et les *espàrrecs* (asperges) et *caragols* (escargots) sont au menu.

ÉTÉ

C'est la saison des figues fraîches, des salades, des fruits, des olives et du fromage (essayez le *formatge mallorquí*). La journée, il fait trop chaud pour cuisiner : préparez un pique-nique et allez sur la plage. Le soir, dînez en plein air.

AUTOMNE

C'est le moment de cueillir le raisin, les amandes, les olives et les champignons *(esclata-sang)*. Les grenades seront bientôt mûres.

HIVER

On se tourne vers des plats copieux et réconfortants : *lechona asada* (cochon de lait rôti), *sobrassada* (saucisse sèche au paprika) et *arròs brut* ; soupes et ragoûts sont plébiscités.

Es Verger (p. 98) propose une bonne sélection de vins

L'ART DE...

Visiter les vignobles

Explorez le centre de l'île pour découvrir ses superbes vignobles et participez à une visite de domaines pour goûter les vins locaux. La DO (Denominacio de Origen, l'équivalent de l'appellation d'origine contrôlée française) de Binissalem compte de nombreuses bodegas produisant également des vins de qualité.

Vignes et terrasses

À Banyalbufar (p. 95), sur la côte, admirez le paysage formé par les terrasses étroites couvertes de vignes. Cette région est réputée pour son cépage malvasia.

Fêtes du vin

Chaque automne, Binissalem (p. 139) célèbre les vendanges lors de la très animée Festa des Vermar : foulage, jet de raisin et ambiance conviviale au programme.

Un peu d'œnologie

Si vous souhaitez du vin rouge, commandez du *vino tinto*, du *vino blanco* pour du vin blanc.

Tonneaux de vin aux Bodegas Macià Batle

VIGNOBLES DE L'ARRIÈRE-PAYS

Parmi les vignobles à visiter figure les **Bodegas Macià Batle** (p. 134) à Santa María del Camí, un domaine viticole bien établi organisant visites et dégustations. Également à Santa María, les **Bodegas Ramanyà** (p. 136), de taille plus modeste, permet de s'informer sur l'histoire passionnante de la viticulture locale grâce au petit musée qui lui est consacré.

À Binisallem se trouve la plus grande cave de l'île, les **Bodegas José Luis Ferrer** (p. 136), domaine primé, innovant et tourné vers l'expérimentation, réputé pour ses vins de qualité. Dans un hameau des environs, les **Bodegas Biniagual** (p. 136), comprenant 14 maisons, bâtiments viticoles, chapelle et *vinoteca*, accueille des producteurs primés à l'approche écologique. Non loin, le **Celler Tianna Negre** (p. 136), réputé pour ses vins rouges Ses Nines et Randemar, très appréciés, opte pour des pratiques respectueuses de l'environnement : utilisation de panneaux solaires et réutilisation des eaux usées.

KOVOP58/SHUTTERSTOCK ©

Vélo à Alcúdia (p. 119)

ACTIVITÉS DE PLEIN AIR

De son littoral à ses montagnes, Majorque est une destination de rêve pour tous les amateurs de plein air : cyclistes, randonneurs, golfeurs, tennismen et fans de sports aquatiques.

Avec ses 554 km de côtes et le massif de la Serra de Tramuntana inscrit sur la liste du patrimoine de l'Unesco, Majorque propose une pléthore d'activités de plein air. Très prisée pour le golf et le tennis (ce n'est pas la patrie de Rafael Nadal pour rien !), l'île attire désormais beaucoup les cyclistes et les amateurs de sensations fortes en raison de ses routes de montagne sinueuses, qui offrent une vue vertigineuse. Les randonneurs disposeront également d'un vaste choix face à la multitude de sentiers forestiers, de montagne et côtiers bien balisés. Et pour qui préfère le coastering, le canyoning ou l'escalade, des agences locales sont spécialisées dans ces activités nature. Le kitesurf, le windsurf, la plongée et la voile sont également très pratiqués à Majorque, comme l'équitation à la campagne.

Vélo

Terrains variés, météo clémente, l'île est devenue un lieu d'entraînement pour les pros et a conquis des cyclistes de tous niveaux, offrant aussi bien des descentes techniques très rapides que des balades champêtres tranquilles. Port de Pollença (p. 116) et Alcúdia (p. 120) font d'excellents pied-à-terre pour un circuit à vélo. Sa Calobra (p. 89), Cap de Formentor (p. 117) et Puig Major (p. 89) proposent des parcours difficiles, mais gratifiants.

Autres activités à pratiquer

COASTERING
Avec **Món Aventura** (p. 121) ou **Mallorca Mountains** (p. 91), nage, saut et grimpe sur la côte, et découverte de cascades et grottes.

PLONGÉE
Scuba Mallorca (p. 114) et **Big Blue Diving** (p. 72) proposent des explorations d'épaves, de la plongée dans les eaux turquoise ou du snorkeling.

OBSERVATION DES OISEAUX
Pour observer la faune des zones humides (oiseaux, etc.), direction le **Parc Natural de S'Albufera** (p. 124).

EN FAMILLE

La Gubia organise des **camps d'équitation** (p. 94) pour parcourir les sentiers de la Tramuntana à cheval.
Les enfants adorent les **parcs aquatiques** de l'île (p. 72, p. 121).
Faites la **promenade du front de mer à vélo** (à louer sur place) (p. 71) dans la baie de Palma, en faisant des pauses pour profiter de la plage.
Explorez quelques grottes spectaculaires de Majorque : les **Coves del Drac** (p. 160) sont les plus connues, mais les **Coves de Génova** (p. 72) et celles d'Artà valent aussi le détour.
Divertissement garanti avec **la tyrolienne et l'Accrobranche** à **Jungle Parc Junior** (p. 72) pour les plus petits ou à **Forestal Park** (plus longue tyrolienne de l'île) pour les enfants plus âgés.
L'**école de surf de BonaOna** (p. 66) dispense des cours de surf, de paddle, de skateboard, etc. toute la journée.

Randonnée

Que vous soyez un randonneur aguerri ou occasionnel, des centaines de sentiers vous attendent, de préférence au printemps et en automne, saisons moins chaudes. Logez par exemple à Sóller (p. 86), niché dans le massif de la Tramuntana, d'où partent de nombreux itinéraires superbes dans la campagne et des parcours plus exigeants. Les fans de grimpe pourront crapahuter à loisir pendant les cinq heures requises pour relier Escorca aux gorges du Torrent de Pareis (p. 91). Prévoyez huit heures pour le circuit du sanctuaire de Lluc au Puig de Massanella (p. 90), où vous attend une vue imprenable depuis l'un des points culminants de l'île. Le GR221, la Route de la Pierre sèche (283 km scindables en petits tronçons), permet d'admirer les orangeraies et les oliveraies, et de passer une nuit dans un refuge de montagne. Une randonnée plus facile, de niveau moyen, mène au château d'Alaró (p. 136), au sommet du Puig d'Alaró (820 m). Dans l'atmosphère particulière des ruines de cette forteresse maure vous apprécierez la vue panoramique sur les plaines, la mer et la montagne. Autre bel itinéraire : les deux heures de marche depuis le village d'Estellencs (p. 95) au sommet du Puig de Galatzó.

LES MEILLEURS SPOTS

Retrouvez les meilleurs sites et itinéraires sur la carte p. 38

Sa Calobra (p. 89)

Voile

Avec ses ports abrités, sa côte rocheuse et ses bonnes conditions de navigation, Majorque attire les véliplanchistes du monde entier. Pendant la saison de voile, le Real Club Náutico (p. 60) de Palma organise maintes régates et manifestations. Le Trophée Princesa Sofia, épreuve de sélection pour les JO, réunit de nombreux participants, comme la célèbre Copa del Rey Regata et la Superyacht Cup, en juin. Beaucoup d'écoles de voile à Palma et Alcúdia permettent de s'initier à ce sport, et la National Sailing School (p. 60) de Port Calanova propose pléthore de cours pour débutants.

ESCALADE

Dans des sites exigeants comme **Sa Gubia** (p. 86), escalade grisante garantie, avec une vue panoramique à couper le souffle.

CLIFF JUMPING

En quête de sensations fortes ? Le cliff jumping à **Cala Varques** (p. 160) vous comblera. Prenez un guide professionnel et restez prudent.

PARAPENTE

Prenez de la hauteur avec un vol en parapente à **Alcúdia** (p. 119) ou une sortie matinale en montgolfière.

ROLLER EN LIGNE

La promenade du front de mer à **Badia de Palma** (p. 71) est très prisée des pratiquants de rollers (en vente chez RollandRoll, Devil Skate Shop ou ISLIDERS).

LES MEILLEURS SPOTS

Notre sélection d'activités de in air.

Cyclisme

1. Promenade de la baie de Palma (p. 71)
2. Boucle du Coll d'Honor (p. 137)
3. Parc Natural de Llevant (p. 154)
4. Sa Calobra (p. 97)
5. Cap de Formentor (p. 117)

Randonnée

1. Gorges du Torrent de Pareis (p. 91)
2. Illa de Cabrera (p. 178)
3. Boucle de La Trapa (p. 101)
4. De Sóller à Cala Deià (p. 86)
5. GR221, la Route de la Pierre sèche (d'Andratx à Pollença, p. 98)

Voile

1. Palma (p. 60)
2. Port Calanova (p. 60)
3. Port d'Alcúdia (p. 120)
4. Port de Pollença (p. 116)

Escalade

1. S'Estret, près de Valldemossa (p. 92)
2. Sa Gubia (p. 86)
3. Puig de Garrafa, près d'Andratx (p. 99)
4. Cala Serena, Cala d'Or (p. 176)
5. Cova del Diablo, Porto Cristo (p. 160)

Snorkeling et plongée sous-marine

1. Cala Santanyí (p. 170)
2. Port de Sóller (p. 86)
3. Platje del Mago (p. 99)
4. Sant Elm (p. 99)
5. Port d'Alcúdia (p. 120)

MAJORQUE

SUR LA ROUTE

Les chapitres de cette partie s'organisent autour des sites essentiels, qui pourront vous servir de base pour partir à la découverte des environs. Vous y trouverez toutes nos recommandations ainsi que des conseils d'habitants de la région pour vivre des expériences uniques.

Es Pontàs (p. 171)

PALMA ET SA BAIE

AU CŒUR DU MONDE MÉDITERRANÉEN

Forte d'un cadre balnéaire époustouflant, cette ville cosmopolite jouit de surcroît d'un potentiel artistique, architectural et culturel d'exception, et voit affluer des touristes de tous horizons.

Érigée sur un site talayotique plus tard passé aux mains des Romains, des Vandales, des Byzantins, des musulmans et des chrétiens, Palma est au carrefour de la Méditerranée, comme en témoigne sa grande diversité architecturale, culturelle, linguistique et culinaire.

Avec d'imposants remparts, construits pour protéger la ville des raids pirates, une cathédrale gothique remarquable et un superbe palais royal, Palma mérite d'être découverte à pied. Ses ruelles pavées sont bordées de maisons aux tons chauds, aux jolis balcons en ferronnerie, aux volets vert vif et aux patios fleuris. Librairies, galeries d'art, boutiques et cafés en jalonnent les places ombragées et les avenues ourlées de palmiers.

Riche de sa scène gastronomique raffinée et de sa vie nocturne, Palma est également une ville de culture, avec un grand choix d'expositions et de représentations (de théâtre comme d'opéra). Chaque année, s'y tiennent une foire du livre et un festival international du film. Et les mois s'égrènent, ponctués de fêtes où tous se retrouvent.

Au creux de la splendide Badia de Palma (baie de Palma), dans les marinas et ports de la ville, s'alignent yachts et *llaüts* (bateaux de pêche traditionnels). Du printemps à l'automne, de grandes régates attirent les foules. Et des enclaves résidentielles huppées voisinent avec des plages animées. Au nord, la ville est adossée aux montagnes verdoyantes de la Tramuntana, tandis que sa partie méridionale donne sur la Méditerranée.

Avec une population de 410 000 habitants, qui enfle en saison touristique, Palma reste à taille humaine et s'explore assez aisément.

QUARTIERS PRINCIPAUX

CENTRE DE PALMA
Vieille ville culturelle et plus encore. p. 48

SANTA CATALINA
Ancien quartier des pêcheurs, bohème. p. 61

BADIA DE PALMA
Une baie panoramique à la lisière de la ville. p. 66

BALATE DORIN/SHUTTERSTOCK ©

La Seu (p. 49)

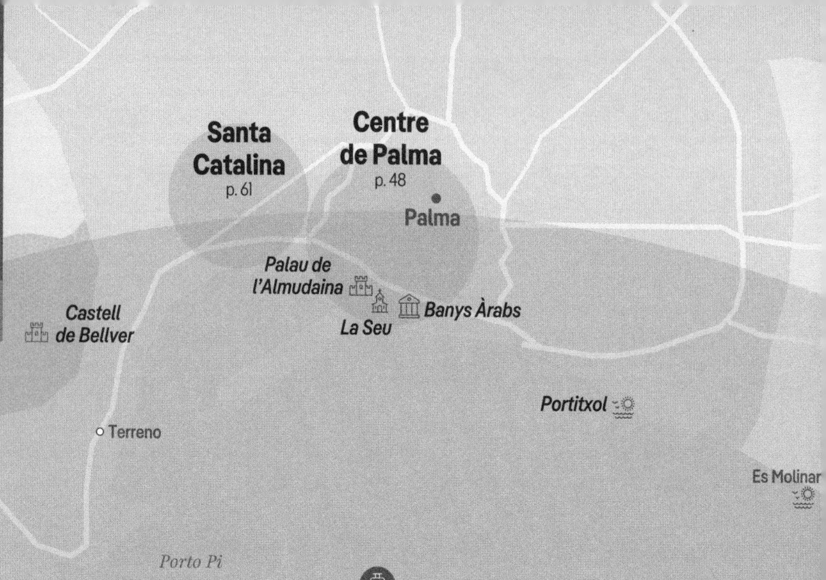

MÉTRO ET TRAIN

Le métro de Palma compte deux lignes, pour un total de 16 stations (6h30-23h, ticket 2 €). Depuis la gare principale, des trains rejoignent divers endroits de l'île. Plusieurs fois par jour, un vieux train plein de cachet quitte la petite gare voisine et emprunte des tunnels montagneux pour rallier Sóller. Pour les horaires et itinéraires, rendez-vous sur tib.org.

À PIED

Palma s'explore idéalement à pied. Portez des chaussures confortables pour en fouler les pavés et marches. Flânez dans les labyrinthes de la vieille ville et Santa Catalina ; à vous les vues sur la mer et l'architecture !

BUS

Pour rejoindre les stations balnéaires ou les villes à proximité de Palma, privilégiez le réseau de bus urbain (6h30- 23h, ticket 2 €). Rendez-vous sur tib.org pour les horaires et itinéraires.

S'orienter

Palma se parcourt plutôt facilement à pied. Orientez-vous en gardant en tête que la mer est au sud et en vous servant de repères, comme la cathédrale, ou les principales artères, à l'exemple de La Rambla, du Passeig del Born et de l'Avinguda de Jaume III.

DEPUIS L'AÉROPORT

Le trajet entre la station de taxis et le centre-ville est court (8 km, environ 20 €). Les prix grimpent le week-end et la nuit. Le bus n°1 navigue entre l'aéroport et le centre toutes les 15 minutes. Payez en espèces. Possibilité de louer une voiture au terminal de l'aéroport.

Planifier son séjour

Explorez les rues de la vieille ville, faites vos emplettes aux abords du Passeig del Born, déjeunez sur le front de mer et passez l'après-midi dans les galeries et musées. Le soir, direction le quartier bohème de Santa Catalina.

TRABANTOS/SHUTTERSTOCK ©

Passeig del Born

Jour 1

Matin

- Prenez des forces avec un *cafè amb llet* (café au lait) et une *ensaïmada* (viennoiserie) à la terrasse d'un café du **Passeig del Born**, avant de visiter la cathédrale gothique de **La Seu** (p. 49) et le **Palau de l'Almudaina** (p. 48) voisin. Détendez-vous au **Jardí del Bisbe** (p. 53).

Après-midi

- Déjeunez dans la vieille ville, puis visitez les **Banys Àrabs** (p. 48) et le **Museu de Mallorca** (p. 52) à deux pas. Flânez dans la **vieille ville** (p. 52), dans ses librairies et admirez les patios, notamment ceux des vieux hôtels particuliers.

Soir

- Promenez-vous le long des remparts (**Dalt Murada**, p. 52), et admirez le port au coucher de soleil. Dînez dans l'un des excellents **restaurants de Palma** (p. 55).

Vous aimerez aussi...

Familiarisez-vous avec l'histoire de Palma en visitant le Castell de Bellver, reposez-vous dans un jardin ou nagez avec les requins de l'aquarium.

LE CASTELL DE BELLVER

Plongez dans le passé en parcourant ce **château** et en vous imprégnant de son atmosphère.

UNE EXCURSION EN BATEAU

Observez Majorque à bord d'un **bateau** parcourant la baie.

L'AQUARIUM

Un moment d'émerveillement au **Palma Aquarium**, qui prône la protection de l'écosystème marin.

ROLF E STAERK/SHUTTERSTOCK ©, MICKES PHOTOS/SHUTTERSTOCK ©, DAN RATA/SHUTTERSTOCK ©

Jour 2

Matin

- Explorez les **marchés** (p. 58) de Palma – Mercat de l'Olivar, près de la Plaça de Espanya, ou le marché de Santa Catalina – pour goûter à des produits frais et locaux. Visitez le **musée Es Baluard** (p. 53) pour une plongée dans l'art contemporain.

Après-midi

- Direction la **Fundació Pilar i Joan Miró** (p. 54) pour admirer l'œuvre du peintre surréaliste et visiter son ancien atelier. Déjeunez ensuite au bord de l'eau dans un **beach club** (p. 70) – Purobeach ou Balneario Illetas (sur la jolie plage de Ses Illetes).

Soir

- Revenez dans l'ancien quartier des pêcheurs de Santa Catalina pour dîner dans un restaurant populaire. Faites un tour dans les clubs du **Passeig Marítim** (p. 58) ou assistez à un concert à l'**Auditòrium** (p. 53).

Jour 3

Matin

- Baladez-vous sur la promenade jusqu'à **Portixol** (p. 67), joli port aux maisons de pêcheurs pastel. Prenez un cours de voile ou déjeunez dans le raffiné **Portixol Boutique Hotel** (p. 70) ou dans un autre restaurant sur la promenade.

Après-midi

- Envie de sports nautiques ? Poursuivez jusqu'à **Ca'n Pastilla** (p. 66) pour passer l'après-midi sur la plage et pratiquer surf, planche à voile ou paddle. Aux environs du **Passeig del Born**, vous pourrez **acheter des souvenirs** (p. 57).

Soir

- Rendez-vous dans l'un des **bars sur les toits** (p. 56) de la ville pour admirer le coucher de soleil et promenez-vous le long du **Passeig del Born**. Allez ensuite écouter de la **musique** (p. 58) à Santa Catalina.

LES JARDINS

Admirez les vestiges mauresques du **S'Hort del Rei**, beau jardin ombragé avec fontaines.

UN RETOUR DANS LE TEMPS

Visitez le **Pueblo Español**, qui présente des reproductions de bâtiments espagnols à l'architecture emblématique.

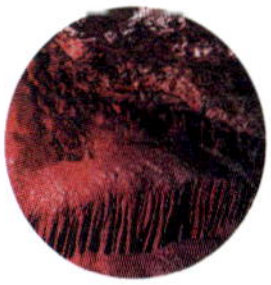

LES GROTTES ANCIENNES

Explorez 1 km de galeries de calcaire sous la mer, dans les **Coves de Gènova**.

LA PISTE CYCLABLE DE LA BAIE

Louez un **vélo (ou des rollers)** pour parcourir les 16 km de ce sentier qui longe la baie de Palma.

CENTRE DE PALMA

LA VIEILLE VILLE ET PLUS ENCORE

Le centre de Palma où se trouve l'emblématique cathédrale de La Seu se parcourt à pied. Des traces du passé romain et byzantin de la ville subsistent au Museu de Mallorca, tandis que les modestes Banys Àrabs et l'imposant Palau de l'Almudaina témoignent de son héritage maure.

L'influence architecturale de la Renaissance et du baroque est apparente dans certaines églises et bâtiments, tels que la Basilica de Sant Francesc, la Casa Balaguer et divers bijoux modernistes.

Au gré d'une promenade dans les ruelles de la vieille ville, écoutez-y se mêler le majorquin et l'espagnol. Cosmopolite, animé et créatif, ce quartier abonde en galeries d'art, bars excentriques, cafés et boutiques en tout genre.

Entre le théâtre, la musique, l'opéra et l'art, vous aurez le choix côté divertissement ! Sans compter que Palma accueille son lot de festivals.

Pour les infos pratiques, voir le Carnet d'adresses p. 73

S'ORIENTER

Séparée de la mer par la Dalt Murada (remparts), la vieille ville de Palma est bordée à l'est par les quartiers de Sa Gerreria, Sa Portella et Sa Calatrava et à l'ouest par Es Puig de Sant Pere. Elle est traversée par les artères du Passeig del Born et La Rambla.

Palau de l'Almudaina

Palau de l'Almudaina

PALAIS ROYAL

Romain à l'origine, ce palais fut remanié par les musulmans, qui en firent un *alcázar* (palais fortifié), avant sa reconstruction par Jacques II en 1309. Devenu résidence de la cour au XIVe siècle, il accueille encore sporadiquement, de nos jours, la famille royale espagnole. Après l'entrée, qui donne face à la cathédrale, on rejoint le rez-de-chaussée médiéval. Depuis la terrasse, on a une belle vue sur la baie et les montagnes. La décoration des étages supérieurs date des XVIIe, XVIIIe et XIXe siècles. La Capella de Sant'Anna, chapelle royale gothique, vaut le coup d'œil. Achetez vos billets en ligne pour éviter les longues files d'attente.

Banys Àrabs

BAINS ARABES

Dans la vieille ville, les Banys Àrabs datent de l'époque mauresque et sont dotés d'un *caldarium* (bain chaud), d'un *tepidarium* (bain tiède), de coupoles et de colonnes incluant du matériau de réemploi d'époque romaine. Ces modestes bains (et le joli jardin qui leur tient lieu de cadre) n'étaient sans doute pas publics, mais attenants à une maison particulière.

Banys Àrabs

Castell de Bellver

La Seu

CATHÉDRALE DE PALMA

Cathédrale gothique de Palma, La Seu est surnommée Catedral de la Luz (cathédrale de lumière), en raison de ses 59 vitraux et de ses cinq magnifiques rosaces. Elle occupe le site d'une ancienne mosquée. Sa nef, l'une des plus hautes d'Europe, culmine à 45 m. Sa plus grande rosace (*ojo gótico*), qui inonde l'endroit de lumière, fait 14 m de diamètre, tandis que l'immense porte (Portal de El Mirador) mesure 15 m de haut. La cathédrale compte neuf cloches, toutes de taille et de nom différents. Tandis qu'un séisme, survenu en 1851, avait valu à son extérieur des ajouts néogothiques, l'intérieur, grandiose, fut rénové par Antoni Gaudí au début du XXe siècle (voir aussi p. 56). Réservez une visite guidée de la terrasse pour profiter d'une vue panoramique sur la ville.

La Seu

Castell de Bellver

ANCIENNE RÉSIDENCE DES ROIS DE MAJORQUE

Perché sur une colline boisée à 3 km à l'ouest du centre de Palma et donnant sur la baie, le Castell de Bellber, imposant château gothique, fut bâti par Jacques II en 1311.

Cette forteresse circulaire à étage dispose d'une cour intérieure ornée d'arches et d'un puits. Côté extérieur, quatre tours rondes ont été érigées, dont la Torre del Homenaje, qui est reliée à l'édifice par un pont haut enjambant les douves.

Ancien lieu de résidence des rois de Majorque, l'endroit fut un temps prison militaire, avant de devenir le Museu d'Història de la Ciutat (1976). Les expositions y retracent l'histoire romaine, mauresque et chrétienne de Palma. Une exposition photo illustre aussi l'essor du tourisme sur l'île depuis les années 1960.

Aujourd'hui, le château accueille souvent concerts et événements culturels. Les bois alentour sont propices à la promenade, et la vue panoramique en fait un spot de pique-nique idéal.

CENTRE DE PALMA

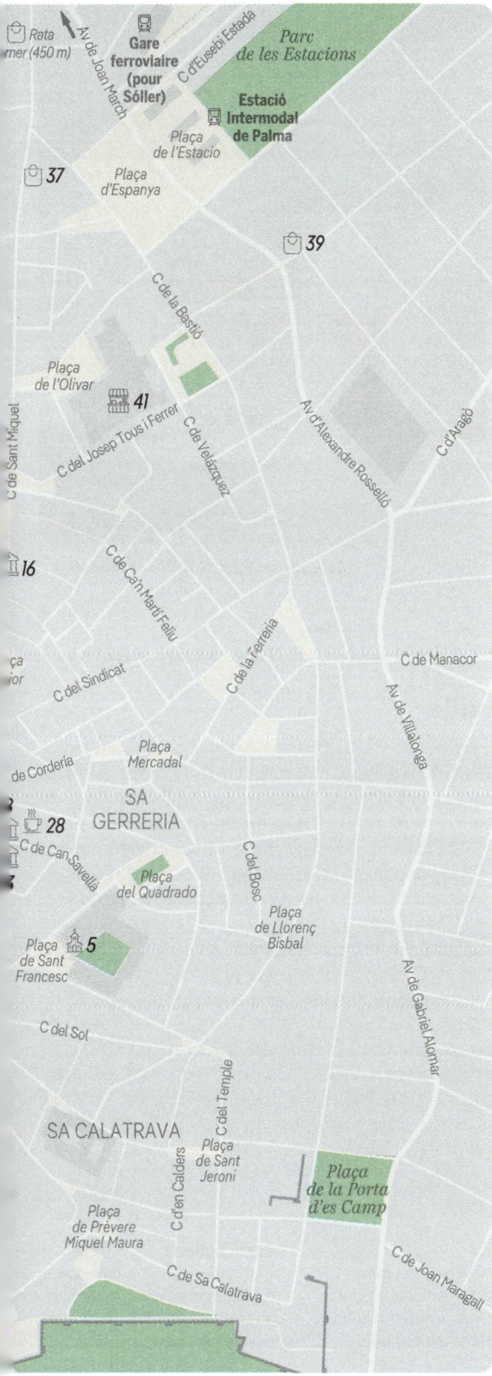

INCONTOURNABLES
1 Banys Àrabs
2 La Seu
3 Palau de l'Almudaina

VOIR
4 Arc de Sa Drassana
5 Basílica de Sant Francesc
6 CaixaForum
7 Cal Marquès de la Torre
8 Can Catlar del Llorer
9 Can Espanya-Serra
10 Can Forteza Rey
11 Can Marquès
12 Can Salas
13 Can Vivot
14 Dalt Murada
15 El Águila
16 Museu Fundación Juan March
17 Jardí del Bisbe
18 Parc de la Mar
19 Plaça de Santa Eulàlia
20 Palau Episcopal - Museu Diocesà

SE RESTAURER
21 Porta de l'Almudaina
22 Sa Llotja
23 Sa Portella
24 S'Hort del Rei

PRENDRE UN VERRE ET FAIRE LA FÊTE
25 Botànic
26 La Mujer de Verde
27 Abaco
28 Ca'n Joan de S'Aigo
29 Forn des Teatre
30 Forn Fondo
31 Gibson
32 La Vermuteria Rosa
33 Nicolas

SORTIR
34 Blue Jazz Club
35 Casal Solleric
36 Teatre Principal

SHOPPING
37 Biblioteca de Babel
38 El Bazar de Libro
39 Casa del Libro
40 Libreria Drac Màgic
41 Mercat de l'Olivar

Sert Studio, Fundació Pilar i Joan Miró

LES PLUS BEAUX MUSÉES

Museu de Mallorca
Histoire de Palma et Majorque, avec des artefacts de toutes les époques.

Pueblo Español
Reproductions de bâtiments de styles architecturaux différents.

Museu d'Història de la Ciutat
Musée historique de la ville dans le Castell de Bellver (XIVe siècle).

Castillo de San Carlos
Forteresse en bord de mer, qui servit d'hôpital et de prison politique. Désormais un musée retraçant l'histoire militaire de l'île du Moyen Âge jusqu'au XXe siècle.

À VOIR AUSSI DANS LE CENTRE DE PALMA

Vieille ville

EXPLOREZ LE CENTRE HISTORIQUE

Partez du **Parc de la Mar**, inauguré en 1984, pour admirer la cathédrale et le Palau de l'Almudaina de l'autre côté du lac artificiel. Passez devant l'**Arc de Sa Drassana**, entrée maritime de l'alcazar à l'époque mauresque, et rejoignez le **S'Hort del Rei**, charmant jardin du Roi de style mauresque.

Quelques marches vous mèneront à la **cathédrale** (p. 49) et au **Palau de l'Almudaina** (p. 48). Longez la **Dalt Murada** (pan restant de l'enceinte) et admirez la vue sur le Parc de la Mar et la mer. Continuez jusqu'à la porte médiévale de **Sa Portella**, où s'étendait autrefois le quartier juif.

Poursuivez au nord, dépassez les bâtisses, toutes dotées de splendides patios, de **Cal Marquès de la Torre** (XVIIe siècle), **Can Espanya-Serra** (XIXe siècle), avec son escalier néogothique, et **Can Salas**. La cour de cette dernière se distingue par ses piliers sculptés, sa superbe loggia et ses armoiries du XIIIe siècle.

ÉDIFICES REMARQUABLES

Església del Monti-Sion
Ancienne synagogue désormais décorée dans un style baroque.

Sa Llotja
Édifice gothique en grès (XVe siècle). Ancienne Bourse du commerce hébergeant des expositions temporaires.

Casal Solleric
Demeure du XVIIIe siècle dotée d'un superbe patio. Désormais un centre culturel accueillant des expositions artistiques.

Non loin, en plein cœur de la vieille ville, s'étend le **Jardí del Bisbe**, joli jardin botanique jouxtant le Palau Episcopal (XIIIe siècle). En prenant au nord sur la Carrer de Ca'n Angluda, passez devant **Can Marquès**, une grande maison seigneuriale. Vous arriverez ensuite devant une autre porte médiévale, la **Porta de l'Almudaina**, héritée des murailles romaines.

Déjeunez ou prenez un verre sur la **Plaça de Santa Eulàlia**, à côté de l'église du même nom, ou continuez jusqu'au **Can Vivot**, patio bordé de colonnes corinthiennes, et au **Can Catlar del Llorer**, l'un des plus anciens patios gothiques de Palma.

Finissez par un saut chez **Ca'n Joan de S'Aigo**, véritable institution en ville, qui compte parmi les plus vieilles *chocolaterías* d'Europe.

Une ville de culture

ART ET CULTURE

La scène culturelle de Palma est animée tout au long de l'année. Entre théâtre, opéra, concerts, ballets, récitals, festivals de cinéma, salons du livre, clubs de lecture, galeries d'art, événements littéraires, projections, manifestations artistiques, cours en tout genre, débats philosophiques ou encore musique live, chacun trouve ici son bonheur. Consultez palmacultura.cat pour l'agenda complet.

Centre culturel de qualité, le **CaixaForum**, installé dans un bâtiment moderniste de l'architecte catalan Lluís Domènech i Montaner (1850-1923), accueille des expositions temporaires passionnantes et une collection d'œuvres locales. La **Casal Solleric** regroupe, dans une belle demeure baroque de 1763, des installations audacieuses, tandis qu'à Santa Catalina (p. 61), le musée **Es Baluard** est consacré à l'art contemporain. Son architecture en béton du XXIe siècle s'inscrit harmonieusement dans la muraille ancienne, au sein d'un bastion d'angle des remparts Renaissance, englobant les vestiges en partie restaurés d'une tour musulmane du XIe siècle (sur la droite quand on arrive de la Carrer de Sant Pere). À l'intérieur, le rez-de-chaussée héberge la majeure partie des collections permanentes, avec une section consacrée à des paysages majorquins réalisés par des artistes locaux et étrangers, dont l'enfant du pays Miquel Barceló (né en 1957). L'œuvre de Joan Miró fait aussi l'objet d'une exposition permanente, toujours au rez-de-chaussée. À l'étage sont exposées des céramiques insolites de Picasso.

Pour voir des pièces en espagnol ou catalan, direction le **Teatre Municipal Mar i Terra** à Santa Catalina (p. 61). Intéressé par l'opéra, les concerts, la danse et le théâtre ? Préférez le **Teatre Principal**. L'**Auditòrium** affiche une riche programmation de concerts et d'événements artistiques.

PAROLE D'HABITANT : SANDRA LIPSKI

Originaire de Majorque, la réalisatrice et actrice **Sandra Lipski** est la fondatrice et directrice de l'Evolution Mallorca International Film Festival (EMIFF), qui a lieu tous les ans en octobre à Palma. *evolutionfilm festival.com*

"J'aime profondément Majorque, et *Mi Isla*, mon court-métrage, est une ode à l'île, inspiré de mon enfance ici et de mon attachement aux habitants et à la culture majorquine. Je joue Sammy, ma fille joue Alma, et mon époux est le directeur de la photographie : c'est une histoire de famille ! Nous avons tourné dans certains des plus beaux lieux de l'île, dont Port de Sóller. Majorque est un paradis pour les cinéastes. Lieux de tournage, personnel, équipements : tout est déjà prêt à l'emploi."

NOTRE SÉLECTION DE GALERIES D'ART

Fundació Pilar i Joan Miró
Belle collection des œuvres de Joan Miró. Ses deux studios se visitent. Près de Cala Major.

Es Baluard Museu d'Art Contemporani
Superbe collection d'art contemporain, boutique et café avec terrasse.

Museu Fundación Juan March
Artistes espagnols à l'honneur. Événements, cours et expositions temporaires.

PAROLE D'HABITANT : EL BAZAR DEL LIBRO

Cati Bauzà et **Juano Antonio Cantarellas** ont repris le El Bazar del Libro, la plus ancienne librairie d'occasion de Palma, avec la volonté de protéger et garder en vie ce témoin d'une certaine histoire littéraire de Palma. *@elbazardellibro*

"D'abord né sous le nom de Bodega Enderrocat en 1870, l'endroit est devenu El Bazar del Libro en 1978. En 2011, nous l'avons repris pour lui donner une nouvelle vie, tout en nous efforçant de garder son cachet. Il renferme tout un monde de souvenirs, avec des ouvrages vieux de plusieurs siècles et des murs ornés d'affiches, photos, disques, sculptures et timbres que nous avons conservés. Livre en main, installez-vous au comptoir du café-bar, et quelqu'un jouera peut-être du piano."

Galeries et musées sont légion à Palma. Citons d'abord la **Fundació Pilar i Joan Miró**. Résidence et lieu de travail du maître catalan, ce superbe ensemble sur les hauteurs de Cala Major accueille aujourd'hui un musée remarquable. C'est l'architecte décorateur Josep Lluís Sert, ami personnel de Miró, qui conçut l'atelier de l'artiste, tandis que le bâtiment d'exposition principal (1992) est l'œuvre de Rafael Moneo, architecte espagnol de renom. Sa femme et sa mère étant originaires de Majorque, Miró s'installa en 1956 à Palma, où il demeura jusqu'à sa mort en 1983. Sculptures, croquis et pas moins de 118 toiles constituent une exceptionnelle collection d'œuvres du maître (plus de 2 500 au total). Le bâtiment accueille aussi des expositions temporaires, tandis que les sculptures de Miró sont disséminées à l'extérieur. L'atelier est, quant à lui, resté pour l'essentiel en l'état. Au-dessus se dresse **Son Boter**, une ferme du XVIIIe siècle dont Miró fit l'acquisition pour travailler sur certaines de ses plus grandes œuvres. À l'intérieur, il a tracé sur les murs blanchis à la chaux les dessins préparatoires de certaines de ses sculptures en bronze.

Installé côté est de la cathédrale, le **Museu Diocesà** occupe le splendide ensemble gothique du **Palau Episcopal** (XIIIe siècle). Plongée passionnante dans l'histoire de l'art chrétien à Majorque, il expose des œuvres d'Antoni Gaudí, de Francesc Comes et de Pere Niçard, ainsi qu'un impressionnant retable consacré à la Passion du Christ et provenant du couvent de Santa Clara.

Une succession de salles présentent des artistes majorquins tels Pere Terrencs et Mateu López (père et fils). L'étage supérieur expose une modeste collection d'art baroque et de céramiques. On a de là une belle vue sur la baie.

Le **Museu Fundación Juan March**, quant à lui hébergé dans un palais, est consacré à des artistes contemporains dont Miró, Picasso, Juan Gris et Dalí.

Les rues environnant le Passeig del Born comptent maintes galeries d'art notables et, chaque année, la **Nit de l'Art** (nuit de l'Art) met l'art à l'honneur dans toute la ville avec des nocturnes, manifestations et événements culturels.

Toute l'année, des festivals donnent l'occasion à chacun, petit ou grand, de participer à divers ateliers.

Chaque année, l'**Evolution Mallorca International Film Festival** attire des réalisateurs étrangers sur l'île. Lors de cette grande fête du cinéma, on déroule le tapis rouge pour des projections, conférences et cérémonies de récompense.

Lors de la nuit de la Saint-Jean (Nit de Sant Joan, nuit la plus courte de l'année, 23 juin), les habitants déguisés en *dimonis et correfoc* (démons et "feux qui courent") assistent à des concerts et feux d'artifice. Imitez-les et participez aux festivités dans le Parc de la Mar sur le front de mer.

NOTRE SÉLECTION D'HÉBERGEMENTS CHICS

Hotel Antigua Palma – Casa Noble
Cinq-étoiles chic et discret dans l'ancien quartier juif, près des Banys Àrabs. **€€€**

Sant Francesc Hotel Singular
Havre cinq étoiles à l'intérieur apaisant. Excellent restaurant, salles de soin et de sport. Bar et piscine sur le toit. **€€€**

Concepció by Nobis
Dans un bel hôtel particulier du XVIe siècle rénové. Piscine, restaurant et bar sur le toit. **€€€**

Can Forteza Rey

Pour un agenda actualisé, référez-vous à Youthing (youthing.es), Digame (digamemallorca.com) ou See Mallorca (seemallorca.com).

Architecture

DES ÉDIFICES INCONTOURNABLES

Au carrefour de la Méditerranée et d'anciennes grandes routes commerciales, l'architecture en perpétuelle évolution de Palma reflète bien son passé.

L'époque romaine est encore visible dans certains pans des murailles de la ville, tandis que les *portadas* (portes) de la vieille ville et des sites comme les **Banys Àrabs** (p. 48) témoignent du passé mauresque. La Renaissance, le gothique et le baroque s'incarnent ici dans de nombreux églises et édifices, dont la somptueuse **Sa Llotja** (XVe siècle, gothique), reconnaissable à ses tourelles d'angle octogonales, et la **Basílica de Sant Francesc** (1281) d'abord de style gothique mais dont le portail sculpté et la rosace baroque datent de 1700. De forme trapézoïdale, le splendide cloître gothique à deux niveaux est doté de colonnes dont la diversité des styles reflète le temps qu'auront pris les travaux. La voûte élevée, typiquement gothique, contraste avec l'autel, tout en courbes baroques.

LES MEILLEURS RESTAURANTS GASTRONOMIQUES

DINS Santi Taura
Cuisine majorquine traditionnelle avec une pointe d'originalité. Géré par Santi Taura, chef local populaire. Enfants non admis. €€€

Andana
Nouvelle adresse du chef étoilé Maca De Castro. Produits cultivés sur place, au cœur de Palma. €€

Marc Fosh
Restaurant étoilé au Michelin très populaire dans la vieille ville. €€€

Adrian Quetglas
Restaurant étoilé au Michelin aux assiettes raffinées et bien dressées. €€

Tast Club
Adresse méconnue au cadre charmant. Cuisine et service de qualité. €€

NOTRE SÉLECTION DE BARS LGBTQI+

The2 Palma
Bar convivial avec DJ, cocktails et spectacles de drag-queens. (@the2palma)

La Dama de Ella
Café à tapas et bar ouvert tard. (@ladamadeella)

Bar Michel
Tapas, musique et ambiance conviviale à El Terreno. (@bar_michel)

LES PLUS BEAUX BARS ET RESTAURANTS SUR LES TOITS

Sky Bar, Hotel Hostal Cuba
À Santa Catalina, bâtiment historique avec vue incroyable sur le port au petit-déjeuner comme au dîner.

Rooftop El Llorenç
Restaurant chic réservé aux adultes. Dans l'hôtel du même nom.

Singular Rooftop Terrace
Dans la vieille ville, hôtel bien conçu appartenant au Sant Francesc Hotel Singular.

Terrasse de l'Auditòrium
Profitez d'une vue nocturne sur la marina en sirotant un verre avant ou après un concert, depuis la terrasse du bar à Passeig Marítim.

Au Mercat de l'Olivar

Le père de la littérature catalane, l'évangélisateur Raymond Lulle (1232-1315), repose dans la première chapelle (dédiée à Nostra Senyora de la Consolació) sur la gauche de l'abside. Son tombeau d'albâtre se trouve sur la droite, en hauteur.

Au début du XXe siècle, Antoni Gaudí œuvra à la célèbre rénovation de l'intérieur de **La Seu** (p. 49). L'imposant édifice est, pour l'essentiel, de style gothique catalan, hormis s'agissant de sa façade principale, très belle, mais singulière par son caractère hybride. La rosace est immense ; pour l'admirer de près, il faut gagner les terrasses sur le toit. La cathédrale occupe le site de ce qui fut la grande mosquée de Medina Mayurka, la capitale musulmane de Majorque durant trois siècles. Quand Jacques Ier et ses hommes s'emparèrent de la ville en 1229, la mosquée fut transformée en église dédiée à la Vierge Marie. La construction de la cathédrale, elle, ne commença pas avant 1300 et ne s'acheva qu'en 1601. Renaissance à l'origine, la façade fut gravement endommagée par un séisme en 1851.

OÙ DÉGUSTER UNE GLACE

Rivareno Heladería
Crèmes glacées à l'italienne faites sur place. Près de Sa Llotja.

Can Miquel Gelateria
Glaces à l'ancienne appréciées des habitants. Grande variété de parfums.

Dolce Freddo Ice Cream
Délicieuses glaces italiennes. Options véganes.

Plutôt que de la restaurer purement et simplement, il fut décidé d'y ajouter des éléments néogothiques.

Palma est aussi un haut lieu du modernisme : l'**Almacenes El Águila** à l'origine un centre commercial édifié en 1908, transformé en un boutique-hôtel et la **Can Forteza Rey** en sont deux beaux exemples.

Le festival annuel d'**Open House** (openhousepalma.org) ravira les férus d'architecture et d'histoire : il permet au public de visiter des édifices majeurs (dont beaucoup sont inaccessibles le reste du temps). Le festival étant vite pris d'assaut, réservez en ligne pour les bâtiments qui vous intéressent le plus. Des conférences ont lieu dans le cadre de l'événement. Ne manquez pas la visite des tunnels souterrains, du Parlement et du Collegi Oficial d'Arquitectes.

Au bonheur des bibliophiles

UNE CITÉ LITTÉRAIRE

Havre de librairies au riche passé littéraire, Palma est une ville où il fait bon lire. Des auteurs de renom, comme Julio Cortázar, Rubén Dario, Jorge Luis Borges, Albert Camus et D. H. Lawrence, trouvèrent l'inspiration dans cette cité au cœur de la Méditerranée. L'écrivain et poète britannique Robert Graves, qui habitait non loin d'ici, à Deià (p. 96), venait chaque semaine récupérer lettres et colis au bureau de poste de Palma. C'est Gertrude Stein, qui vécut un temps dans le quartier d'El Terreno, qui conseilla à Graves de s'installer sur l'île.

Si vous aimez les livres et/ou que vous lisez l'espagnol, voici quelques librairies à visiter : **Casa del Libro**, **Rata Corner**, **Libreria Drac Magic** et **Biblioteca de Babel** (qui se double d'un café).

Pour les ouvrages d'occasion, tournez-vous vers la charmante **El Bazar del Libro**, près de la Plaça de Cort, avec son bar et un piano invitant à l'improvisation musicale. Une belle librairie spécialisée en art est installée à l'entrée du CaixaForum.

La **Fundació Mallorca Literària** organise des événements littéraires, dont le fabuleux WoW (Walking on Words) : des circuits pédestres guidés en anglais, allemand ou catalan, présentant les richesses littéraires et culturelles de Palma et du reste de l'île. Lors de la foire annuelle du livre, La Rambla se remplit de stands de libraires et accueille des rencontres avec des auteurs.

Un festin méditerranéen

BONNE CHÈRE ET DANSE

L'incroyable scène gastronomique de Palma compte son lot de restaurants étoilés au Michelin, ainsi que d'excellentes adresses

LES MEILLEURS HÉBERGEMENTS FAMILIAUX

Portixol Hotel
Hôtel branché avec une superbe piscine. Proche de la plage et du port de Portixol. Prenez une chambre avec vue sur la mer et terrasse. €€€

St Regis Mardavall Mallorca Resort, Portals Nous
Hôtel de luxe cinq étoiles avec activités, cours de natation et leçons de golf pour enfants (de 3 à 12 ans). Dispose de son propre restaurant et de chambres familiales. €€€

Melia Palma Marina
En plein centre, proche du Passeig Marítim. Bon rapport qualité/prix. Buffet de petit-déjeuner et restaurant de tapas. Proche d'un bon restaurant italien. Piscine et spa. €€

OÙ ACHETER DES SOUVENIRS

Colmado Santo Domingo
Produits alimentaires locaux.

Carmina
Chaussures faites main.

Tipika
Artisanat et gastronomie locaux.

LES MARCHÉS ALIMENTAIRES À NE PAS RATER

Mercat de l'Olivar
Très fréquenté, ce marché alimentaire près de la Plaça d'Espanya dégage une atmosphère détendue. Poisson grillé, planches de viande et tapas à manger sur place.

Mercat de Santa Catalina
Fleurs, fruits et aliments du monde entier. Commandez *frito mallorquín* (abats d'agneau frits et légumes), paella ou croquettes au convivial Bar Joan Frau, ou goûtez aux sushis d'Arume.

Mercat 1930
Sur le Passeig Marítim, ce marché gastronomique sert des plats internationaux inspirés par l'amour du voyage et des autres cultures.

internationales, mais également des *cellers* (anciennes caves à vins) à l'authentique cuisine majorquine.

Végans, végétariens et adeptes du sans gluten trouveront ici de quoi se régaler. Mentionnons ainsi **Botànic**, au cœur de la ville, qui sert des plats à base de fruits et légumes produits localement.

La cuisine de l'île repose sur un régime méditerranéen à base de produits frais. Passez la matinée entre les étals du marché alimentaire de Santa Catalina et du **Mercat de l'Olivar** pour goûter aux produits locaux.

La baie est, on s'en douterait, jalonnée d'excellents restaurants de produits de la mer.

En matière de cafés, visitez des institutions à l'ancienne, comme **Ca'n Joan de s'Aigo** (*chocolatería* plusieurs fois centenaire), **Forn Fondo** (viennoiseries et confiseries majorquines), ou la jolie **Forn des Teatre** (hébergeant à présent **Fornet de la Soca**), que distingue sa devanture.

Entre lounges chics et pubs tapageurs, la vie nocturne de Palma est très variée. Débutez par un verre de vermouth et des tapas à **La Vermuteria Rosa**. Goûtez aux cocktails et tapas d'**Abaco** (bar à cocktails dans un palais du XVIe siècle) ou portez votre choix sur **Gibson** et **Nicolas**, bars plus populaires que jamais.

Écoutez jouer des musiciens dans l'éclectique **Novo Café Lisboa** ou au **Blue Jazz Club**, tous deux à Santa Catalina, ou passez la nuit à danser dans un beach club, tel **Purobeach** (Ses Illetes). À Santa Catalina, l'Hotel Hostal Cuba dispose d'un bar sur son toit (Sky Bar). Pour de plus gros clubs, cap sur le **Passeig Marítim**. L'**Auditòrium** héberge aussi des événements musicaux.

Aventures pour les plus jeunes

PALMA AVEC DES ENFANTS

Avec ses hôtels familiaux, ses belles plages et ses activités variées pour enfants de tous âges, Palma convient bien aux familles.

Le **Palma Aquarium** (p. 66), axé sur la protection de l'écosystème marin et fort de 55 bassins abritant des centaines d'espèces, ainsi qu'un bassin de requins géante promet une visite féerique. Par mauvais temps, vous pourrez vous rabattre aussi sur le **Palma Jump** (trampolines géants et courses d'obstacles) ou sur le centre d'escalade d'**Indoorwall Mallorca**. Si la météo est propice, des agences organisent des excursions d'escalade en plein air pour les enfants.

Parmi les autres activités en plein air, citons le **Jungle Parc** (deux parcs d'aventure avec tyroliennes), le **Castell de Bellver** (p. 49), grand château dans un parc perché sur une colline

AGENDA DE LA NAVIGATION DE PLAISANCE

Février
V Copa del Mediterráneo – Puerto Portals.

Avril
Princesa Sofia Regata et La Ruta de la Sal.

Avril/mai
Palma International Boat Show et Palma Superyacht Village.

(idéal pour pique-niquer), le **Castillo de San Carlos** (p. 52 ; forteresse au bord de la mer) ou encore la **Dalt Murada**, les remparts de la vieille ville à explorer à pied. Les sculptures de la terrasse du musée **Es Baluard** (p. 53) plaisent aux enfants (un café se trouve sur place). On compte aussi plusieurs aires de jeux, dont le **Parque de la Feixina**, à deux pas, qui convient bien aux plus jeunes, et le **Parc de la Mar**, au sud-est de la cathédrale.

Vous avez un artiste en herbe dans la famille ? La **Fundació Pilar i Joan Miró** (p. 54) inspirera les esprits créatifs avec ses œuvres d'art vivantes et son atelier.

Envie de bouger en famille ? Louez rollers ou vélos (**Nano bicycles** fournit des vélos avec sièges et remorques pour enfants) et baladez-vous sur la promenade le long de la baie (p. 71).

Vous pourrez aussi passer une journée (ou plusieurs !) à la plage. Palma en compte plusieurs, de qualité, et la baie est ourlée de plages dorées, de criques et d'îlots cachés (voir p. 72). Elle se prête également aux sports nautiques : grâce à la BonaOna Surf School, à **Ca'n Pastilla** (p. 66), vos enfants maîtriseront surf, paddle et planche à voile en un rien de temps. Ils peuvent aussi apprendre la voile auprès de l'**Escuela Nacional de Vela**, à Port Calanova.

La nature à deux pas de la ville

ESPACES VERTS

Palma bénéficie de plusieurs espaces verts, dont le **S'Hort del Rei** (jardin du Roi), près de la cathédrale et le **Jardí del Bisbe** (jardin de l'Évêque), qui jouxte le Palau Episcopal (p. 54), dans la vieille ville. Verdoyants, ombragés et bien entretenus, les **Jardines de Marivent** entourent le Palau Marivent (à Cala Major), résidence d'été de la famille royale, et sont ouverts au public presque toute l'année. Des bronzes de Miró y sont disséminés – son ancien studio et la Fundació Pilar i Joan Miró (p. 54) sont à proximité. Bois et havres de nature abondent aux abords de la colline qui surplombe Palma et du **Castell de Bellver** (p. 49).

Voile à Palma

Des travaux sont en cours pour développer les espaces verts et aménager des *zonas verdes* dans et autour de la ville. Pour un coin plus sauvage, visitez **La Reserva Park**, dans la Serra de Tramuntana. À une demi-heure en voiture du centre, ce parc naturel, peuplé d'aigles et d'ours, est un paradis pour la randonnée de montagne, les activités de plein air et la nage en eau libre. À Puigpunyent, non loin de Galilea, le parc accueille les animaux en détresse dans un environnement

Mai
Palmavela et Ibiza Gold Cup.

Juin
Superyacht Cup.

Juillet/août
Copa del Rey et Regata Illes Balears Classics.

LES MEILLEURS COURS DE VOILE

Deep Blue Sea Training
Formation pour faire partie de l'équipage d'un yacht, skipper, bateau à moteur. Cours de secourisme.

National Sailing School
À Port Calanova. Les enfants pourront suivre des cours pour naviguer sur plusieurs types d'embarcations. Introduction aux régates, cours de paddle et kayak. Cours pour adultes.

Escuela Náutica Palma
École de voile expérimentée proposant un large choix de cours.

Palma Sea School
Formation au brevet Yachtmaster pour les navires à moteur, dispensée par le RYA.

Escuela Náutica Navega
Bon choix de cours.

protégé. Dans ce cadre naturel presque intact, vous pourrez œuvrer auprès des ruches et des animaux, et prendre des cours sur les oiseaux de proie.

Mettre les voiles

MARINAS ET RÉGATES

Régates, coupes et salons nautiques ont lieu chaque année à Majorque, notamment à Palma. Les passionnés de bateaux viendront en avril et mai : c'est à cette période que se tient le **Palma International Boat Show**. Les acheteurs potentiels peuvent monter à bord de nombreux bateaux exposés. Une série d'événements connexes donne l'occasion parfaite pour s'immerger dans la communauté nautique.

Amateur de voile, ne manquez pas le clou de la saison des régates : la **Copa del Rey Regatta** a lieu chaque année et est organisée par le Real Club Náutico à Palma. À cette occasion prestigieuse, la baie se remplit de voiliers. En parallèle, le Real Club Náutico organise aussi repas et manifestations diverses.

Au pays des yachts

PASSEIG MARÍTIM

Avec ses charmantes marinas, Palma (et Majorque) est un spot de plaisance très populaire. Pour voir toutes sortes de bateaux, des *llaüts* traditionnels aux super-yachts, rendez-vous dans les marinas du Club de Mar et du Real Club Náutico.

Le **Club de Mar** dispose de 575 places et héberge des yachts de 8 à 135 m de long. Son quai d'accueil de 350 m reçoit d'imposants bateaux et des super-yachts.

Plus près de la vieille ville, le **Real Club Náutico** dispose de 971 places pour des bateaux à voile et à moteur jusqu'à 40 m de long.

D'autres marinas se trouvent un peu plus loin, dont celle de **Port Calanova**, qui est parsemée de restaurants, d'hôtels et de plages et où une excellente école de voile propose des initiations de qualité pour les enfants.

À 10 km de Palma, la marina de luxe de **Puerto Portals** ne manque pas de restaurants huppés et de boutiques de créateurs. De l'autre côté de la baie, le **Club Náutico El Arenal** (667 places) est doté de nombreux bars, restaurants et lieux de vie nocturne. Dans ces marinas, des agences louent des yachts, des compagnies proposent des excursions en bateau dans la baie et au-delà, et des écoles de voile proposent une large gamme de cours. Faites du repérage et demandez conseil. Vous préférez la terre ferme ? Promenez-vous sur le Passeig Marítim pour admirer les yachts.

SANTA CATALINA

UN ANCIEN QUARTIER DE PÊCHEURS DEVENU ENCLAVE BOHÈME

Des moulins à vent d'Es Jonquet surplombant le port jusqu'aux vieilles maisons de pêcheurs aux balcons en fer forgé et aux volets verts, Santa Catalina dégage un charme certain.

Boutiques vintage, magasins de meubles et de design et concept stores consacrés au *slow living* (l'art de ralentir) fleurissent dans ce quartier où bien-être et détente sont érigés en mode de vie. On y trouve aussi des cafés végans et des studios de yoga et de Pilates.

Mangez dans un restaurant international ou grignotez de-ci, de-là au Mercat de Santa Catalina, grand marché alimentaire du quartier. Les bars musicaux ne manquent pas : le soir venu, une foule bigarrée s'amuse en terrasse des restaurants et bars.

Pour les infos pratiques, voir le Carnet d'adresses p. 77

S'ORIENTER

Explorez le quartier sans carte ; flânez dans les ruelles étroites aux abords du marché, arrêtez-vous dans l'un des nombreux cafés et imprégnez-vous de l'atmosphère.

Moulins à vent d'Es Jonquet

Alimentation saine

POUR LES ADEPTES DU BIO, LES VÉGANS, LES VÉGÉTARIENS ET LES INTOLÉRANTS AU GLUTEN

Cafés et restaurants atypiques abondent dans les rues latérales arborées du quartier. Faites vos courses dans un magasin d'alimentation saine (Herbolario Navarro) ou dans l'épicerie zéro déchet NU (également un café biologique). Pour plus de choix en produits bio et végans, visitez le site Web du supermarché virtuel Lo Vegano. Près de l'église, chez Simple Smart Food, on prend le temps de manger (tout est préparé sur place, alors soyez patient !). Un grand choix attend les végans et végétariens, qui essaieront volontiers Simply Delicious (cuisine moyen-orientale), Elefante Mallorca, Restaurante EcoVegetariana et La Mujer de Verde.

Bien-être

YOGA ET PILATES

Côté yoga, Pilates, bien-être et thérapies alternatives, vous serez gâté à Santa Catalina. Pour le yoga et le Pilates, essayez le studio réputé d'Earth Yoga. Intéressé par le Kundalini yoga et la méditation ? Préférez le RA MA Institute Mallorca. Le yoga Ashtanga vous tente ? Direction l'Ashtanga House Mallorca. Pour le bien-être, tournez-vous vers Lucky Bodies & Happy Souls et Palma Sport & Tennis Club.

Yoga sur la Platja de Magaluf

SANTA CATALINA

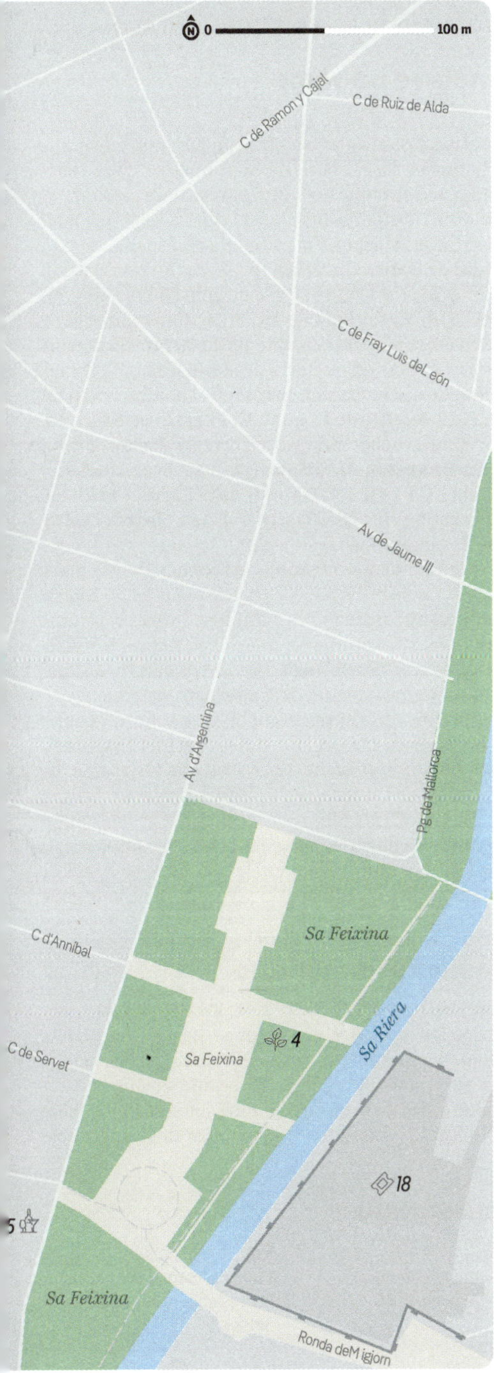

ACTIVITÉS
1 Earth Yoga
2 Eden Hairdressing
3 Hub Co-Spaces
4 Parque de la Feixina
5 ZULU Coworking
6 Ashtanga House Mallorca
7 Lucky Bodies and Happy Souls
8 RA MA Institute Mallorca

SE RESTAURER
9 Elefante Mallorca
10 NU
11 Restaurante EcoVegetariana
12 Simple Smart Food
13 Simply Delicious

PRENDRE UN VERRE ET FAIRE LA FÊTE
14 El Perrito
15 Sky Bar
16 La Madeleine de Proust
17 Santina

SORTIR
18 Es Baluard
19 Novo Café Lisboa

SHOPPING
20 Fleurs Santa Catalina
21 Herbolario Navarro
22 La Libélula
23 La Salina
24 Mercat de Santa Catalina
25 Palma Bread
26 Thomas Bakeshop Boutique

POURQUOI J'AIME SANTA CATALINA

Laura McVeigh, auteure

J'adore la vieille ville de Palma, ses avenues arborées animées et la belle Rambla, mais c'est Santa Catalina que j'aime par-dessus tout. Derrière les moulins à vent d'Es Jonquet, ce quartier déborde de charme et de caractère. Avec ses petits commerces, l'endroit dégage une énergie positive, qui se double d'une grande sensibilité et d'une atmosphère créative, grâce aux studios d'artistes et au Teatre Mar i Terra. Une fois par semaine, j'aime aller écrire dans un café. Les gens sont amicaux : on se sent très vite intégré à la vie de ce quartier décontracté.

Une petite maison de pêcheur

À VOIR AUSSI DANS SANTA CATALINA

Une enclave bohème

FAITES COMME LES HABITANTS

Santa Catalina ("Santa Cat'" pour les habitants, ou "petite Suède" en raison du nombre de boutiques et d'expatriés suédois sur place) est faite pour être parcourue à pied. Mieux vaut se lancer à l'aveugle, sans plan ou itinéraire prévu, pour la découvrir, mais voici quelques points de départ.

Le **Mercat de Santa Catalina** (p. 58) est le cœur battant du quartier et le plus vieux marché du coin (1920). Ses étals sont garnis d'un large choix de produits alimentaires et de spécialités plébiscités par les habitants, les approvisionneurs de yachts et les chefs en quête de produits frais.

Prenez le petit-déjeuner dans un café aux abords du marché, comme **La Madeleine de Proust**, **El Perrito** ou **Santina**. Vous pouvez aussi acheter du pain frais chez **Palma Bread** ou **Thomas Bakeshop Boutique** (pain au levain). Achetez des fleurs chez **BYLOLINDO** ou **Fleurs Santa Catalina**. Faites-vous couper les cheveux chez **Eden Hairdressing** (très prisé des plaisanciers).

Participez à une séance de tai-chi en plein air sur la place près de l'église. Rééquilibrez vos chakras auprès de **Lucky Bodies & Happy Souls** (au programme : yoga, rolfing et naprapathie) ou suivez un cours de yoga (Hatha, Vinyasa, Yin, Kundalini) chez **Earth Yoga**. Désormais plus zen, sirotez matcha ou smoothie dans un café alternatif du coin.

Entre les vitrines d'agences immobilières sont nichés des restaurants, bars et concept stores tels que **La Libélula**.

Participez à un atelier de poterie dans un studio de céramique ou prenez une leçon de tennis auprès du **Palma Sport & Tennis Club** (club de tennis des années 1960 savamment réaménagé, appartenant aux gérants suédois du Portixol Hotel). Enfin, direction le **Sky Bar** sur le toit de l'emblématique **Hostal Cuba** de style Art nouveau pour admirer le coucher de soleil sur le port.

Nomadisme numérique

COWORKING À SANTA CATALINA

Palma attire les nomades numériques aisés et les cadres internationaux optant pour la vie insulaire. Les loyers et le coût de la vie y sont élevés, mais la beauté de l'île en vaut la peine. Cette cité de bord de mer joue sur son atmosphère cosmopolite et dynamique. Si on trouve des espaces de

OÙ MANGER DE LA CUISINE INTERNATIONALE

Rotana
Délicieuse cuisine libanaise dans un cadre charmant. **€€**

Sumaq
Belles assiettes de cuisine fusion péruvienne. **€€**

Koh
Plats thaïlandais et sud-asiatiques servis avec amour. **€€**

Palma

coworking un peu partout en ville, ceux de Santa Catalina sont particulièrement prisés, ce qui en fait un point de rencontre international.

Hub Co-Spaces (Carrer de Caro) est un espace fonctionnel et convivial. Avec son intérieur naturel et reposant, **ZULU Coworking** (Carrer de Sant Magí) a des airs de bibliothèque universitaire. Cette adresse professionnelle (avec thé, café, cuisine, patio, salles de réunion, bureaux et accès Internet) organise des événements et permet de développer son réseau. Récemment, le **Palma Sport & Tennis Club** a ouvert son propre espace de coworking ; malgré un tarif un peu élevé, l'endroit est agréable, bien pourvu et donne accès aux installations du club.

Envie d'un endroit différent ? En haut de Santa Catalina, le studio d'architecture **Homey Group** a un espace de coworking qui suscite une synergie créatrice.

D'excellents cafés avec Wi-Fi gratuit parsèment aussi Santa Catalina : on ne pourrait pas rêver meilleur quartier pour travailler sur son ordinateur.

LES MEILLEURS HÉBERGEMENTS

Hotel Hostal Cuba
Boutique-hôtel dans un bâtiment remarquable. Sur le toit, le Sky Bar donne sur le port. À la lisière de Santa Catalina. €€

StayCatalina Boutique Hotel-Apartments
Appartements raffinés dans un hôtel quatre étoiles, au cœur de Santa Catalina. €€

Bordoy Continental Palma
Quatre-étoiles propre et confortable à Santa Catalina. €€

Melia Palma Marina
Hôtel confortable et chic au bord de la mer. Délicieux petit-déjeuner, bel emplacement. €€

NOTRE SÉLECTION D'ESPACES DE COWORKING

Cómodo & Co, La Rambla
Bel endroit dans un bâtiment historique, près de La Rambla. Espace convivial et créatif.

Palmapolitan
Dans l'un des plus beaux édifices de Palma. Jolies salles de réunion et cadre convivial. Usagers ponctuels ou réguliers.

Casa Planas
Espace de coworking branché avec station de radio, musique live et ateliers créatifs, sur l'Avinguda de Sant Ferran.

BAIE DE PALMA

UNE VASTE BAIE EN PÉRIPHÉRIE DE LA VILLE

La Badia de Palma (baie de Palma) s'étire sur 25 km sur la façade maritime de la capitale. C'est la baie de tous les contrastes : des villégiatures balnéaires tape-à-l'œil y côtoient des résidences huppées, et des quartiers résidentiels tranquilles voisinent avec d'énormes complexes touristiques.

Depuis les falaises de Cala Blava à l'est, la baie s'incurve, longe les stations animées de Ca'n Pastilla et S'Arenal, réputées pour les sports nautiques et la vie nocturne, puis rejoint la Ciutat Jardí, plus calme, et une promenade animée qui rejoint l'ancien village de pêche de Portixol. Au port s'étend la plage municipale de Ca'n Pere Antoni.

De l'autre côté, la baie atteint Cala Major, une petite plage entourée de bâtiments, puis les coins résidentiels huppés de Ses Illetes et Bendinat. Vient ensuite le charmant hameau de Portals Nous, puis Palmanova et Magaluf, deux lieux de villégiature chers aux Britanniques. Au-delà se trouvent les tranquilles Portals Vells et Cala Vinyes.

Pour les infos pratiques, voir le Carnet d'adresses p. 78

À SAVOIR

Renseignez-vous avant votre venue pour choisir votre lieu de séjour en fonction du type de vacances auquel vous aspirez.

Palma Aquarium

AVENTURES AQUATIQUES

En plus de 8 000 espèces des océans et écosystèmes marins du monde entier, l'aquarium (voir aussi p. 58) est doté d'un énorme bassin de requins : dans le tunnel, vous serez entouré de 20 squales. La préservation de l'écosystème marin et les questions environnementales sont au cœur des préoccupations de l'aquarium, comme en témoignent les expositions sur la surpêche, la pollution marine et les mesures de protection à mettre en place.

Palma Aquarium

Ca'n Pastilla et S'Arenal

SPORTS NAUTIQUES

À l'extrémité la plus venteuse de la Playa de Palma, Ca'n Pastilla est l'une des nombreuses stations balnéaires qui ourlent le littoral de l'aéroport jusqu'à Ciutat Jardí. Cafés, restaurants, boutiques de plage et hôtels bordent la plage de sable. La BonaOna Surf School propose des cours de surf et de planche à voile pour les enfants, ainsi que des cours de kayak, skateboard et paddle.

Avec Attraction Catamarans, faites une excursion en bateau (déjeuner compris) pour découvrir les *calas* et lieux de baignade aux alentours de la baie.

Un peu plus loin, à S'Arenal, Aqualand est apprécié des jeunes et des touristes allemands. Avec ses toboggans à sensations fortes, ses attractions aquatiques et ses pataugeoires pour les plus petits, le parc ravit les enfants.

Portixol et Es Molinar

VIEUX VILLAGES DE PÊCHEURS

Ces deux villages aux abords de Palma ont gagné en popularité ces dernières années : y règne désormais une ambiance bohème.

On comprend aisément pourquoi ils plaisent, avec leurs maisons de pêcheurs rénovées aux couleurs éclatantes qui bordent le front de mer, entrecoupées de bars, cafés et restaurants. Face à la mer, une large et belle promenade s'étend sur 16 km le long de la baie. Nombreux sont ceux qui viennent se promener entre Palma et ces villages de carte postale à vélo, en rollers, en skateboard ou Segway.

Malgré l'installation massive d'acheteurs étrangers (qui a fait grimper le prix), il reste encore beaucoup de résidents locaux et l'endroit semble figé dans le passé. Il est aussi très familial : des grands-parents surveillent des tout-petits perchés sur des tricycles, des pique-niques sont improvisés sur la plage et des familles, tout sourire, arpentent la promenade à vélo ou en rollers.

BON PLAN

Portixol n'est qu'à 10 minutes de l'aéroport en voiture, mais le stationnement est épineux du fait des rues à sens unique. Mieux vaut prendre un taxi à l'aéroport ou le bus n°1, qui s'arrête vers le Melià Palma Bay (près du port de Portixol). Dans le centre, les bus n[os]15 et 30 conduisent à Portixol et Es Molinar.

Portixol

BAIE DE PALMA

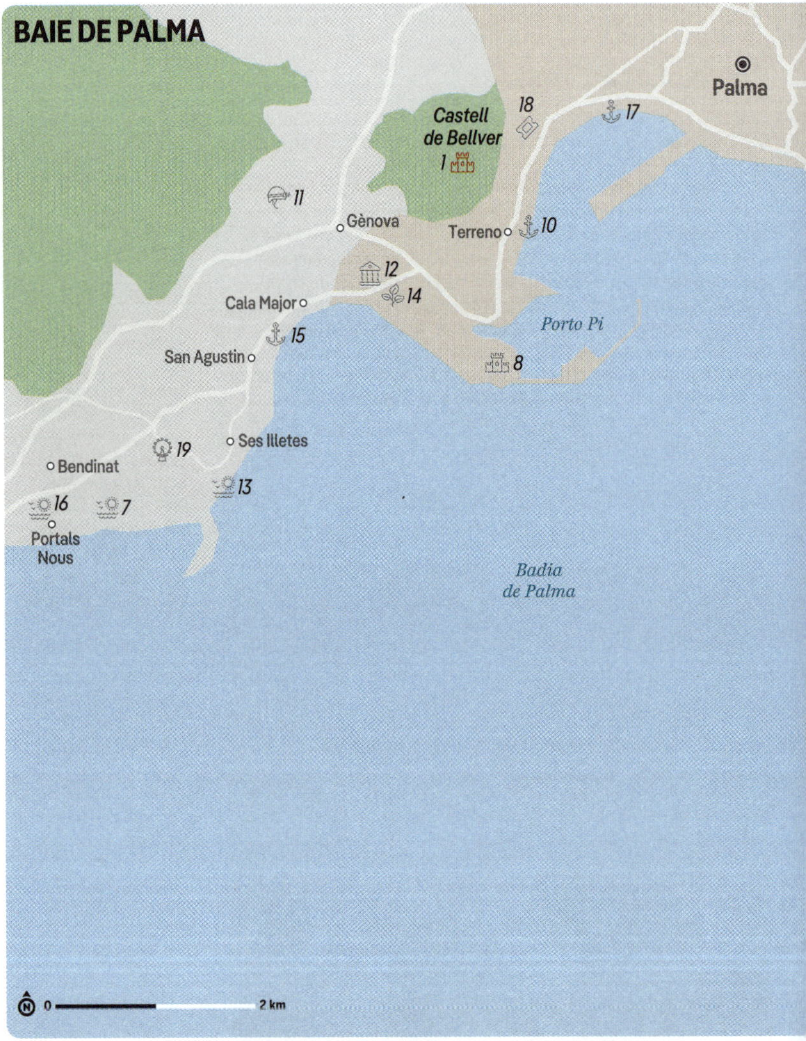

INCONTOURNABLES	**4** Palma Aquarium	**VOIR**	**9** Ciutat Jardí
1 Castell de Bellver	**5** Portixol	**7** Bendinat	**10** Club de Mar
2 Ca'n Pastilla	**6** S'Arenal	**8** Castillo de San Carlos	**11** Coves de Génova
3 Es Molinar			

12 Fundació Pilar i Joan Miró
13 Ses Illetes
14 Jardines de Marivent
15 Port Calanova
16 Portals Nous
17 Real Club Náutico

SORTIR
18 Auditòrium
19 Jungle Parc Junior

LES MEILLEURS RESTAURANTS DE PORTIXOL ET D'ES MOLINAR

Portixol Boutique Hotel
Fabuleux hôtel doté d'un excellent restaurant branché dans un joli cadre en bord de mer. Les soirs d'été, profitez de la terrasse. €€€

Assaona Gastrobeach Palma Club
Beach club ultrachic avec un restaurant ouvert toute l'année. €€

Petit Ca'n Punta Port
Charmante atmosphère vintage. Convient bien aux végétariens. €

El Bungalow
Comme un air d'Ibiza à Es Molinar. €€

Cocco
Pizzas et cuisine italienne dans un joli cadre au bord de l'eau. €€

LUNAMARINA/SHUTTERSTOCK ©

Balneario Illetas

À VOIR AUSSI DANS LA BAIE DE PALMA

Voile et coucher de soleil

UNE JOURNÉE À PORTIXOL

Au menu du **Portixol Boutique Hotel** : raffinement et vues splendides sur les couchers de soleil. Demandez une chambre avec une terrasse qui donne sur la mer. Avant le petit-déjeuner, profitez de l'ambiance rétro au bord de la piscine et piquez une tête. Sinon, optez pour le **Melia Palma Bay** voisin, dont le toit arbore une grande piscine.

Visitez le petit **port** de Portixol, laissez-vous aller au son des cliquetis des bateaux et prenez quelques photos avant d'enfourcher votre vélo et de longer les vieilles maisons de pêcheurs qui bordent la promenade du front de mer.

En chemin, arrêtez-vous sur une plage ou dans l'un des cafés face à la mer. Installez-vous sur une chaise longue sous un parasol sur la **Ciutat Jardí** et baignez-vous avant de rentrer à vélo. Déjeunez dans un restaurant local : produits de la mer et cuisine internationale ne manquent pas. Pour un repas vraiment typique, direction le **Club Nautico Portixol**, où

NOTRE SÉLECTION DE BEACH CLUBS

Purobeach Illetes
Sur les rochers, adresse huppée, où l'on vient se montrer. Restaurant, chaises longues et canapés-lits.

Balneario Illetas
Détendez-vous au bord de cette plage où vous attendent restaurant, chaises longues et espace bien-être.

Nikki Beach
Sushis, champagne, DJ et ambiance festive à Magaluf.

VULCANO/SHUTTERSTOCK ©

La promenade de Palma à vélo

vous dégusterez un menu de trois plats ou une paella. Ensuite, suivez une leçon de voile ou partez en excursion en bateau.

Le soir venu, admirez le coucher du soleil depuis un beach club, comme l'**Assaona**. Si vous êtes sur place le 23 juin, participez aux festivités de la **Nit del Foc** : familles et amis se réunissent sur les plages illuminées de bougies pour un pique-nique nocturne.

Le bord de mer à vélo

SUR LE SENTIER LONGEANT LA BAIE DE PALMA

Bordée de grands palmiers, la promenade comprend une piste cyclable (vélos, rollers, etc.) et un trottoir réservé aux piétons, et se déroule le long de la baie de Palma sur plus de 16 km. Louer un vélo (ou rollers ou skateboard) est la solution la plus agréable pour explorer la ville et les plages.

Plusieurs systèmes de vélopartage publics, comme **BiciPalma** et **Mou-te Bé**, permettent de faire des trajets courts à vélo

LES MEILLEURES AGENCES DE LOCATION DE VÉLO

Palma on Bike
Vélos électriques, vélos de ville, trottinettes électriques, vélos de route et VTT. Près de la cathédrale.

Nano bicycles
Agence professionnelle, large gamme de vélos. Dispense des conseils en matière d'itinéraires.

Berganti Bikes
Location et réparation. Achat de vélos d'occasion. À Ca'n Pastilla.

OÙ TROUVER LES PLUS BELLES PLAGES

Ses Palmeres
Petite plage abritée à Portixol.

Ciutat Jardí
Plage de sable non loin d'Es Coll d'En Rabassa.

Ca'n Pere Antoni
Plage municipale de Palma, où est installé l'Anima Beach Club.

dans le centre. Pour des trajets plus longs et plus éloignés et pour un plus grand choix de vélos, tournez-vous vers l'une des agences de location de Palma (ou louez un Segway). La plupart proposent aussi sièges et remorques pour enfants. Pensez à réserver et à venir récupérer votre vélo muni d'une pièce d'identité. On vous prêtera casque et antivol (utilisez-le bien lors de vos arrêts).

Si vous faites du vélo lors des mois les plus chauds, pensez à vous protéger du soleil et à emporter de l'eau. Ne vous laissez pas distraire par le paysage et prenez garde aux éventuels obstacles !

Vous pourrez partir de Porto Pi et pédaler jusqu'à El Arenal, en passant par La Seu, Portixol et Es Molinar.

COVES DE GÈNOVA

Plus petites que les célèbres Coves del Drac sur la côte est, ces grottes proches de Palma et découvertes en 1906 valent néanmoins le détour, d'autant qu'elles sont beaucoup moins fréquentées par les touristes. Enfants et adultes s'émerveilleront devant les couleurs vives et les formes fantasques des colonnes, bassins et tunnels de ces grottes de calcaire enfouies sous la surface à 36 m de profondeur.

À l'ouest de la baie de Palma

À LA CONQUÊTE DE L'OUEST

Ses Illetes, Bendinat, Portals Nous et Portals Vells sont autant de lieux de villégiature luxueux dans la baie.

Ses Illetes possède une jolie plage bien abritée, Platja de Ses Illetes, de petites *calas* tranquilles et une plage plus calme, Cala Comtesa. Les beach clubs permettent de passer une belle journée sur la plage. Le stationnement peut être difficile, mais le bus n°3 relie fréquemment le Passeig de la Rambla ou l'Avinguda de Jaume III aux plages.

Bendinat est une zone presque exclusivement résidentielle. Sa petite plage et ses *calas* sont adossées à des hôtels chics. Les clubs de golf y sont légion. À proximité, une pinède abrite le **Jungle Parc Junior**, fantastique circuit d'aventure en plein air doté d'une tyrolienne et d'un vélo suspendu. Idéal pour les enfants de 6 à 12 ans.

Plage splendide, **Portals Nous** permet de profiter d'un *chiringuito* (bar de plage), d'un terrain de beach-volley et d'une belle vue. Elle jouxte la marina, jalonnée de yachts, de Puerto Portals. Attablé dans l'un des restaurants ou cafés de la marina, observez les allées et venues.

À Port Calanova, la **National Sailing School** propose divers cours de voile pour enfants, ainsi que d'autres pour adultes.

Intéressé par la plongée ? À Palmanova, **Big Blue Diving** dispense des cours PADI pour débutants.

Comme les grandes stations balnéaires de l'est de la baie, l'ouest possède son propre parc aquatique, le **Western Water Park**, à Magaluf. Toboggans aquatiques à sensations et pataugeoires raviront petits et grands.

Portals Nous

NOTRE SÉLECTION DE PARCS D'AVENTURE

Western Water Park
Parc aquatique à thème avec toboggans (dont un de 260 m de long), attractions et jeux d'eau.

Katmandu Park
Manèges, minigolf, maison à l'envers et jeux d'eau.

Jungle Parc
Deux sites différents selon la tranche d'âge. Parcours d'Accrobranche et tyrolienne dans une pinède.

Carnet d'adresses

PALMA

Arc de Sa Drassana
Voir p. 52 (Passeig Dalt Murada 1B)

Basílica de Sant Francesc
Voir p. 55 (971 71 26 95 ; Plaça de Sant Francesc 7)

Cal Marquès de la Torre
Voir p. 52 (Carrer de la Portella 14)

Can Catlar del Llorer
Voir p. 53 (Carrer de Can Savellà 15)

Can Espanya-Serra
Voir p. 52 (Carrer de la Portella 18)

Can Forteza Rey
Voir p. 57 (Plaça del Marquès del Palmer 1)

Can Marquès
Voir p. 53 (Carrer de Ca'n Angluda 2A)

Can Salas (Can Jordà)
Voir p. 52 (Carrer de la Puresa 2)

Can Vivot
Voir p. 53 (620 29 05 89 ; canvivot.es ; Carrer de Can Savellà 4)

Casal Solleric
Voir p. 52 (971 72 20 92 ; casalsolleric.palma.cat ; Passeig del Born 27 ; gratuit ; 10h-14h et 16h-20h mar-sam, 11h-14h30 dim)

Castell de Bellver
Voir p. 49 (971 73 50 65 ; castelldebellver.palma.cat ; Carrer de Camilo José Cela ; adulte/réduit/enfant 4/2 €/gratuit, gratuit dim ; 10h-19h mar-sam avr-sept, 10h-18h mar-sam oct-mars, 10h-15h dim)

Castillo de San Carlos (Museo Histórico Militar de San Carlos)
Voir p. 59 (971 402 145 ; www.castillomuseosancarlos.com ; Carretera Dic de l'Oest ; gratuit ; 10h-14h mar-dim)

Catedral de Mallorca (La Seu)
Voir p. 47 (971 71 31 33 ; www.catedraldemallorca.org ; Plaça del Almoina ; 9/7/6 €, avec le musée 12 € ; 10h-15h15 lun-ven nov-mars, jusqu'à 17h15 avr-oct, sam 10h-14h15)

El Águila
Voir p. 57 (Plaça del Marqués del Palmer 2)

Es Baluard Museu d'Art Modern i Contemporani
Voir p. 53 (971 90 82 00 ; esbaluard.org ; Plaça de Porta de Santa Catalina 10 ; tarif plein/réduit/-12 ans 6/4,50 €/gratuit ; 10h-20h mar-sam, 10h-15h dim)

Església del Monti-Sion
Voir p. 52 (Carrer del Monti-Sion 22)

Fundació Miró Mallorca (Fundació Pilar i Joan Miró)
Voir p. 54 (971 70 14 20 ; miro.palma.cat ; Carrer de Saridakis 29 ; tarif plein/-16 ans 10 €/gratuit ; 10h-19h mar-sam mi-mai à mi-sept, 10h-18h mi-sept à mi-mai, 10h-15h dim)

Museu Diocesà
Voir p. 54 (971 713 133 ; www.museuartsacredemallorca.org ; Carrer del Mirador 5, Palau Episcopal ; billet combiné cathédrale-musée 9 €, musée seul 4 € ; 10h-17h30 lun-ven et 10h-15 sam 1eravr-31 oct, 10h-16h lun-ven et 10h-15h sam du 2 nov au 31 mars)

Museu d'Historia de la Ciutat
Voir p. 49 (971 735 065 ; www.palma.cat ; Castell de Bellver, Carrer de Camilo José Cela ; tarif inclus dans le billet pour le Castell Bellver ; 8h30-20h30 lun-sam et 10h-19h dim avr-sept, 8h30-19h lun-sam et 10h-17h dim oct-mars)

Museu de Mallorca
Voir p. 52 (971 17 78 38 ; Carrer de la Portella 5 ; adulte/enfant 2,50 €/gratuit, gratuit dim ; 10h-18h mar-ven, 11h-14h sam-dim)

Museu Fundación Juan March
Voir p. 54 (971 71 35 15 ; www.march.es ; Carrer de Sant Miquel 11 ; entrée gratuite ; 10h-18h30 lun-ven, 10h30-14h sam)

Palau de l'Almudaina
Voir p. 48 (902 04 44 54 ; entradas.patrimonionacional.es ; Carrer del Mirador ; adulte/enfant 7/4 €, Audioguide/visite guidée 4/4 €, gratuit mer et dim après-midi ; 10h-19h mar-dim avr-sept, 10h-18h oct-mars)

Palau de Marivent
Voir p. 59 (Avinguda de Joan Miró 235)

Sa Llotja
Voir p. 55 (Plaça de la Llotja 5 ; gratuit ; 10h-13h30 et 17h30-21h mar-dim)

Sa Portella
Voir p. 52 (Dalt Murada)

Banys Àrabs
Voir p. 48 (971 72 15 49 ; Carrer de Serra 7 ; adulte/enfant 2 €/gratuit ; 9h30-20h avr-nov, 9h30-19h déc-mars)

BonaOna Surf School
Voir p. 66 (971 261 261 ; www.bonaona.com ; Carrer dels Palangres 7 à Ca'n Pastilla ; cours de surf, planche à voile, paddle, skate, kayak à partir de 25 € ; 8h30-19h mer-jeu, 8h30-23h ven, 8h30-20h sam-dim)

CaixaForum
Voir p. 53 (971 17 85 12 ; obrasociallacaixa.org/es/cultura/caixaforum-palma ; Plaça de Weyler 3 ; adulte/enfant ou membre de La Caixa 6 €/gratuit ; 10h-20h lun-dim)

Club de Mar
Voir p. 60 (971 40 36 11 ; www.clubdemar-mallorca.com ; Muelle Pelaires ; cours de voile, canoë et stand-up paddle à partir de 55 € par mois l'année ou 125 € par semaine l'été ; 9h-18h30 lun-ven)

Club Nàutico El Arenal (Club Nàutic S'Arenal)
Voir p. 60 (971 440 142 ; cnamoorings.com ; Carrer Roses à Llucmajor ; cours de voile, kitesurf, paddlesurf et excursions en bateau à partir de 42 € ; 8h30-20h lun-sam)

Coves de Gènova
Voir p. 72 (871 50 87 64 ; cuevasdegenova.com ; Carrer d'es Barranc 45 ; tarif plein/enfant 12/7 € ; 10h-20h tlj)

Deep Blue Sea Training
Voir p. 60 (971 90 21 00 ; www.deepbluesea.training ; Calle de Sant Magí 46 ; cours de navigation, de yacht et de hors-bord à partir de 99 € ; 8h45-18h lun-ven)

Escuela Náutica Navega (cours au Club Náutico de Cala Gamba)
Voir p. 60 (618 325 828 ; www.escuelanavega.com ; Passeig Cala Gamba ; leçons de navigation de base, pour bateau de plaisance et yacht à partir de 95 € ; 9h-20h30 tlj)

Escuela Náutica Palma
Voir p. 60 (971 46 49 90 ; escuelanauticapalma.com ; Calle Miquel Santandreu 10 ; cours de navigation de base, pour bateau de plaisance et yacht à partir de 120 € ; 9h30-13h30 et 16h-20h lun-jeu, 9h30-13h30 et 16h-18h ven)

Fundació Mallorca Literària
Voir p. 57 (971 88 60 14 ; www.mallorcaliteraria.cat ; Carrer de Bonaire 25 à Binissalem ; 10h-14h mar-ven)

Indoorwall Mallorca
Voir p. 58 (971 42 48 40 ; www.indoorwall.com/centros-indoorwall-rocodromos/indoorwall-mallorca ; Carrer Gremí de Corredors 39 ; adulte/enfant à partir de 12/7 € ; 9h-22h lun-ven, 10h-20h sam-dim)

Jardí del Bisbe
Voir p. 53 (Carrer de Sant Pere Nolasc 6 ; gratuit ; 9h-15h lun-ven en hiver, 9h-13h et 15h-18h lun-ven en été, 10h-15h sam)

Jardines de Marivent
Voir p. 59 (Avinguda de Joan Miró 229 ; gratuit ; 9h-20h mai-sept, 9h-16h30 oct-avr)

Jungle Parc
Voir p. 58 (630 94 82 95 ; jungleparc.es ; Avenida Jaime I 40A à Santa Ponsa ; 3 parcours adulte et enfant +12 ans à partir de 20 €, 1 parcours enfant 4-12 ans 15 € ; 10h30-18h30 mar-dim avr-oct)

Jungle Parc Junior
Voir p. 72 (630 94 82 95 ; jungleparcjunior.es ; Arquitecto Francesc Casas 16 à Bendinat ; enfant 4-11 ans 15 € ; 10h-17h30 sam-dim)

Nano bicycles
Voir p. 59 (971 66 73 60 ; www.nanobicycles.com ; Carrer de la Mar 10 (location de vélos) et Carrer Apuntadors 6 (location de vélos électriques) ; vélo 12 €/jour, vélo électrique 24 €/jour ; Carrer de la Mar 8h-12h et 16h-18h lun-ven, 8h-12h sam-dim mars-oct, fermé nov-fév aller à la boutique Carrer Apuntadors 10h-14h et 16h-18h tlj nov-fév, 10h-14h et 16h-19h mars-oct)

National Sailing School
Voir p. 60 (971 40 25 12 ; www.portcalanova.com ; Avinguda de Joan Miró 327 à Port Calanova ; cours de voile, planche à voile, paddle et kayak à partir de 15 € pour enfant et adulte ; 9h-18h lun-ven, 9h-14h sam)

Palma Aquarium
Voir p. 66 (902 70 29 02 ; www.palmaaquarium.com ; Carrer de Manuela de los Herreros i Sorà 21 ; adulte/enfant 27,50/17 € ; 9h30-18h30 tlj avr-oct, 10h-15h30 lun-ven nov-mars, 10h-17h30 sam-dim)

Palma Jump
Voir p. 58 (871 90 38 92 ; www.palmajump.com ; Son Valentí Carrer textil 3 solar 33 ; adulte/enfant 11/11 € ; 9h-20h lun-jeu et dim, 9h-22h ven et dim)

Palma Sea School
Voir p. 60 (971 100 518 ; www.palmaseaschool.com ; Avda de Gabriel Roca 15 ; leçons de voile, motricité, sécurité, yachtmaster à partir de 275 € ; 9h-17h lun-ven)

Parc de la Mar
Voir p. 59 (Avenida Antoni Maura)

Parque de la Feixina (Parc de Sa Feixina)
Voir p. 59 (Avinguda de l'Argentina)

Pueblo Español
Voir p. 52 (971 73 10 62 ; www.puebloespanolmallorca.com ; Calle Pueblo Español 55 ; tarif plein/réduit et enfant 10/5 € ; 9h-17h lun-jeu, 9h-20h ven-dim)

Puerto Portals (marina)
Voir p. 60 (Portals Nous)

Real Club Náutico
Voir p. 60 (971 72 68 48 ; www.rcnp.es ; Plaza San Pedro 1 ; cours de voile et canoë à partir de 20 € ; 8h30-21h tlj)

Reserva Park Mallorca (La Reserva Puig de Galatzó)
Voir p. 59 (971 61 66 22 ; www.reservapark.net ; Predio Son Net 07194 Puigpunyent ; adulte/enfant 17/5 € ; 10h-17h sam-dim et vacances)

S'Hort del Rei
Voir p. 52 (Avenida d'Antoni Maura 18)

Concepció by Nobis
Voir p. 54 (971 91 50 25 ; www.concepciobynobis.com ; Carrer de la Concepció 34)

Hotel Antigua Palma – Casa Noble
Voir p. 54 (971 460 462 ; www.hotelantiguapalma.com ; Calle del Sol 1)

Sant Francesc Hotel Singular
Voir p. 54 (971 495 000 ; hotelsantfrancesc.com ; Plaça de Sant Francesc 5)

Adrian Quetglas
Voir p. 55 (971 78 11 19 ; adrianquetglas.es ; Passeig de Mallorca 20 ; menus à partir de 45 € ; 13h-15h30 et 20h-22h30 mar-sam)

Andana
Voir p. 55 (971 10 02 01 ; andanapalma.es ; Plaça d'Espanya 6 ; plats 9-26 € ; 13h-23h lun-sam)

Arume Sushi Bar & Dim Sum
Voir p. 58 (722 208 874 ; www.tomeumarti.com/es/sushi ; Mercat de Santa Catalina, Plaça de la Navegació ; plats 5-20 € ; 11h-16h lun-sam)

Bar Joan Frau
Voir p. 58 (971 73 78 62 ; Mercat de Santa Catalina, Plaça de la Navegació ; 7h-16h mar-sam)

Es Baluard (p. 53)

Botànic
Voir p. 58 (971 75 05 50 ; eatbotanic.com ; Carrer del Forn de la Glòria 14 ; plats 7-24 € ; 13h-16h et 19h-22h30 tlj)

Can Miquel Gelateria
Voir p. 56 (971 72 49 09 ; heladeriacanmiquel.com ; Carrer dels Montcades 9 ; glaces à partir de 3,40 € ; 9h30-20h30 mar-dim)

DINS Santi Taura
Voir p. 55 (656 738 214 ; www.dinssantitaura.com ; Plaça de Llorenç Villalonga 4 ; menu 95 € ; 20h-minuit mer-jeu, 13h-15h et 20h-minuit ven-sam)

Dolce Freddo Ice Cream
Voir p. 56 (claudiogelatoconpassione.com ; Carrer del Sindicat 28)

La Mujer de Verde
Voir p. 61 (871 173 739 ; lamujerdeverde.com ; Plaça de la Porta de Santa Catalina 1 ; menu 19 € ; 13h-16h mar-jeu, 13h-16h et 20h-22h30 ven-sam)

Marc Fosh
Voir p. 55 (971 72 01 14 ; www.marcfosh.com ; Carrer de la Missió 7A ; menu à partir de 52,50 € ; 13h30-14h30 et 19h30-21h mar-sam)

Mercat 1930
Voir p. 58 (654 61 33 28 ; www.mercat1930.net ; Avenida de Gabriel Roca 33 ; 18h30-minuit jeu-ven, 12h30-1h sam) (voir aussi la rubrique Shopping)

Mercat de l'Olivar
Voir p. 58 (971 72 03 14 ; www.mercatolivar.com ; Plaça de l'Olivar 4 ; 7h-15h lun-jeu, sam, 15h-20h ven)

Rivareno Heladería
Voir p. 56 (971 78 18 29 ; www.rivareno.com ; Plaça de la Llotja 1 ; 11h-minuit tlj)

Tast Club
Voir p. 55 (971 71 01 50 ; tast.com/es/restaurant/tast-club ; Carrer de Sant Jaume 6 ; plats 12-29 € ; 13h-minuit lun-ven, 9h-minuit sam)

Bar Abaco
Voir p. 58 (971 71 49 39 ; bar-abaco.es ; Calle San Juan 1 ; cocktails 15-16 € ; 20h-0h30 lun-jeu, dim, 20h-2h30 ven-sam)

Bar de l'Auditòrium
Voir p. 56 (971 73 47 35 ; auditoriumpalma.com ; Avenida de Gabriel Roca 18)

Bar Michel
Voir p. 55 (971 90 02 84 ; @ bar_michel ; Avinguda de Joan Miró 60 ; 9h30-minuit lun-sam)

Bar Nicolás
Voir p. 58 (971 72 40 78 ; barnicolas.com ; Plaça del Mercat 19 ; cocktails à partir de 11,50 € ; 13h-1h lun-jeu, dim, 13h-2h ven-sam)

Ca'n Joan de S'Aigo
Voir p. 58 (971 71 07 59 ; canjoandesaigo.com ; Carrer de Can Sanç 10 (+2 autres adresses) ; spécialité chocolat chaud à partir de 2,60 € ; 8h-21h tlj)

Fornet de la Soca (ancien Forn des Teatre)
Voir p. 58 (673 49 94 46 ; fornetdelasoca.com ; Plaça de Weyler 9 ; pâtisseries à partir de 2 € ; 9h-20h tlj)

Forn Fondo
Voir p. 58 (971 71 16 34 ; fornfondo.es ; Carrer de la Unió 15 ; pâtisseries à partir de 1 € ; 8h-20h tlj)

Gibson
Voir p. 58 (971 71 64 04 ; gibsonbar.es ; Plaça del Mercat 18 ; cocktails à partir de 6,50 € ; 8h-1h lun-sam, 8h30-1h dim)

La Dama de Ella
Voir p. 55 (bar LGBTIQ+, tapas) (971 45 75 64 ; @ ladamadeella ; Calle de la Fàbrica 41B ; 17h-minuit lun, mer-jeu, dim, 17h-1h ven-sam)

La Vermuteria Rosa
Voir p. 58 (971 77 89 29 ; larosavermuteria.com ; Carrer de la Rosa 5 ; tapas et cocktails à partir de 8 € ; 12h-minuit tlj)

Rooftop El Llorenç
Voir p. 56 (971 67 77 70 ; ellorenc.com/en/rooftop ; Hotel El Llorenç, Plaça de Llorenç Villalonga 4 ; cocktails à partir de 10 €, plats 9,50-26,50 € ; 11h30-minuit tlj)

Singular Rooftop Terrace
Voir p. 56 (hotelsantfrancesc.com ; Sant Francesc Hotel Singular, Plaça de Sant Francesc 5 ; cocktails à partir de 11,50 €, plats 16-29 € ; 20h-23h tlj été)

Sky Bar - Hotel Hostal Cuba
Voir p. 58 (971 45 22 37 ; www.hotelhostalcuba.com ; Carrer de Sant Magí 1 ; petit-déjeuner 24 €, cocktails à partir de 9 € ; à partir de 8h tlj pour petit-déjeuner, 18h-1h mars-nov pour cocktails)

LUNAMARINA / STOCK.ADOBE.COM ©

Plaça Major

The2 Palma
Voir p. 55 (bar LGBTIQ+ avec DJ et drag show) (622 51 47 01 ; the2palma.business.site ; Carrer de Pablo Iglesias 12 ; 23h-4h mar, 23h-3h30 ven, 23h-3h45 sam)

Auditòrium de Palma - Centre per a les Arts i Convencions
Voir p. 53 (971 73 47 35 ; auditoriumpalma.com ; Avenida de Gabriel Roca 18)

Blue Jazz Club
Voir p. 58 (971 72 72 40 ; www.bluejazz.es ; Hotel Saratoga, Paseo Mallorca 6 ; 13h-16h et 19h-minuit lun-jeu, dim, 13h-1h ven-sam)

Casal Solleric
Voir p. 53 (971 72 20 92 ; casalsolleric.palma.cat ; Passeig del Born 27 ; 10h-14h et 16h-20h mar-sam, 11h-14h30 dim)

Novo Café Lisboa
Voir p. 58 (689 13 15 08 ; www.facebook.com/novocafelisboa ; Carrer de Sant Magí 33 ; 18h-2h30 lun-sam)

Purobeach Illetas
Voir p. 70 (971 703 235 ; purobeach.com/es/beach-club-illetas ; Passeig Illetes 58B à Illetes ; 11h à 20h tlj mars et oct-nov, 11h à minuit tlj mai-août)

Teatre Principal
Voir p. 53 (971 21 97 00 ; teatreprincipal.com ; Carrer de la Riera 2)

Teatre Municipal Mar i Terra
Voir p. 53 (971 45 23 58 ; www.palmacultura.cat/activitats-teatre-municipal-mar-i-terra ; Carrer de Sant Magí 89)

Carmina
Voir p. 57 (971 22 90 47 ; www.carminashoemaker.com ; Carrer de la Unió 4 ; 11h-19h lun-ven, 10h-14h sam)

Casa del Libro
Voir p. 57 (911 79 34 63 ; www.casadellibro.com ; Avinguda

d'Alexandre Rosselló 34 ; 9h30-21h lun-sam)

Colmado Santo Domingo (Sobrasada-Colmado)
Voir p. 57 (971 714 887 ; colmadosantodomingo.com ; Calle Sant Domingo 1 ; 10h30-19h lun-ven, 10h30-17h30 sam)

El Bazar del Libro
Voir p. 57 (971 71 11 55 ; @elbazardellibro ; Carrer del Sant Crist 2 ; 10h-13h30 lun, mer-ven, 10h-13h30 et 17h-19h30 mar)

La Biblioteca de Babel
Voir p. 57 (971 72 14 42 ; www.facebook.com/labiblioteca.debabel ; Carrer Arabí 3 ; 10h-14h et 17h-21h lun-sam)

Libreria Drac Magic
Voir p. 57 (971 71 27 17 ; www.llibreriadracmagic.net ; Carrer de Jeroni Antich 1 ; 10h-14h et 16h-20h lun-ven, 10h-14h sam)

Rata Corner - llibres, música i art
Voir p. 57 (971 214 622 ; www.ratacorneronline.com ; Carrer d'Antoni Marquès 34 ; 10h-14h et 16h30-20h30 lun-sam)

Tipika
Voir p. 57 (971 68 58 10 ; @tipikapalma ; Carrer d'En Morei 7 ; 10h30-16h lun-ven, 10h30-14h sam)

SANTA CATALINA

Molinos d'Es Jonquet
Voir p. 64 (Carrer del Molí d'en Garleta 18-35)

Ashtanga House Mallorca (ancien Mysore House Mallorca)
Voir p. 61 (663 21 86 38 ; ashtangahousemallorca.com ; Carrer de Villalonga 41 ; cours de Ashtanga yoga à partir de 15 € ; 8h-11h et 18h-20h30 lun, 6h30-11h mar et jeu, 6h30-11h et 18h-19h15 mer, 8h-11h ven)

Earth Yoga
Voir p. 64 (971 73 19 10 ; earthyoga.es ; Carrer de Despuig 34 ; cours de yoga et Pilates à partir de 18 € ; 9h30-16h et 18h-20h30 lun-ven, 10h-13h sam, 9h30-12h dim)

Eden Hairdressing
Voir p. 64 (971 28 26 22 ; www.facebook.com/Eden.SantaCatalina ; Carrer de Sant Magí 62 à Palma ; 10h-19h lun-ven, 10h-14h sam)

Lucky Bodies and Happy Souls
Voir p. 64 (871 70 60 36 ; luckybodies.com ; Carrer de Caro 56 ; cours de yoga, acupuncture, rolfing, naprapathie, massage à partir de 15 € ; 9h-20h lun-ven, horaires flexibles)

Palma Sport & Tennis Club
Voir p. 64 (971 28 20 00 ; palmatennis.com ; Carrer Joan Maria Thomàs 4 ; cours de fitness/Pilates à partir de 35/45 € ; cours de tennis 40 €/1h ; 7h-23h tlj)

RA MA Institute Mallorca
Voir p. 61 (971 22 25 80 ; ramayogainstitute.com/mallorca ; Carrer de Despuig 51 ; cours de Kundalini yoga et de méditation à partir de 15 € ; 9h-19h lun-ven, 9h-12h sam-dim)

Bordoy Continental Palma
Voir p. 65 (971 78 01 00 ; www.bordoyhotels.com/es/hotel-continental-palma/hotel ; Carrer de la Indústria 10)

Hotel Hostal Cuba
Voir p. 65 (971 45 22 37 ; www.hotelhostalcuba.com ; Carrer de Sant Magí 1)

Melia Palma Marina
Voir p. 65 (971 28 14 00 ; www.melia.com ; Avenida de Gabriel Roca 29)

Stay Catalina Boutique Hotel-Apartments
Voir p. 65 (601 18 28 81 ; staycatalina.com ; Carrer de Bayarte 14)

El Perrito Café
Voir p. 64 (613 00 65 73 ; elperritocafe.com ; Carrer d'Anníbal 20 ; brunch et plats à partir de 5,50 € ; 8h-17h lun-sam, 8h30-16h dim)

Elefante Mallorca
Voir p. 61 (682 607 571 ; elefantemallorca.com ; Carrer de Dameto 2 ; plats 7-14 € ; 9h-15h tlj)

KOH
Voir p. 64 (635 33 92 11 ; kohpalma.com ; Carrer de Servet 15 ; plats 13-26 € ; 19h-minuit lun-mar, dim, 12h30-15h30 et 19h-minuit ven-sam)

La Madeleine de Proust
Voir p. 64 (634 48 34 81 ; lamadeleine.es ; Carrer d'Anníbal 17 ; brunch 10-20 € ; 7h30-17h lun-sam, 8h30-14h dim)

Mercat de Santa Catalina
Voir p. 64 (971 73 07 10 ; www.mercatdesantacatalina.com ; Plaça de la Navegació ; 7h-16h lun-sam)

NU Market
Voir p. 61 (971 05 21 93 ; @nu_market ; Plaça del Progrés 19 ; 9h-19h lun-ven, 10h-15h sam)

Restaurante EcoVegetariana
Voir p. 61 (971 28 25 62 ; www.facebook.com/EcoVegetaria ; Carrer Comte de Barcelona 26 ; plats 10-15 € ; 13h-16h lun-jeu, 13h-16h et 20h-minuit ven-sam)

Rotana
Voir p. 64 (971 28 60 78 ; restauranterotana.com ; Carrer d'Anníbal 21 ; menus à partir de 31 € ; 13h-16h et 19h30-23h30 mar-dim)

Santina
Voir p. 64 (674 99 57 95 ; santina-palma.com ; Carrer d'Anníbal 19 ; brunch et plats à partir de 8,50 € ; 8h30-17h lun-sam, 8h30-16h dim)

Simple Smart Food
Voir p. 61 (871 93 19 07 ; www.facebook.com/simplesmartfoodbar ; Carrer

de Sant Magí 77 ; plats 9-21 € ; 9h-15h30 lun-sam, 9h-14h dim)

Simply Delicious
Voir p. 61 (600 67 37 22 ; Carrer d'Anníbal 22 ; plats 10-20 € ; 11h-16h lun-sam)

Sumaq
Voir p. 64 (696 52 67 58 ; restaurantesumaq.com ; Carrer de Cotoner 44 ; plats 18-32 € ; 13h30- 17h et 19h-minuit tlj)

Aurora's Floral Studio (ancien ByLolindo)
Voir p. 64 (693 58 17 47 ; aurorasfloralstudio.com ; Carrer de la Pursiana 16 ; 10h-14h30 lun-sam)

Fleurs Santa Catalina
Voir p. 64 (615 23 48 58 ; www.fleursantacatalina.com ; Plaça de la Navegació, Puesto 82-83 ; 7h-15h lun-sam)

Herbolario Navarro
Voir p. 61 (963 216 426 ; www.herbolarionavarro.es ; Carrer de Caro 34 ; 9h-20h15 lun-ven, 9h30-20h15 sam)

La Libélula
Voir p. 64 (666 04 31 34 ; @ lalibelulahome ; Carrer de Pou 22 ; 10h30-14h30 et 17h-20h mar-jeu, 10h30-14h30 lun, ven-sam)

Palma Bread
Voir p. 64 (660 566 100 ; www.palmabread.com ; Plaça Del Progrès 14 ; 7h-19h lun-ven, 7h-15h sam-dim)

Thomas Bakeshop Boutique
Voir p. 64 (678 64 66 99 ; www.thomasbakeshop.com ; Carrer d'Anníbal 24 ; 8h-15h jeu-sam)

BADIA DE PALMA

Aqualand
Voir p. 66 (971 44 00 00 ou 696 15 81 77 ; aqualand.es ; Autovía Palma Arenal Km 15 à El Arenal ; adulte et +11 ans/enfant 5-10 ans et senior +65 ans/enfant 3-4 ans 34/26/14 € ; 10h-17h mai-juin, sept, 10h-18h juil-août)

Attraction Catamarans
Voir p. 66 (971 74 61 01 ou 675 263 206 ; attractioncatamarans.com ; Avinguda de Gabriel Roca ; excursions en bateau adulte/enfant à partir de 55/49 € ; 9h-20h mi-avr à sept)

Berganti Bikes - Mallorca Bike Hire
Voir p. 71 (971 744 096 ; bergantibikes.com ; Avenida Bartolomé Riutort 59 à Can Pastilla ; location de vélos à partir de 15 €/jour ; 9h-13h30 et 15h30-19h tlj)

Big Blue Diving
Voir p. 72 (971 68 16 86 ; bigbluediving.net ; Carrer de Martí Ros García 6 à Palmanova ; plongée et snorkeling à partir de 69 € ; 9h-18h tlj avr-oct)

Club Náutico Portixol
Voir p. 70 (971 24 24 24 ; cnportitxol.info ; Passeig de Bartomeu Barceló i Mir ; cours de voile et excursions en bateau à partir de 60 € ; 8h-20h lun-ven, 8h-13h30 sam été, 8h-13h30 et 15h-19h lun-ven, 8h-13h30 sam hiver) (voir aussi la rubrique Se restaurer)

Katmandu Park
Voir p. 72 (971 13 46 60 ; mallorca.katmanduparks.com ; Avenida Pedro Vaquer Ramis 9 à Magaluf ; adulte/enfant 3-12 ans 27,50/20 € ; 10h-18h avr à mi-juin, 10h-22h mi-juin à mi-sept, 10h-18h mi-sept à début nov)

Palma on Bike
Voir p. 71 (971 71 80 62 ; palmaonbike.com ; Avinguda d'Antoni Maura 10 ; location de vélos à partir de 10 €/jour ; 9h30-13h et 16h-19h tlj)

Real Golf de Bendinat
Voir p. 72 (971 405 200 ; realgolfbendinat.com ; Carrer

Une des plages de Palma

Campoamor à Bendinat ; parcours green fee à partir de 45,50 € ; 8h-19h tlj)

Western Water Park

Voir p. 72 (626 36 28 59 ; www.westernpark.com ; Carretera de Cala Figuera a Sa Porrasa à Magaluf ; adulte/enfant 5-10 ans et senior +65 ans/enfant 3-4 ans 34/26/14 € ; 10h-18h juil-août, 10h-17h avr-juin, sept à mi-oct, bus 106 et 123)

Melia Palma Bay

Voir p. 70 (971 62 69 00 ou 0800 91 91 30 ; www.melia.com ; Carrer de Felicià Fuster 4)

Portixol Boutique Hotel

Voir p. 70 (971 27 18 00 ; www.portixol.com ; Carrer de la Sirena 27)

Assaona Beach Club

Voir p. 71 (971 35 96 33 ; assaona.com ; Passeig Portitxol ; plats 19-38 € ; 10h-19h tlj)

Cocco Portixol

Voir p. 70 (871 71 15 31 ; coccorestaurante.com ; Carrer del Vicari Joaquim Fuster 53 ; plats 11-25 € ; 12h-minuit tlj)

El Bungalow

Voir p. 70 (971 26 27 38 ; www.facebook.com/Restaurante-El-Bungalow ; Carrer dels Esculls 2 ; plats 10-24 € ; 13h-16h mar-dim)

Petit Ca'n Punta Port

Voir p. 70 (971 27 43 34 ; www.facebook.com/Petit-Can-Punta-Port ; Carrer del Vicari Joaquim Fuster 105 ; plats 15-45 € ; 12h-minuit mar-ven, 10h-minuit sam-dim)

Restaurante Club Náutico Portixol

Voir p. 70 (971 27 38 68 ; Passeig de Bartomeu Barceló i Mir 2 ; plats 11-25 € ; 6h-22h tlj)

Anima Beach Palma

Voir p. 71 (971 59 55 91 ; animabeachpalma.com ; Autopista de Llevant, sur la plage de Ca'n Pere Antoni ; sièges en terrasse à partir de 60 € ; 11h-22h tlj)

Assaona Beach Club

Voir p. 70 (971 35 96 33 ; assaona.com ; Passeig Portitxol ; 10h-19h tlj)

Balneario Illetes

Voir p. 70 (971 40 10 31 ; balnearioilletas.com ; Paseo Illetas 52A à Illetes ; 12h-17h mer-ven, 10h-17h sam-dim)

Nikki Beach

Voir p. 70 (971 12 39 62 ; mallorca.nikkibeach.com ; Avenida Notario Alemany 1 ; 11h-18h tlj avr-sept)

Puig Major (p. 89)

L'OUEST

CULTURE ET NATURE

Comme le firent Frédéric Chopin et George Sand, séjournez à Valldemossa, explorez les montagnes de la Serra de Tramuntana et découvrez la côte et les villages des collines de l'île.

BALATE DORIN/SHUTTERSTOCK ©

Traversé par la Serra de Tramuntana qui s'étend d'Andratx jusqu'à Pollença, l'Ouest est une contrée privilégiée, aux paysages montagneux époustouflants ponctués d'orangeraies et d'oliveraies. Ce cadre s'agrémente d'un littoral splendide et de villages perchés sur des falaises calcaires plongeant en à-pic dans la mer.

L'endroit a évidemment la faveur des amoureux de la nature. Montagnes et littoral y sont un beau terrain de jeu pour la randonnée pédestre et cycliste.

La région ravira aussi les amateurs d'art et d'architecture, qu'il s'agisse d'admirer des œuvres de Picasso et Miró, ainsi que les édifices modernistes à Sóller, de visiter la galerie contemporaine CCA Andratx, ou le havre créatif de Deià, où séjournèrent maints artistes.

Ici, les habitants parlent majorquin et le temps s'écoule *poc a poc* (petit à petit). On y goûte à des plaisirs simples, comme s'asseoir sur une place ombragée en dégustant un *cafè amb llet* (café au lait) et en observant les passants, ou explorer la côte à bord d'un bateau de location. À Port de Sóller, embarquez sur un *llaüt* traditionnel majorquin, qui vous emmènera à Sa Calobra, ou voguera de criques en grottes secrètes.

SITES PRINCIPAUX

SÓLLER
Bijou moderniste lové dans la "vallée d'or". p. 86

VALLDEMOSSA
Vue grandiose et célébration de Chopin. p. 92

ANDRATX
Une bourgade de montagne chère aux artistes. p. 99

S'orienter

La chaîne montagneuse de la Serra de Tramuntana court sur 140 km tout le long de la côte ouest de l'île. La route littorale y serpente parmi des villages de grès perchés sur le front de mer, dans un cadre d'oliveraies, de vergers de caroubiers, d'orangers et d'amandiers.

Andratx, p. 99
Voisine de Port de Andratx et de ses plaisanciers, cette jolie ville de montagne est une base idéale pour explorer l'arrière-pays ou, plus au sud, la côte.

VÉLO OU MARCHE
Prenez votre temps : à pied ou à vélo, parcourez les paysages splendides de la côte ouest.

Valldemossa, p. 92

Chéri par Frédéric Chopin, moins par George Sand, ce beau village côtier est riche de son patrimoine historique, culturel et artistique.

Sóller, p. 86

Outre son architecture moderniste, ses galeries d'art et ses jardins, on trouve à Port de Sóller les principales plages de la côte ouest, avec les montagnes en toile de fond.

BUS

Service plutôt régulier entre les sites principaux. Le bus n°101 relie Palma à Andratx (environ 1 heure, 6 €). Planifiez vos trajets pour voyager sans stress (www.tib.org).

Aucun train ne circule de ce côté de l'île, à l'exception du charmant train à l'ancienne qui relie Palma et Sóller (4/jour, 18 € l'aller, 1 heure ; trendesoller.com/fra) et du tramway qui va de Sóller à Port de Sóller (12/jour, 8 € l'aller ; trendesoller.com/fra).

VOITURE

La voiture est le meilleur moyen pour parcourir la route côtière sinueuse entre Andratx et le Santuari de Lluc. Attention en été : la circulation est dense et le stationnement difficile.

Planifier son séjour

À l'Ouest, immergez-vous en pleine nature : marchez dans les montagnes, baignez-vous dans des criques et filez à vélo sur des routes tortueuses. Par sa richesse culturelle, artistique et architecturale, la région dévoile un autre pan de la vie insulaire.

Valldemossa (p. 92)

Si vous avez peu de temps

- Faites le plein de culture à **Valldemossa** (p. 92) en visitant le Real Cartuja et les pièces où Frédéric Chopin séjourna avec George Sand et composa nombre de morceaux. À **Deià** (p. 96), visitez l'ancienne maison de Robert Graves, devenue depuis un musée. L'écrivain britannique, auteur de *Moi, Claude, empereur*, vécut de nombreuses années dans cette charmante bourgade de bord de mer. En été, assistez à un concert de musique classique à Deià, Valldemossa ou Alfàbia.

Au fil des saisons

Au printemps, la région resplendit avec ses fleurs sauvages et ses amandiers en fleur. Il s'agit de la période idéale pour faire de la randonnée et du vélo. En automne, vient la saison des festivals.

FÉVRIER

Toute l'île célèbre le **carnaval** en se déguisant, en organisant des défilés et autres manifestations.

MARS/AVRIL

Assistez aux processions en grande pompe de la **Semana Santa** (Semaine sainte) à travers l'île.

AVRIL

Avec ses montées raides dans la Tramuntana, la **Mallorca 312** est l'une des courses cyclistes les plus ardues de l'île.

Si vous avez trois jours

- Rajoutez quelques activités en plein air : couvrez une partie du **GR221** (p. 98 ; entre Andratx et Santuari de Lluc), dévalez les virages en épingle à cheveux de la route qui mène à **Sa Calobra** à vélo (p. 97 ; pour cyclistes expérimentés) ou faites de la plongée, de la voile ou du stand-up paddle sur la côte de **Port de Sóller** (p. 86). Criques et grottes abondent sur le littoral. Vous pourrez aussi rejoindre l'**Illa de Sa Dragonera** (p. 101) pour vous couper du monde.

Si vous avez plus de temps

- Accordez-vous un bain de culture locale, que ce soit à la faveur d'un séjour dans une superbe *finca* (propriété rurale), comme **Ca's Xorc** (p. 87), en prenant des cours de cuisine ou en participant à un atelier chez **Ecocirer** (p. 90), une retraite écologique à Sóller. Achetez des produits frais sur le marché ou dégustez un repas 100% local chez **Béns d'Avall** (p. 88), sur les falaises. Visitez la galerie **CCA Andratx** (p. 99), admirez l'architecture moderniste de **Sóller** (p. 86) et les céramiques de Miró et Picasso dans la gare de Sóller. Montez enfin à bord du train de 1912 qui rejoint Palma via des tunnels de montagne.

MAI

Es Firó commémore l'assaut des Maures sur la Sóller chrétienne avec une reconstitution. Célébrations de rue et foule d'habitants costumés.

AOÛT

Lors du **Festival Chopin**, Valldemossa accueille des concerts de musique classique tous les dimanches.

SEPTEMBRE

Le **Festival international de musique de Deià** donne lieu à des événements d'avril à octobre.

OCTOBRE

Tout le mois, le **Festival de Música Clásica** a lieu à Port de Sóller, au Museo del Mar.

SÓLLER

Cette jolie ville est nichée au pied des montagnes, dans la Vall d'Or ("vallée d'or"), flanquée d'orangeraies et d'oliveraies, qui dateraient du XIIIe siècle et de l'occupation maure. C'est d'ailleurs à l'exportation des agrumes que la ville dut sa prospérité, et avec elle sa ligne de chemin de fer vers Palma (1912), son tramway ralliant Port de Sóller (1913) et les riches maisons de marchands du centre, en particulier dans la Gran Via et la Carrer de Sa Lluna.

Des Sóllerics s'établirent à l'étranger (à Cuba et à Puerto Rico notamment) et en revinrent forts d'influences que l'on retrouve dans l'architecture moderniste de la ville. Ces apports extérieurs s'entendent aussi dans la propension des habitants à mêler français, espagnol et majorquin et dans les noms de lieux. L'héritage mauresque s'affiche dans les cultures en terrasses et dans certains toponymes alentour, comme Biniaraix et Alfàbia.

Aujourd'hui, cette bourgade de montagne plutôt prospère attire résidents étrangers et vacanciers aspirant à découvrir la beauté sauvage de la Tramuntana. Elle fait une base formidable pour visiter cette dernière ainsi que la côte ouest et est le point de départ de magnifiques randonnées en montagne.

Pour les infos pratiques, voir le Carnet d'adresses p. 104

SE DÉPLACER

Rejoignez Sóller en train depuis Palma (4/jour, 18 € l'aller, 1 heure ; trendesoller.com/fra), puis prenez le tramway jusqu'à Port de Sóller (12/jour, 8 € l'aller ; trendesoller.com/fra). Des bus réguliers (n°101, environ 1 heure, 6 €) font la navette entre Sóller et Palma via deux routes (directe ou côtière), avec arrêt à Deià, Valldemossa, etc.

AVENTURES PRÈS DE SÓLLER

À Port de Sóller, adonnez-vous au stand-up paddle **(Soller SUP)**, à la voile (location auprès de **Bonnie Lass Charters**) ou à la plongée (**Sóller Divers**).

Féru d'escalade ou de psicobloc ? **Rock & Ride Mallorca** organise des excursions. Sa Gubia, Port de Sóller et Sa Calobra recèlent de remarquables parcours.

Vous hésitez entre plusieurs itinéraires de randonnée ? **Mallorca Hiking** propose des marches sur mesure ou en groupe.

Une ville magique dans la Vall d'Or

ART ET ARCHITECTURE MODERNISTE

Après avoir traversé des paysages montagneux d'exception et de belles orangeraies à bord d'un train à l'ancienne, vous arriverez à Sóller et y serez d'emblée plongé dans l'art. La **gare** présente en effet des œuvres de Picasso et Miró. Dans une demeure moderniste, le musée **Ca'n Prunera** renferme lui aussi une collection de Miró et Picasso, entre autres artistes (parmi lesquels Cézanne, Lautrec, Klimt, Man Ray et le Sólleric Juli Ramis).

Comment ne pas tomber sous le charme de Sóller et de son architecture ? Parmi les plus beaux édifices, citons l'**Església de Sant Bartomeu**, baroque pour l'essentiel, avec des ajouts modernistes signés Joan Rubió (élève de Gaudí). On doit, au même architecte, la **Banco de Sóller** voisine, datant de 1912 et reconnaissable à ses pierres de taille irrégulières, aux ferronneries de ses fenêtres, et à sa tête de lion en angle surplombant deux balcons circulaires. Les deux édifices donnent sur la **Plaça de la Constitució**.

L'atmosphère en ville est détendue : les adultes aiment s'installer en terrasse pour bavarder, tandis que les enfants s'amusent dans la fontaine de la place. L'artère commerçante de la ville, la **Calle Luna**, est très animée, surtout en début d'après-midi.

Avec des festivals et concerts fréquents et un marché le samedi, Sóller est très vivante.

Le tramway historique (trendesoller.com/fra) permet de descendre facilement jusqu'à **Port de Sóller**, où l'on trouve

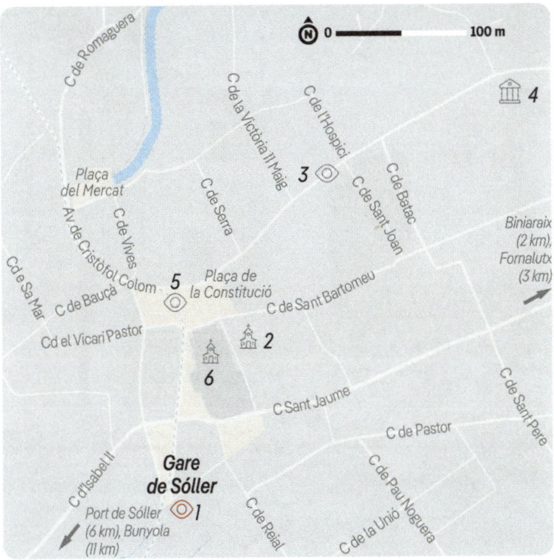

INCONTOURNABLES
1 Gare ferroviaire de Sóller

VOIR
2 Banco de Sóller
3 Calle Luna
4 Ca'n Prunera – Museu Modernista
5 Plaça de la Constitució
6 Església de Sant Bartomeu

de charmantes plages, une marina et une promenade bordée de cafés et restaurants.

Les villages de la Tramuntana

BINIARAIX, FORNALUTX ET BUNYOLA

Depuis le centre de Sóller, une randonnée agréable mène aux hameaux de Biniaraix (25 minutes) et de Fornalutx (30 minutes), l'un des plus beaux villages d'Espagne. Pour échapper à l'affluence estivale, rejoignez Bunyola (15 minutes) en train.

Tout en ruelles pavées étroites et escarpées et en volées de marches, Biniaraix (indiqué depuis le haut de la Calle Luna) présente des allées bordées de fleurs en pot et de maisons de grès aux portes et volets verts. À côté de l'église, la petite place héberge un excellent restaurant, le Café Es Barranc, et un café à l'ombre des murs et des platanes. Populaire auprès des randonneurs, le village est une étape idéale pour se rendre à Fornalutx. Empruntez la piste inférieure (plus facile) ou lancez-vous sur l'itinéraire plus exigeant du Barranc de Biniaraix (3 heures, avec de beaux points de vue sur la côte).

Fornalutx abrite des restaurants de qualité (réservez en haute saison). Le charme du village réside dans de petits riens, comme le simple fait de se promener au fil de ruelles

OÙ SE LOGER DANS LA VALL D'OR

Ca's Xorc
Difficile à atteindre, mais impossible à quitter : repas et chambres d'exception, et cadre enchanteur. **€€€**

Bikini Island & Mountain Hotel, Port de Sóller
Ultrachic, vue sur le port. Enfants non admis. **€€€**

Ecocirer
Séjour écologique et convivial dans le centre de Sóller. Convient aux végans et aux végétariens. **€€**

LES MEILLEURS RESTAURANTS DE LA VALL D'OR

Béns d'Avall
Délicieuse cuisine dans un cadre magique à flanc de falaise, avec vue sur la mer. Réservation conseillée. €€€

La Casona
Intérieur raffiné, personnel accueillant et cuisine de qualité, dans le centre de Sóller. €€

NENI Mallorca
Carte libanaise inventive et bel endroit avec vue sur le port (réservation fortement conseillée). €€€

Villa Luisa Sóller
Restaurant élégant et populaire sur le front de mer. €€

Sa Granja
Véritable institution de Sóller. Plats bien préparés servis avec amour. €€

MAGDANATKA/SHUTTERSTOCK ©

Biniaraix (p. 87)

parsemées de bougainvilliers ou de s'installer sur la tranquille Plaça d'Espanya pour y savourer café et gâteau bien mérités après une randonnée. Il n'y a ici qu'un seul taxi (souvent très occupé) et peu de bus : soyez prêt à marcher jusqu'à Sóller.

Une fois à la gare de **Bunyola**, promenez-vous jusqu'à la place principale arborée et détendez-vous. Avec quelques boutiques et 6 000 habitants, cette bourgade, au pied de cultures en terrasses et des sommets de la Tramuntana, est plus animée que Fornalutx, mais reste un endroit très agréable où l'on s'attarde volontiers. Proche de forêts, de manoirs et de sentiers d'altitude, elle attire cyclistes et randonneurs. Les amateurs d'escalade, eux, trouveront leur bonheur dans l'amphithéâtre rocheux de Sa Gubia, immédiatement à l'ouest. Visitez les paisibles Jardines de Alfàbia voisins (p. 90). Jadis résidence d'un *wāli* (gouverneur) arabe, il s'agit désormais d'un magnifique jardin de style mauresque ponctué d'une *finca*.

OÙ SE LOGER DANS LA VALL D'OR

Son Bleda
Ancien monastère transformé. Cadre féerique et vue de rêve sur la vallée depuis la piscine. €€€

Hotel Ca'n Roses
Hôtel luxueux aux airs de riad, avec un patio et un magnifique jardin de palmiers avec piscine et chaises longues. €€€

Finca Son Salas
Ferme du XVIIe siècle avec orangers, oliviers, citronniers et avocatiers, le tout dans un beau paysage montagneux. €€€

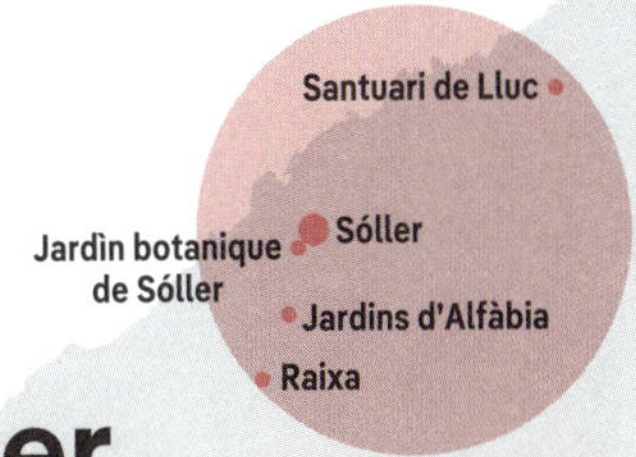

Environs de Sóller

La vallée de Sóller est riche de ses jardins. Visitez ceux de Raixa, le Jardí Botànic de Sóller et les Jardines de Alfàbia. Les merveilles de Sa Calobra et du Santuari de Lluc valent aussi le détour.

Après avoir admiré les jardins botaniques de Soller (p. 86), les Jardines de Alfàbia (p. 90) et les jardins de Raixa (p. 90), partez à la découverte d'une nature plus sauvage en suivant la route de montagne qui relie Sóller à Pollença. À vous alors l'incroyable beauté de la plage de galets blancs du village de Sa Calobra (p. 103), et, à côté, le superbe canyon de Torrent de Pareis (p. 91) ! Si le trajet en voiture est trop ardu (12 km de virages ultraserrés), venez en bateau depuis Sóller.

En chemin, arrêtez-vous au Mirador de Ses Barques (p. 103), fort d'une vue imprenable sur les deux réservoirs (Cúber et Gorg Blau) au pied du plus haut sommet de Majorque, le Puig Major (1 445 m). Poursuivez jusqu'au Santuari de Lluc (p. 90), le cœur spirituel de l'île.

Pour les infos pratiques, voir le Carnet d'adresses p. 104

SE DÉPLACER

Voyagez à votre rythme en voiture. Il existe aussi des lignes de bus locales (nos 210 et 211, service limité). On peut loger dans le monastère en toute simplicité.

Jardines de Alfàbia (p. 90)

GP PHOTOTRENDS/SHUTTERSTOCK ©

PAROLE D'HABITANT : LA VALLÉE DE SÓLLER

Il y a 20 ans, "Sóller Shirley" décidait de quitter Londres pour la vallée de Sóller. *sollerweb.com*

"Un moment particulier unit tous les amoureux de la vallée de Sóller : en sortant du tunnel qui traverse la Serra de Alfàbia, on réalise que cette route de montagne nous emmène tout droit vers notre destinée. Un frisson d'excitation nous parcourt. On devient alors Sólleric de cœur. Impossible alors de ne pas revenir sans cesse visiter la région, voire d'y emménager. C'est une île à l'intérieur de l'île, où le français est aussi courant que l'espagnol et où tous vivent en harmonie. Vallée, montagnes, mer et traditions : voilà l'âme de Sóller !"

Jardins et vestiges mauresques

JARDÍ BOTÀNIC DE SÓLLER, JARDINES DE ALFÀBIA, JARDINS DE RAIXA

Avant de quitter Sóller, une courte balade (600 m) à l'ouest du centre-ville par la route fréquentée qui mène au port vous conduira au paisible **Jardí Botànic**, où les fleurs et autres plantes endémiques des Baléares (chêne vert, magnolia, myrte, cumin des prés – une espèce menacée) côtoient d'autres végétaux méditerranéens. Le billet comprend aussi l'entrée au **Museu Balear de Ciències Naturals** (musée des Sciences naturelles), qui donne un aperçu de la flore et de la faune de l'archipel.

De style mauresque, les **Jardines d'Alfàbia**, blottis à l'ombre des montagnes accidentées de la Serra de Alfàbia qui s'étendent à l'est de Sóller, sont constellés de plans d'eau et de palmiers. Des jardins et des vergers d'agrumes entourent une *finca*, dont la façade baroque pourrait être celle d'une basilique florentine. On y trouve aussi un agréable café et une *tàfona* (grand pressoir à olives), à droite de la cour intérieure. En été, des concerts sont parfois organisés dans ce cadre magique.

D'abord ferme maure, puis résidence d'un cardinal amateur d'antiquités romaines, la vaste et splendide propriété de **Raixa**, à 5 km au sud des Jardines d'Alfàbia, est désormais un jardin remarquable où fut tournée en 1982 une adaptation de *Meurtre au soleil* d'Agatha Christie, avec Peter Ustinov, Diana Rigg et Jane Birkin.

Santuari de Lluc

LE CŒUR SPIRITUEL DE MAJORQUE

À 500 m d'altitude, ce **monastère** (chapelle originale datant du XIIIe siècle, bâtiments actuels datant des XVIIe et XVIIIe siècles) est notamment connu pour ses enfants de chœur, Els Blauets ("les Petits Bleus", nommés ainsi en référence à la couleur de leur soutane). Cœur spirituel de l'île, il attire les pèlerins venus faire leurs dévotions à la statue de Vierge à l'Enfant, la Moreneta, les randonneurs et les visiteurs aspirant à la tranquillité. La nuit du premier samedi d'août, plus de 1 000 pèlerins partent de Palma, torche en main, pour parcourir 48 km et rejoindre le monastère. On y trouve aussi un musée, où sont exposés, entre autres pièces, des artefacts talayotiques et un jardin de magnolias.

Le monastère propose un hébergement basique, mais agréable. Vous voyagez avec des enfants ? Vous apprécierez l'aire de jeux, la piscine, le jardin botanique et l'espace pique-nique, le tout dans un cadre grandiose. Petit-déjeunez, déjeunez

NOTRE SÉLECTION D'ACTIVITÉS ALTERNATIVES À SÓLLER

S'Espai6
Cours de yoga dans un studio avec une vue époustouflante sur les montagnes.

Lula Luca
Atelier de céramique avec Luciana.

Ecocirer
Les enfants veulent apprendre à cuisiner ? Inscrivez-les à l'atelier de Barbara.

Torrent de Parrei

et dînez dans le réfectoire traditionnel, Sa Fonda (réservez pour les week-ends de grande affluence). Le monastère accepte les cyclistes (il figure sur un itinéraire cyclable protégé). Loin de la pollution lumineuse des villes, il n'y a pas mieux pour observer les étoiles.

Explorez également la forêt alentour (Lluc vient du latin *lucus*, ou "bois sacré") et fondez-vous dans la nature. Les Puig de Massanella (1 365 m), Puig Tomir (1 103 m), Puig Roig (1 102 m) et Puig d'en Galileu (1 180 m) offrent des défis de taille aux randonneurs.

PAROLE D'HABITANT

Javier Marín García, guide de randonnée à plein temps, est le fondateur de mallorcamountains.com. Voici son aventure favorite sur l'île. "L'environnement et les paysages sauvages de Majorque sont fantastiques, surtout dans les zones montagneuses. Bien que le choix soit difficile, si je devais élire mon endroit favori sur l'île, j'opterais pour **S'Entreforc**. Deux gorges s'y rejoignent pour former le plus grand **Torrent de Pareis**. Encadré par des parois de calcaire hautes de près de 400 m, on ne peut que s'incliner devant la grandeur de l'endroit. J'ai eu l'occasion d'y vivre plusieurs aventures et ai notamment escaladé différents versants. Lors d'une ascension difficile de 300 m, nous avons passé quatre jours suspendus à une paroi avant de parvenir sur la crête de cet océan de calcaire. Nous n'avons réussi que parce que nous pouvions compter les uns sur les autres."

LA VÉGÉTATION DE L'OUEST DE MAJORQUE

Arbres
Caroubier, cyprès, amandier, olivier, oranger, grenadier, pistachier.

Plantes
Bruyère, hibiscus, glaïeul, asperge sauvage.

Papillons
Citron de Provence, petit nacré, petit monarque

VALLDEMOSSA ET LA CÔTE OUEST

Pour les infos pratiques, voir le Carnet d'adresses p. 105

D'une beauté sauvage à couper le souffle, la côte ouest englobe notamment des villes et villages de la Serra de Tramuntana, dont Valldemossa, haut lieu culturel, le joli bourg de Banyalbufar, juché au sommet d'une falaise, et celui de Deià, qui a tout d'une carte postale.

Pour explorer cette partie de l'île, quoi de mieux que de longer le littoral en bateau, en s'arrêtant sur les *calas* ?

Adossée à la Serra de Tramuntana, la région, maillée de sentiers qui longent la côte et s'enfoncent dans l'arrière-pays, est aussi une terre de randonnée.

SE DÉPLACER

Louez une voiture pour vous déplacer sur la côte. Sachez toutefois qu'il y a peu de places de parking à Deià et que la route est vite embouteillée en été ; mieux vaut venir à un autre moment. Des bus au départ de Sóller et Palma rejoignent Deià et Valldemossa (ligne n°203 ; 4,50 € ; www.tib.org). En été, difficile de trouver un taxi libre.

À NE PAS MANQUER À VALLDEMOSSA

Festa de la Beata (28 juillet)
Accompagnés de joueurs de flûte et de fanfares, les habitants défilent en costumes traditionnels avec un char pour rendre hommage à Santa Catalina Thomàs.

Festival Chopin (août)
Créé en 1930, ce festival réunit compositeurs et interprètes de premier plan pour une série de concerts annuels. Des pianistes de renommée internationale jouent sous un ciel étoilé dans le parc de la Real Cartuja. Achetez vos billets à l'avance.

Musique classique et cloîtres

SUR LES TRACES DE FRÉDÉRIC CHOPIN ET GEORGE SAND

Pour rejoindre Valldemossa, vous traverserez de vastes gorges tapissées de pins et d'oliviers et ponctuées de grandes *fincas* (propriétés rurales) : ce trajet en voiture est l'un des plus beaux de Majorque. Garez-vous sur l'un des deux parkings à l'entrée. La ville arbore des maisons en grès à flanc de colline, des boutiques au charme désuet et des commerces touristiques, des galeries d'art, des églises pleines de cachet (dont l'Església de Sant Bartomeu, à l'est), ainsi que d'agréables places bordées de cafés.

Repérez-vous grâce aux cartes affichées près de l'office du tourisme. Le village se parcourt aisément à pied (certaines rues pavées sont très pentues).

Les visiteurs commencent souvent par la **Real Cartuja**, le monastère chartreux, un ancien palais construit en 1310 sur ordre de Jacques II, où résidèrent Frédéric Chopin et George Sand de 1838 à 1839. Le séjour inspira à celle-ci *Un hiver à Majorque*, où elle écrivit : “Tout ce que le poète et le peintre peuvent rêver, la nature l'a créé en cet endroit.” Les pièces spartiates occupées par Chopin étaient agrémentées d'une terrasse luxuriante avec une superbe vue : il y écrivit plusieurs morceaux, dont son fameux prélude n°15, dit de “la goutte d'eau”. Cette fugue des deux amants n'eut toutefois rien d'idyllique, car la mauvaise santé du compositeur, les pluies fréquentes, l'humidité et l'accueil assez froid des villageois en firent une expérience plutôt pénible.

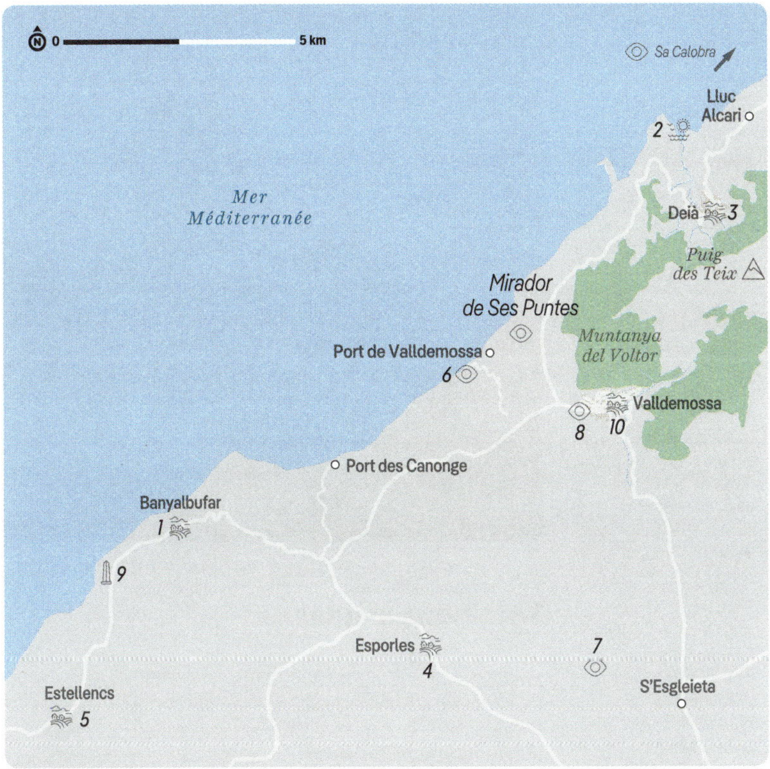

VOIR
1 Banyalbufar
2 Cala Deià
3 Deià
4 Esporles
5 Estellencs
6 Sa Foradada
7 Serra de Tramuntana
8 Domaine de Son Moragues
9 Torre des Verger
10 Valldemossa

Non loin, le **musée municipal** vaut le détour, avec la section où sont exposés des Picasso et des Miró.

Après la visite de la Real Cartuja et du dédale des jardins, mangez une glace sur la **place**. En face, la galerie lumineuse et spacieuse de la **Fundació Cultural Coll Bardolet** héberge les œuvres de Josep Coll Bardolet (1912-2007), ainsi que d'intéressantes expositions.

OÙ SE LOGER À VALLDEMOSSA

Mirabó de Valldemossa
Finca (XVIe siècle) dans une campagne de toute beauté, à environ 1,5 km de Valldemossa. Idéal pour les randonneurs. **€€**

Ca's Papà
En plein centre, petit hôtel accueillant et plein de caractère, avec seulement 13 chambres. **€€**

Hotel Continental
Hôtel moderne et luxueux, avec vue sur la mer et piscine. Accès facile aux sentiers de randonnée et à la mer. **€€€**

ARTISANAT MAJORQUIN

SantaPalma
Sacs traditionnels conçus par une architecte de profession. Fabrication locale et durable à Inca, à partir de *llata* (feuille de palmier séchée au soleil). Vendus en ligne sur santapalma.com.

Mel Vici
Miels locaux produits à Alaró et issus de plus de 200 ruches, d'orangers, de chênes, de caroubiers et de bruyère. Disponibles à Alaró et Palma.

Formatges Burguera
Fromage artisanal de qualité fabriqué par les frères Jaime et Sebastián Burguera.

EMILY MARIE WILSON/SHUTTERSTOCK ©

Torre des Verger

Traditions insulaires

HUILE D'OLIVE DE LA TRAMUNTANA

Majorque et ses oliveraies séculaires sont réputées pour leur huile d'olive d'exception. Dans les montagnes près de Valldemossa, le domaine **Son Moragues** est une occasion unique de profiter du savoir d'experts locaux. Ils vous parleront de patrimoine, d'aménagement du territoire et des techniques ancestrales (enrichies de quelques améliorations modernes) liées à la production d'huile dans la Tramuntana. Son Moragues propose diverses expériences.

Pour exemple, l'**atelier de dégustation** (2 heures) consiste en une visite du domaine, où sont plantés des oliviers de 700 ans, au cours de laquelle on vous présente l'oléiculture, le stockage et les usages de l'huile d'olive. S'ensuit alors une dégustation d'huile (avec pain et fromages locaux). Vous pouvez aussi participer à la récolte des olives si vous venez au bon moment (détails sur le site Web).

Pour découvrir les traditions oléicoles en vous promenant dans la nature, participez à la balade jusqu'au **Mirador de Ses Puntes** : cette randonnée guidée (4 heures) mène à un superbe point de vue et est agrémentée d'un pique-nique à base de produits fermiers bio de Son Moragues. Vous pourrez aussi choisir une randonnée guidée plus longue (6 heures) jusqu'à un refuge.

AUX ENVIRONS D'ESPORLES

Puig de Galatzò
À 2,5 km à l'ouest d'Estellencs, un sentier de randonnée monte au Puig Galatzò (1 025 m). Comptez 6 heures aller-retour.

La Gubia
Demi-journée d'équitation ou cours pour enfants (près de Raixa). Propose aussi des camps d'été.

Puigpunyent
Un village typique de l'arrière-pays majorquin, d'où une route monte jusqu'à Galilea, hameau perché dans la montagne.

Route côtière et villages traditionnels

PATRIMOINE ET AUTHENTICITÉ

Sur la route côtière tortueuse entre Deià et Andratx, arrêtez-vous à **Banyalbufar** (à 16 km de Valldemossa). Ce hameau doit son nom ("construit près de la mer"), mêlé de catalan, à ses fondateurs arabes (Xe siècle). Il est réputé pour son cépage, le malvoisie. Les vignes sont cultivées en terrasses (autre héritage agricole maure) qui descendent jusqu'à la mer. Les autres cultures, dont les tomates, sont aussi très prospères. L'endroit est tranquille et ne compte qu'une poignée de boutiques, cafés et galeries. Baignez-vous sur la petite plage de galets calme de Cala Banyalbufar.

La plupart des touristes qui parcourent cette route époustouflante ne prennent pas le temps de s'arrêter dans les hameaux croisés en chemin. En passant à côté du village d'**Estellencs** (300 habitants), juché sur une falaise, ils ne savent pas ce qu'ils ratent ! Ce coin est un vrai paradis pour randonneurs et cyclistes et il donne un aperçu authentique de la vie majorquine. La vie s'y écoule tranquillement au pied du **Puig de Galatzò** (1 025 m), que les randonneurs gravissent par le sentier qui part à proximité du Km 97 sur la Ma-10, à environ 2,5 km à l'ouest du village. Celui-ci compte une échoppe au nom approprié (Un Poc de Tot, "un peu de tout") et quelques cafés en ponctuent les rues. À midi, attablez-vous chez Es Grau : sur la terrasse, la vue sur la mer est vertigineuse. Les maisons de grès sont parées de bougainvilliers aux couleurs éclatantes. À l'instar des habitants, descendez d'un pas tranquille sur 1,5 km jusqu'au petit port de pêche de Cala Estellencs, en passant parmi les oliviers et citronniers. Là, vous trouverez une plage de galets et un petit bar servant des en-cas simples et des boissons fraîches.

Tout près, **Esporles**, joli village aux tons ocre, accueille ses visiteurs sur une avenue ombragée de platanes. À 20 minutes en voiture de Palma (où travaillent nombre d'habitants), l'endroit semble pourtant être au bout du monde. Le samedi, c'est jour de marché : la foule vient faire le plein de produits locaux. Sant Père, une grande église gothique, occupe le centre du village, et un ruisseau le traverse.

FIRA DOLÇ – FOIRE SUCRÉE

Ce festival de viennoiseries et sucreries a lieu début octobre, à Esporles. Dégustez-y des friandises locales : *bunyols* (beignets), *crespells* (biscuits) et *ensaïmades* (viennoiseries typiques). Démonstrations et ateliers de pâtisserie et cuisine sont organisés. Quantité d'activités raviront les enfants. On trouve aussi des stands artisanaux et musicaux avec des *xeremiers* (duo de musiciens, dont l'un joue de la *xeremia*, une sorte de cornemuse).

MUSIQUE CLASSIQUE

En été, le **Festival Internacional de Música de Deià** (p. 85) est le rendez-vous des amateurs de musique classique, avec plusieurs événements à Son Marroig. Réservation en ligne indispensable.

Tours et détours culturels

PIRATES ET CREUSET ARTISTIQUE

Particularités historiques et vestiges de la période des raids pirates, les tours de guet en pierre des XVIe et XVIIe siècles hérissent les falaises du littoral. À une époque, on comptait même une cinquantaine de ces tours : elles formaient un réseau avancé d'alerte, usant de signaux de fumée en journée et d'une série de feux codée de nuit, permettant de prévenir les habitants d'un danger imminent.

LES PLUS BEAUX POINTS DE VUE DE LA CÔTE OUEST

Sa Foradada
Près du Son Marroig, entre Deià et Valldemossa, vue spectaculaire au coucher du soleil.

Torre des Verger
La plus ancienne tour de guet de Majorque (entre Banyalbufar et Estellencs). Montez les marches pour une vue incroyable.

Far des Cap Gros
Rejoignez le phare à pied, à vélo ou en voiture pour une belle vue sur la Tramuntana et la mer.

TOURS DE GUET

Compte tenu de son emplacement, Majorque est une plaque tournante du négoce depuis l'Antiquité. Confrontés aux attaques de pirates, rançon de ce succès, les habitants ont érigé une cinquantaine de tours de guet en pierre. Aujourd'hui, quelques-unes sont encore debout, comme la Torre des Verger (Banyalbufar, ci-contre), la Torre de Albercutx (Pollença), avec une vue imprenable sur le Cap de Formentor, la Serra del Cavall Bernat et la Serra de Tramuntana, et la Torre d'Albarca (Parc Natural dela Península de Llevant), qui donne sur Minorque.

La côte ouest présente plusieurs tours de ce type. Construite en 1579, la **Torre des Verger**, près de Banyalbufar, est l'une des plus anciennes de l'île. Jouissant d'une vue spectaculaire, on la surnomme Mirador de ses Ànimes (mirador des âmes). Elle envoyait jadis des signaux aux tours de guet de Valldemossa, Deià, Port de Sóller et Sa Dragonera.

C'est l'écrivain britannique Robert Graves *(Moi, Claude, empereur)* qui fit connaître le village pittoresque de **Deià**, à 10 km au nord de Valldemossa, lorsqu'il s'y installa en 1929 pour profiter d'un environnement ensoleillé et créatif. On peut visiter sa maison de l'époque, Canallún, voir son bureau et la presse utilisée pour imprimer une partie de ses écrits. Plusieurs personnalités lui rendirent visite, dont Ava Gardner, Alec Guinness, Peter Ustinov et Kingsley Amis.

Plus récemment, ce village perché dans la Tramuntana a connu un certain succès auprès d'artistes et musiciens en vue (Sting, Bob Geldof, les frères Gallagher, etc.). De nombreuses soirées sont organisées au bar **Sa Fonda**. Pour les plus créatifs, le beau **La Residencia Hotel** organise des circuits artistiques qui permettent de rencontrer les talents locaux et de les voir à l'œuvre dans leur atelier. Vous pourrez aussi suivre un cours d'art (peinture, céramique, sculpture) ou d'écriture.

En été, le lieu et sa crique sont souvent bondés de touristes, en particulier depuis le récent succès de la minisérie TV *The Night Manager*, avec Hugh Laurie et Tom Hiddleston, dont certaines scènes ont été tournées à **Ca's Patro March**, restaurant du front de mer. Faites preuve de discernement en venant plutôt à l'intersaison (il y a peu de places de stationnement et la route est sinon très fréquentée).

Le bord de mer

EXCURSION EN BATEAU À DEIÀ ET SA FORADADA

Évitez les embouteillages estivaux de la route sinueuse de Deià en venant par la mer.

Des excursions en bateau d'une journée ou d'une demi-journée sont organisées depuis la ville voisine de Port de Sóller. À vous le snorkeling, la baignade, le stand-up paddle et la pêche ! Explorez les grottes de calcaire qui émaillent le littoral, reposez-vous sur des criques isolées, déjeunez sur la **Cala Deià**, l'une des plus belles, ou jetez l'ancre aux abords de l'emblématique formation rocheuse de **Sa Foradada**.

Quoi de mieux qu'un déjeuner au Ca's Patro March à Cala Deià ? Parvenir au restaurant juché au bord d'une falaise n'est pas une mince affaire (sans bateau, il faut marcher une demi-heure depuis le domaine de Son Marroig), mais le cadre est idéal pour déguster une paella au feu de bois et siroter

OÙ SE RESTAURER À VALLDEMOSSA

Es Taller
Adresse populaire, personnel sympathique et cuisine de qualité. **€€**

Es Roquissar
Cadre pittoresque et cuisine méditerranéenne. **€€**

La Posada
Ravira les amateurs de grillades. Superbe vue. **€€**

Sa Foradada

LES MEILLEURS RESTAURANTS À DEIÀ

Es Racó d'es Teix
Repas gastronomique dans un beau restaurant étoilé au Michelin. Réservez. €€€

El Olivo
Un restaurant onéreux, mais fort d'un cadre de rêve, à l'hôtel La Residencia. Parfait pour boire un thé l'après-midi. €€€

Restaurant Sebastian
Cuisine méditerranéenne de qualité dans un lieu accueillant, avec une belle terrasse. €€

Restaurant Nama
Cuisine fusion thaïlandaise. Bon choix pour les végans/végétariens (réservation conseillée). La vue vole la vedette. €€

Ca's Patro March
Restaurant de poisson et fruits de mer avec terrasse avançant sur la mer, à Cala Deià. Lieu de tournage de *The Night Manager*. Excellents plats dans un cadre idéal ; réservez et attendez-vous à faire la queue en été. €€

une boisson fraîche. L'endroit est populaire : réservation indispensable.

Vacances sportives dans la Serra de Tramuntana

RANDONNÉE, CYCLISME ET ESCALADE DANS UN TERRITOIRE CLASSÉ AU PATRIMOINE MONDIAL

Le long de la côte ouest, cette spectaculaire chaîne de montagnes est l'un des paysages les plus marquants de Majorque. Tout en zigzags, la route côtière qui mène à Sa Calobra (p. 103) offre une expérience de conduite inoubliable, avec une vue vertigineuse sur la mer. Toutefois, mieux vaut découvrir les montagnes à pied ou à vélo. Bénéficiant d'un climat doux le plus clair de l'année, ces montagnes présentent des sentiers escarpés et des paysages ravissants, ce qui en fait un endroit très prisé des **cyclistes**. Paradis de la **randonnée**, elles attirent aussi de plus en plus d'amateurs d'escalade, de canyoning, de *coastering* et de psicobloc (escalade en solo au-dessus de l'eau).

La plupart des sentiers de randonnée sont bien balisés, et des agences locales, comme **Mallorca Hiking** (p. 86), pourront vous mettre en relation avec un groupe de randonneurs ou proposer une randonnée sur mesure. Le printemps et l'automne

OÙ SE LOGER À DEIÀ

La Residencia, A Belmond Hotel
Hôtel de luxe dans de beaux jardins paysagers donnant sur le village. €€€

Es Molí Hotel
Confort quatre étoiles dans un ancien domaine rural. Avec ses propres crique, piscine, restaurants et jardins. €€

Hotel Des Puig
Charmant hôtel avec vue sur les montagnes, piscines et terrasses. €€

PROSLGN/SHUTTERSTOCK ©

Route de Sa Calobra

LES PLUS BELLES PROMENADES

De Sóller à Deià
(Facile, 4 heures) – tronçon du GR221, Ruta de Pedra en Sec.

Puig des Teix
(Modéré, 4 heures 30) – Camí de s'Arxiduc, à 14 km de Valldemossa.

Puig de Galatzó
(Modéré, 4 heures) – depuis Estellencs, suivez le sentier à travers les forêts, avec vues panoramiques.

Fita del Ram
(Facile, 1 heure 30) – depuis Esporles, grimpez jusqu'à l'Ermita et autres points de vue.

sont idéaux pour les activités de plein air. En été, les grosses chaleurs compliquent la randonnée. Si vous vous lancez sur tout ou partie de l'exigeant sentier de 80 km entre Andratx et Pollença, dormez dans les refuges de la Tramuntana.

Parmi les belles boucles de la région : le **Camí de S'Arxiduc** (13 km), depuis Valldemossa. Les paysages rencontrés sont saisissants – mieux vaut le parcourir par temps clair. Il doit son nom à Louis-Salvator de Habsbourg-Toscane (1847-1915), archiduc fasciné par Majorque, sa nature et ses traditions, qui affectionnait tout particulièrement cet itinéraire.

Le **Camí des Correu** est un autre sentier incontournable, qui relie Esporles et Banyalbufar et traverse des chênaies. Datant de 1401, la piste ombragée permet de ne pas trop souffrir de la chaleur. En fin de parcours, rafraîchissez-vous sur la Cala Banyalbufar. Vérifiez les horaires du bus n°202 pour revenir au point de départ. L'itinéraire fait partie du **GR221** (Ruta de Pedra en Sec) ; facile, il convient aux familles.

Crapahuter dans les rochers pour descendre sur des criques reculées et s'y baigner est l'un des grands plaisirs des randonneurs. Les formations calcaires de Majorque en font un superbe spot d'**escalade** : ce sport gagne d'ailleurs en popularité sur l'île. Grâce aux écuries de Bunyola, on peut aussi pratiquer l'**équitation** et partir en trek à cheval dans les contreforts des montagnes.

OÙ SE RESTAURER DANS LA SERRA DE TRAMUNTANA

Es Guix
Restaurant en pierre dans une forêt avec piscine naturelle. Sur la route de Sóller à Pollença, près du Santuari de Lluc. **€€**

Sa Foradada
Ambiance rustique à flanc de falaise. Dégustez une paella en profitant de la vue. **€€**

Es Verger
Restaurant bucolique sur la route de montagne menant au Castell d'Alaró. **€**

ANDRATX ET LE SUD-OUEST

Pour les infos pratiques, voir le Carnet d'adresses p. 107

Plus grande commune du Sud-Ouest, Andratx fait une belle destination, avec son atmosphère décontractée, sa galerie CCA Andratx et son accès facile aux montagnes et au littoral. Port d'Andratx, ancien bourg de pêche tranquille, est désormais une escale de plaisance internationale clinquante, bordée d'une promenade jalonnée de restaurants, boutiques et galeries.

Sur la côte, Cala Llamp est un havre bienvenu. Plus loin, vers Palma, on rejoint le Cap de Cala Figuera et la Cala Portals Vells, où des eaux cristallines ourlent de petites criques sablonneuses adossées à des grottes anciennes. Sant Elm, autre station balnéaire discrète, est veinée de ruelles qui descendent jusqu'à la mer et de rangées de boutiques, restaurants, glaciers et cafés.

Depuis Andratx, vous pourrez facilement partir explorer la Serra de Tramuntana. Les sentiers pédestres ne manquent pas non plus autour du Puig de Galatzò. En voiture, prenez la Ma-10 pour profiter d'une vue splendide sur la côte.

SE DÉPLACER

On peut rejoindre Andratx depuis Palma en bus (1 heure par la ligne n°101, 6 €), mais mieux vaut louer un véhicule (45 minutes de route) pour profiter pleinement de la région. Sinon, venez en empruntant les sentiers pédestres et cyclables ou depuis la mer, en bateau.

Plages du Sud-Ouest

CALAS ET CRIQUES ISOLÉES

Calas et criques paisibles parsèment le Sud-Ouest. Muni de votre livre préféré, de bonnes chaussures et d'un sens de l'aventure aiguisé, arpentez les rochers pour pique-niquer dans ces écrins de nature méconnus.

À Calvià (à 25 minutes d'Andratx en voiture), la **Cala Portals Vells** est une belle baie d'eau turquoise bordée de pins et de grottes anciennes, avec un parking à proximité (venez tôt pour avoir une place). Faites un tour du côté de la **Platja del Rei**, non loin de Magaluf mais coupée du monde, ou descendez jusqu'à la **Platja del Mago**, plage de sable de rêve, mais plus fréquentée, car elle est propice au snorkeling ou à la plongée. Suivez les marches sous les arbres de Sol de Mallorca pour descendre jusqu'à la **Caló de sa Nostra Dama**, une crique paradisiaque à l'eau cristalline et au sable blanc. Avec sa saillie rocheuse, **Cala Llamp** est un superbe site pour bronzer au bord de l'eau. À 2 km de Port d'Andratx, cette oasis paisible est entourée de pinèdes et de falaises de calcaire. Un peu plus haut, le fabuleux Gran Folies Beach Club permet de profiter d'une piscine d'eau salée et de commander à manger toute la journée. Louez un *llaüt* (bateau traditionnel) pour explorer les criques.

CCA ANDRATX

Visitez le **CCA Andratx**, l'un des plus grands centres d'art contemporain d'Europe. Des expositions d'artistes internationaux et locaux ont lieu toute l'année. Le centre propose de courtes résidences à des artistes en leur mettant quatre ateliers à disposition. La galerie présente un ensemble varié de peintures, sculptures, photos et installations.

INCONTOURNABLES
1 Illa de Sa Dragonera

VOIR
2 Andratx
3 Cala Llamp
4 Cala Portals Vells
5 Caló de sa Nostra Dama
6 Platja del Mago
7 Platja del Rei
8 Sant Elm

Dans le paisible hameau de **Sant Elm** (à 20 minutes en voiture d'Andratx), la baie rocheuse de **Cala Conills** présente des bassins et des bancs rocheux qui s'avancent dans la mer. Faites-y du snorkeling et de la plongée, et admirez au loin l'Illa Pantaleu et Sa Dragonera sur fond de coucher de soleil.

EL GAUCHO/STOCK.ADOBE.COM ©

Cala Portal Vells

Le site de l'ancien monastère de La Trapa

Les sentiers de la Tramuntana

UN SENTIER PÉDESTRE EMBLÉMATIQUE

Avec de beaux sentiers facilement accessibles, Andratx est une bonne destination pour passer ses vacances à randonner. Découvrez par exemple **La Trapa**, l'un des sites les plus remarquables des Baléares, en effectuant une boucle (3-4 heures) au départ et à l'arrivée de Sant Elm. Avant d'arriver aux ruines de cet ancien monastère trappiste qui donne sur l'Illa de Sa Dragonera, ce sentier sinueux traverse une réserve naturelle et mène aux hauteurs de la côte en passant devant plusieurs ruines. Venez au printemps ou en automne pour échapper aux grosses chaleurs.

Illa de Sa Dragonera

UNE RÉSERVE NATURELLE INHABITÉE

Déserte et peu fréquentée, cette île ressemble à un dragon assoupi au large de Majorque et ne dénoterait pas dans *Jurassic Park*.

Par le passé, **Sa Dragonera** abrita des contrebandiers et servit de base aux pirates qui attaquaient Majorque. Aujourd'hui, ce parc naturel est réputé pour sa faune et sa flore extrêmement riches. En plus d'une grande colonie de faucons, elle héberge aussi des lézards des murailles. Deux tours de guet et deux phares sont érigés sur l'île. Avec les deux îlots de Es Pantaleu et Sa Mitjana, l'île a été reconnue zone spéciale de protection des oiseaux. Des sentiers balisés rejoignent les deux extrémités de l'île de 4 km de long et grimpent jusqu'au Puig des Far Vell (325 m).

LES MEILLEURS HÉBERGEMENTS

Finca Ses Fontanelles, Andratx
Finca rustique et décontractée. Plaira aussi aux randonneurs de longue distance. Avec cuisine en libre-service. €

Finca Hotel Son Pont, Puigpunyent
Beau domaine avec vue sur la montagne et piscine. Petit-déjeuner en extérieur. Bonne adresse pour randonneurs et cyclistes. €€

Punt Blanc, Sant Elm
Au bord de la plage dans le tranquille village de Sant Elm, maison d'hôtes conviviale. Cuisine en libre-service. Vue sur Sa Dragonera. €

Zafiro Palace Andratx
Adresse cinq étoiles haut de gamme, avec intérieur chic et plusieurs piscines. €€€

Castell Son Claret, Es Capdellà
Hébergement de prestige dans un château réaménagé. €€€

Hotel Petit Cala Fornells
Hôtel quatre étoiles au charme suranné en bord de mer. Restaurants, piscines, spa et jardins. €€

POURQUOI J'AIME LES SENTIERS DE LA TRAMUNTANA

Laura McVeigh, auteure

Avec sa lumière et son énergie, cette région dégage quelque chose de magique ; l'un de mes passe-temps préférés consiste à arpenter les sentiers si variés de la Tramuntana. Quel que soit votre niveau, vous trouverez votre bonheur et serez ébloui par la beauté et la diversité des paysages et terrains. La vue qu'offre La Trapa sur Sa Dragonera est époustouflante. En chemin, de vieux bâtiments et ruines vous donneront un aperçu de l'histoire de l'île. Facilement accessibles en voiture depuis Palma, ces sentiers semblent pourtant coupés du monde.

DENIS ZHITNIK/SHUTTERSTOCK ©

Illa de Sa Dragonera

Pour vous rendre sur place, réservez une traversée en bateau depuis Sant Elm (20 minutes) ou Port d'Andratx. En général, les ferries fonctionnent de février à novembre. Apportez pique-nique, crème solaire, chapeau, lunettes de soleil et beaucoup d'eau. Respectez la nature. Partez aussi à la découverte des îlots en kayak depuis Sant Elm.

OÙ SE RESTAURER AUX ENVIRONS D'ANDRATX

Restaurante Cala Conills, Sant Elm
Pour les amateurs de produits de la mer. Très belle vue et service professionnel. **€€**

Cala Cap Falcó
Petit *chiringuito* (bar de plage) servant poisson frais, spécialités et boissons fraîches. **€**

Restaurant Illeta, Camp de Mar
Cadre ravissant où déguster paella et produits de la mer. Superbes couchers de soleil. **€€**

D'Andratx au Santuari de Lluc

140 KM EN VOITURE SUR LA SPLENDIDE CÔTE OUEST.

à **Andratx** (p. 99), empruntez la Ma-10, qui grimpe vers le nord à travers les pinèdes et révèle les premiers aperçus de la Méditerranée. À 14 km, arrêtez-vous sur le parking et montez jusqu'au **Mirador de Ricardo Roca** pour jouir d'un magnifique panorama.

Estellencs (p. 95), charmant village dominé par le Puig de Galatzò, se trouve à 4 km. À 5 km de là, la **Torre des Verger** (p. 96) est une tour de guet offrant une vue spectaculaire. Elle se trouve en lisière de **Banyalbufar** (p. 95), autre beau village perché au-dessus de la mer, dont les terrasses cultivées et le domaine viticole méritent une halte. La route s'enfonce ensuite vers l'intérieur. Au bout de 7 km, prenez la route étroite vers le nord, qui grimpe à travers les pinèdes et les rochers avant de traverser un haut plateau. La route principale mène à **Valldemossa** (p. 92), qui mérite largement une étape – vous êtes déjà à la moitié de l'itinéraire.

De retour sur la Ma-10, il faut rouler 9 km pour atteindre **Deià** (p. 96), village romantique cerné de collines dans l'ombre du Puig des Teix (1 062 m). Faites un détour (3 km depuis la route principale) jusqu'à la Cala de Deià, une très belle crique bordée d'une plage de galets. À 10 km de Deià, **Sóller** (p. 86) est lovée dans le cadre magnifique d'une vallée profonde de la Serra de Tramuntana.

Faites halte au ravissant hameau de **Biniaraix** (p. 87), avant de rallier **Fornalutx** (p. 87), plus grand mais tout aussi mignon avec ses panoramas de carte postale sur les montagnes et sa place centrale photogénique. De là, la Ma-10 se fait abrupte pour atteindre le **Mirador de Ses Barques**, en passant par des lacs d'altitude formés au creux des plus hauts sommets de Majorque. Du mirador, la vue sur la côte est imprenable. La route continue et, lorsque vous atteignez l'intersection pour Sa Calobra, les montagnes ont revêtu un aspect dénudé et fantastique.

Vous entamerez alors une série de virages en épingle à cheveux sur 12 km d'une descente vertigineuse jusqu'à l'anse très fréquentée de **Sa Calobra**. Après une pause revigorante sur la plage, reprenez la route et filez vers le nord et le **Santuari de Lluc** (p. 90), immense monastère et un lieu de pèlerinage et votre dernière étape : explorez son cloître arboré avant de continuer votre périple, ou de reprendre la direction du sud et de Palma.

PORT D'ANDRATX

La ville cossue de Port d'Andratx dotée d'un beau front de mer est agréable pour une balade ou un dîner. Tout près, se trouvent deux criques magnifiques.

Cala Llamp
Dans un amphithéâtre naturel formé par des falaises couvertes de pins, cette grève rocheuse descend en pente douce dans la mer. Comptez environ 30 minutes de marche. En voiture, elle est à 2 km par la Ma-1020 au départ de Port d'Andratx.

Cala Blanca
En bas d'une piste de terre descendant depuis le parking, cette minuscule crique de galets et de rochers, ne fait que 100 m de large et accueille peu de visiteurs. De Port d'Andratx, prenez la Ma-1020 vers Es Camp de Mar.

OÙ ADMIRER DES POINTS DE VUE SPLENDIDES

Mirador de Ricardo Roca
Sur la Ma-10 entre Andratx et Estellencs, montez l'escalier en pierre taillé dans les falaises pour atteindre le sommet.

Puig de Galatzó, Galilea
À plus de 1 000 m, le Puig de Galatzó est une belle ascension pour les randonneurs au départ de Puigpunyent ou Estellencs.

Mirador de Cap Andritxol
Depuis la plage de Camp de Mar, suivez le Camí Salina pour monter jusqu'au chemin menant à ce mirador et à sa tour de guet.

Carnet d'adresses

SÓLLER

Ca'n Prunera - Museu Modernista
Voir p. 86 (971 63 89 73 ; canprunera.com ; Carrer de Sa Lluna 86-90 ; tarif plein/réduit/enfant 6/3 €/gratuit ; 10h30-18h mar-dim nov-fév, 10h30-18h mar-sam mars-oct)

Ferrocarril de Sóller (Estación de Tren de Sóller)
Voir p. 86 (971 63 01 30 ; trendesoller.com ; Plaça d'Espanya ; billets de train à partir de 9 € ; 8h30-19h30 tlj, trains entre 9h et 19h)

Bonnie Lass Charters
Voir p. 86 (697 970 907 ; bonnielasscharters.com ; Carrer de Sant Ramon de Penyafort 11, Port de Sóller ; excursions en bateau ; 9h-18h30 lun-sam)

Ecocirer
Voir p. 90 (672 411 227 ; ecocirer.com/cookery-school ; Carrer Reial 15 à Sóller ; cours de cuisine enfants à partir de 25 € par mois, cours de cuisine adultes à partir de 130 € sur rdv)

Mallorca Hiking
Voir p. 86 (699 906 009 ; www.mallorcahiking.com ; Avenida Gabriel Roca 12, Palma ; randonnées avec guide à partir de 37 €/pers, canyoning, coastering, escalade, spéléologie et vélo ; 9h-14h et 15h-19h dim avr-oct, 9h-14h et 15h-18h lun nov-mars)

Rock & Ride Mallorca
Voir p. 86 (7743 573831 ; www.rockandride-mallorca.com ; escalade, randonnée, bateau et kayak)

Sóller Divers
Voir p. 86 (671 023 854 ; www.sollerdivers.com ; Calle de la Marina 62, Port de Sóller ; plongée sous-marine à partir de 38 € ; 9h-18h tlj)

Sóller SUP
Voir p. 86 (971632439 ; www.sollersup.com ; Paseo Es Través 10, Port de Sóller ; cours et excursions de SUP à partir de 40 €, location à partir de 15 € ; 9h-20h tlj)

Bikini Island & Mountain Hotel
Voir p. 87 (971 63 17 00 ; www.bikini-hotels.com ; Carrer de Migjorn 2, Port de Sóller)

Ca's Xorc
Voir p. 87 (971 63 82 80 ; casxorc.com ; Carretera Deia Km 56,1)

Finca Son Salas
Voir p. 88 (902 84 88 14 ; sonsalas.com ; Camí de Son Sales)

Hotel Ca'n Roses
Voir p. 88 (608 40 01 74 ; canroses.com ; Carrer de Josep M. Quadrado 9)

Son Bleda
Voir p. 88 (971 63 34 68 ; sonbleda.hotels-of-mallorca.com ; Carretera Deia Km 56,7)

Béns d'Avall
Voir p. 88 (971 632 381 ; bensdavall.com ; Carretera de Deià Km 56, Sóller ; plats 24-38 € ; 13h-15h et 19h30-23h mer-dim, fermé en hiver)

Café Es Barranc
Voir p. 87 (674 719 604 ; www.esbarrancdebiniaraix.com ; Carrer de Sant Guillem 17, Biniaraix ; plats 5-23 € ; 12h30-22h30 tlj sauf dim)

La Casona
Voir p. 88 (971 630 366 ; lacasonadesoller.com ; Plaça de sa Constitució 2 ; plats 16-25 € ; 11h30-23h lun, mer-dim)

NENI Mallorca
Voir p. 88 (971 638370 ; www.nenimallorca.com ; Carrer de Migjorn 2, Port de Sóller ; plats 15-35 €, menus à 45/49 € ; 18h-minuit tlj)

Sa Granja
Voir p. 88 (971 63 20 78 ; @sagranjasoller ; Plaça de sa Constitució 18 ; plats 9-20 € ; 10h-23h tlj)

Villa Luisa Sóller
Voir p. 88 (871 872 177 ; cartavillaluisa.com ; Passeig Es Traves 20, Port de Sóller ; plats 10-25 € ; 12h-16h et 18h30-21h30 mar-sam, 12h-16h dim, fermé en hiver)

ENVIRONS DE SÓLLER

Jardí Botànic de Sóller
Voir p. 90 (971 63 40 14 ; jardibotanicdesoller.org ; Carretera Palma Ma-10 Km 30,5, Port de Sóller ; adulte/enfant -6 ans 8 €/gratuit ; 10h-14h lun-sam, fermé en jan)

Jardines de Alfàbia
Voir p. 90 (971 61 31 23 ; jardinesdealfabia.com ; Carretera de Sóller Km 17, Bunyola ; adulte/enfant -10 ans 8 €/gratuit ; 9h30-18h30 tlj mars-oct, fermé en hiver)

Museu Balear de Ciències Naturals
Voir p. 90 (971 63 40 64 ; www.museucienciesnaturals.org/ ; Carretera Palma Ma-10 Km 30,5,

Port de Sóller ; adulte/enfant -6 ans 8/4 € ; 10h-18h tlj)

Raixa
Voir p. 90 (971 23 76 36 ; raixa.conselldemallorca.cat ; Carretera Ma-11 de Palma a Sóller Km 12,2, Bunyola ; maison, exposition et jardin gratuits ; 10h-15h mar-sam)

Santuari de Lluc
Voir p. 90 (971 87 15 25 ; www.lluc.net ; Plaça dels Pelegrins 1, Lluc ; 4 € ; 10h-13h30 et 14h30-17h30 tlj)

Lula Luca
Voir p. 90 (648 60 41 16 ; lulaluca.com ; Costa de llorenç 2, Sóller ; cours mensuels et atelier de poterie à partir de 60 € ; 10h-20h lun-mer, ven, 10h-13h jeu, 10h-15h sam)

S'Espai - Centro de Yoga y pilates
Voir p. 90 (622 36 66 06 ; sespai6.com ; Carrer Manuel Carrascosa, 6, Poligon Son Angelats, Sóller ; cours de yoga et de pilates à partir de 15 € ; 10h-21h45 lun, mer, 9h-21h30 mar, 10h-21h45, 9h30-21h30 jeu, 10h-19h15 ven, sam fermé sauf ateliers mensuels, 10h-11h30 dim)

Sa Fonda - Santuari de Lluc (monastère)
Voir p. 91 (971 51 70 22 ; www.lluc.net/en/sa-fonda ; Plaça dels Pelegrins 1 à Lluc ; plats 9-18 € ; 8h-10h, 13h-16h et 19h-21h15 tlj)

VALLDEMOSSA ET LA CÔTE OUEST

Fundación Cultural Coll Bardolet
Voir p. 93 (971 612 983 ; fccollbardolet.org ; Carrer Blanquerna 4, Valldemossa ; 10h-16h mar-jeu, 10h-18h ven-sam, fermé en jan)

Iglesia de Sant Pere de Esporles
Voir p. 95 (Carrer de sa Rectoria 1A)

L'escalier d'Apollon dans les jardins de la Raixa (p. 90)

La Casa de Robert Graves (Canallún)
Voir p. 96 (971 636 185 ; lacasaderobertgraves.org ; Carretera Deià à Sóller, Deià ; tarif plein/réduit/-12 ans 10/7/5 € ; 9h30-16h30 lun-ven avr-oct, 9h-16h lun-ven nov-mars, 10h-13h lun-ven déc-jan)

Musée municipal (Museu Municipal)
Voir p. 93 (971 61 21 06 ; cartoixadevalldemossa.com ; Plaça Cartoixa ; tarif plein/réduit 10/6,50 € ; 10h-17h lun-ven, 10h-16h sam)

Real Cartuja de Valldemossa
Voir p. 92 (971 61 21 06 ; cartoixadevalldemossa.com ; Plaça Cartoixa ; tarif plein/réduit 10/6,50 € ; 10h-17h lun-ven, 10h-16h sam)

Son Marroig
Voir p. 95 (971 639 158 ; sonmarroig.com ; Carretera de Valldemossa à Deià ; musée adulte 4 €, -12 ans gratuit ; 9h30-14h et 15h30-16h30 lun-sam, terrasse extérieure fermée oct-avr)

Son Moragues
Voir p. 94 (971 61 25 41 ; www.sonmoragues.com ; Avinguda Lluís Salvador Cilimingras, Valldemossa ; visites guidées et expériences à partir de 35 € ; 8h-16h lun-ven)

La Residencia
Voir p. 96 (971 63 90 11 ; www.belmond.com/hotels/europe/mallorca/deia/belmond-la-residencia/activities ; Carrer son Canals, Deià ; expériences, cours d'art et visites guidées ; fermé en hiver)

C'as Papà
Voir p. 93 (971 61 28 08 ; www.hotelcaspapa.com ; Carrer de Jovellanos 8, Valldemossa)

Es Molí Hotel
Voir p. 97 (971 63 90 00 ; esmoli.com ; Carretera Valldemossa-Deiá, Deiá ; fermé en hiver)

Hotel Continental
Voir p. 93 (971 61 20 00 ; www.hotelcontinentalvalldemossa.com ; Carretera Ma-10 Km 68,3, Valldemossa)

Hotel Des Puig
Voir p. 97 (971 63 94 09 ; hoteldespuig.com ; Carrer es Puig 4, Deià)

Mirabó de Valldemossa
Voir p. 93 (661 28 52 15 ; mirabo.es ; Carretera Valldemossa Km 15,950)

Ca's Patro March
Voir p. 96 (971 63 91 37 ; caspatromarch.myrestoo.net ; Carrer Sa Cala 16, Deià, ; plats 10-32 € ; 10h-18h tlj)

El Olivo (à La Residencia)
Voir p. 97 (971 63 90 11 ; www.belmond.com/hotels/europe/mallorca/deia/belmond-la-residencia ; Carrer son Canals, Deià ; plats 27-45 €, menus à partir de 98 € ; 19h30-22h30 tlj)

Es Grau
Voir p. 95 (971 18 37 69 ; @esgraurestaurant ; Carretera Andraitx, Estellencs ; plats 9-22 € ; 10h-17h tlj sauf jeu)

Es Guix
Voir p. 98 (971 51 70 92 ; esguix.com ; Carrer Baix 1, Lluc ; plats 16-27 € ; 12h30 à 15h40 tlj sauf mar nov-avr, 12h30 à 16h tlj sauf mar mai-oct)

Es Racó d'es Teix
Voir p. 97 (971 63 95 01 ; www.esracodesteix.es ; Carrer Viña Vieja 6, Deià ; menus à partir de 84 € ; 13h-14h45 et 19h30-22h mer-dim)

Es Roquissar
Voir p. 96 (www.facebook.com/EsRoquissarBar ; Plaça Cartoixa 5, Valldemossa ; plats 10-25 € ; 13h-16h lun, ven-dim)

Es Taller
Voir p. 96 (971 616 396 ; www.estallervalldemossa.com ; Carrer de Santiago Russiñol 1, Valldemossa ; plats 10-22 € ; 13h-16h et 19h30-22h30 tlj)

Es Verger
Voir p. 98 (971 18 21 26 ; www.facebook.com/EsVergeralaro ; Cami d'es Castell d'Alaró, Alaró ; plats 5-17 € ; 10h-20h tlj sauf lun)

Le domaine de Son Moragues (p. 94)

La Posada
Voir p. 96 (630 97 87 00 ; valldemossa.restaurant ; Calle Mirador de Lladoners Local 6, Valldemossa ; plats 9-27 € ; 12h-22h30 tlj)

Restaurant Nama
Voir p. 97 (971 636 102 ; www.restaurantnama.com ; Carrer Arxiduc Luís Salvador 22, Deià ; plats 15-39 € ; 13h-21h lun, jeu-dim)

Restaurante Sa Foradada
Voir p. 98 (616 08 74 99 ; restaurantesaforadada.com ; Diseminado Sa Foradada 2, Deià ; plats 10-24 € ; 12h30-16h tlj sauf jeu avr-oct)

Restaurante Sebastian
Voir p. 97 (971 63 94 17 ; www.restaurantesebastian.com ; Carrer Felipe Bauzà 2, Deià ; plats 19-34 € ; 19h30-22h30 tlj sauf mer)

Sa Fonda Deià
Voir p. 96 (722 891 112 ; www.safondadeia.com ; Carrer Arxiduc Luís Salvador 5, Deià ; 12h30-22h lun-jeu, 12h30-1h ven-sam)

Formatges Burguera
Voir p. 94 (971 65 54 35 ; www.formatgesburguera.com ; Carretera Campos-Colònia Sant Jordi Km 6,8 ; 8h-17h30 tlj)

Mel Vici
Voir p. 94 (www.melvici.com ; Son Amengual 26, Alaró)

SantaPalma
Voir p. 94 (692 15 37 26 ; www.santapalma.com ; atelier à Carrer de la Concepció 14, Palma)

Un Poc de Tot
Voir p. 95 (608 59 18 39 ; Carrer de sa Síquia 2, Estellenc ; 8h-16h tlj)

ANDRATX ET LE SUD-OUEST

CCA Andratx (Centre d'art contemporain)
Voir p. 99 (971 137 770 ; www.ccandratx.eu ; Carrer S'estanyera 2, Andratx ; tarif plein/réduit 8/5 €, - 12 ans gratuit ; 11h-17h mar-sam)

Castell Son Claret
Voir p. 101 (971 138 629 ; castellsonclaret.com ; Carretera Es Capdellà Km 1,7 ; fermé de nov à mars)

Finca Hotel Son Pont
Voir p. 101 (636 95 93 98 ; sonpont.com ; Carretera Palma Puigpunyent Km 12,3, Puigpunyent)

Finca Ses Fontanelles
Voir p. 101 (971 94 09 41 ; ses-fontanelles.es ; Carretera Andratx-Estellencs Km 103,9)

Hotel Petit Cala Fornells
Voir p. 101 (971 68 54 05 ; petitcalafornells.com ; Carretera de Cala Fornells 78)

Punt Blanc
Voir p. 101 (630 063 113 ; www.puntblanc.es ; Carrer de Sa Punta Blanca 12 à Sant Elm)

Zafiro Palace Andratx
Voir p. 101 (971 235 500 ; www.zafirohotels.com/hoteles/zafiro-palace-andratx ; Carrer Cromlec 3, Camp de Mar)

Cala Cap Falcó
Voir p. 102 (631 42 55 40 ; @CapFalcoBeach ; Carrer Cap Falcó 19, Calvià ; plats 10-20 € ; 9h-18h tlj)

Gran Folies Beach Club
Voir p. 107 (971 67 10 94 ; www.beachclubgranfolies.com ; Calle Tintorera Cala Llamp, Port de Andratx ; plats 16-32 € ; 10h30-23h45 tlj mai-oct)

Restaurante Cala Conills
Voir p. 102 (971 23 91 86 ; www.calaconills.com ; Carrer Cala es Conills 1, Sant Elm ; plats 12-29 € ; 13h-23h mar-dim)

Restaurante Illeta
Voir p. 102 (971 23 58 84 ; illeta.com ; Playa de Camp de Mar ; plats 15-30 € ; 12h-22h tlj)

LE NORD

VESTIGES ROMAINS ET PLAGES DE RÊVE

Découvrez le passé romain de l'île, promenez-vous le long de remparts et de ruelles chaulées datant du Moyen Âge, en entrecoupant le tout de sessions de planche à voile, de voile ou de farniente sur la plage.

Le nord de Majorque est sans doute la partie la plus intéressante de l'île, avec son littoral de toute beauté, ses villes animées, ses baies aux plages de sable blanc et ses nombreuses possibilités de sports d'aventure.

BALATE DORIN/SHUTTERSTOCK ©

La Serra de Tramuntana est la plus belle à son point culminant, le Cap de Formentor. Une balade à vélo ou en voiture sur la route qui s'enroule autour de ses sommets vous laissera bouche bée. Le Cap des Pinar, une péninsule couverte de pins qui lui fait face de l'autre côté de la baie de Pollença, ravira quant à lui les amateurs de randonnée. Partout, le charme des côtes et la constance des vents invitent aussi à s'adonner au kitesurf, au cliff jumping, à la plongée, à la spéléologie et au parapente.

Les stations balnéaires du Nord jouissent d'une atmosphère chaleureuse et décontractée. Dans les terres, les villes ont conservé une ambiance historique et authentique, de la cité fortifiée d'Alcúdia à Pollença. Quant à Pol·lèntia, ancienne capitale romaine des Baléares, c'est le plus grand site archéologique de Majorque.

SITES PRINCIPAUX

POLLENÇA
Charmante ville historique. p. 114

ALCÚDIA
Ravissante ville médiévale fortifiée. p. 119

ARTBBN/SHUTTERSTOCK ©

Playa del Muro (p. 123)

Pollença, p. 114

Ce haut lieu de culture a l'attrait de sa vieille ville. Grimpez les 365 marches en pierre du Calvari pour la vue et récupérez dans un café sur une des places en contrebas.

VOITURE

Mieux vaut louer une voiture pour se déplacer à son rythme. En été, toutefois, certaines routes sont vite saturées ; préférez le bus à cette période.

BUS

La région est facilement accessible en bus depuis Palma (lignes nos 301 et 302, 1 heure environ, 9 €). Ils passent souvent et relient les principales localités de la côte nord.

S'orienter

Au nord de Majorque s'étendent, avec les montagnes en toile de fond, des plages de sable blanc, des eaux azur divines et de majestueux caps. Riche de son patrimoine historique et culturel, et jalonnée de marinas, la région mérite d'être explorée (à vélo ou à pied).

Alcúdia, p. 119

Encerclée d'imposants remparts, cette jolie vieille ville médiévale abrite un dédale de ruelles pavées bordées de boutiques et de cafés. Elle s'anime aux jours de marché.

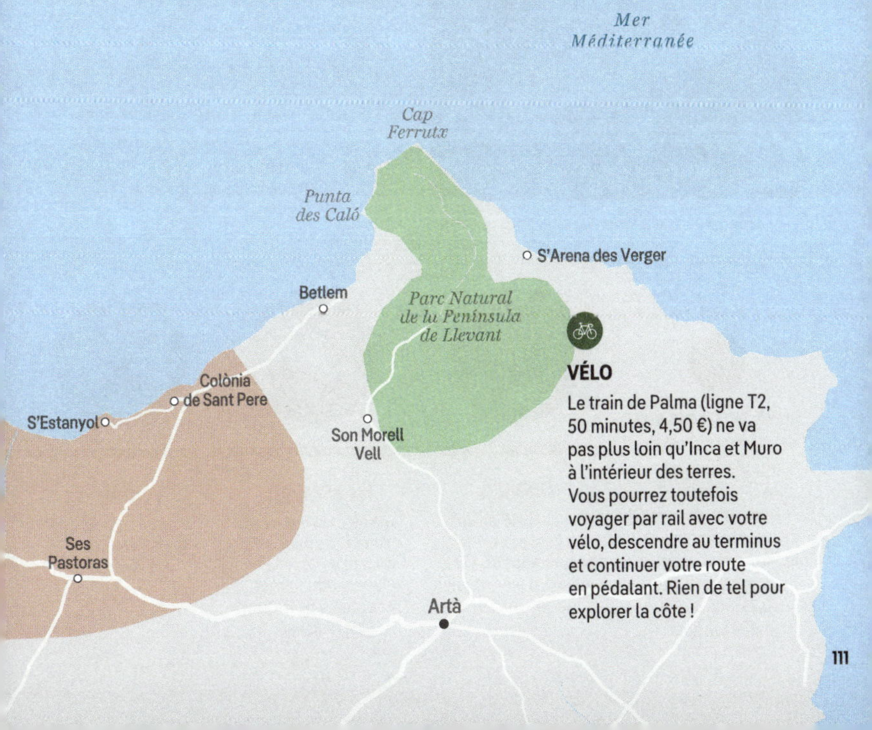

VÉLO

Le train de Palma (ligne T2, 50 minutes, 4,50 €) ne va pas plus loin qu'Inca et Muro à l'intérieur des terres. Vous pourrez toutefois voyager par rail avec votre vélo, descendre au terminus et continuer votre route en pédalant. Rien de tel pour explorer la côte !

Planifier son séjour

En été, cédez à l'appel de la plage et joignez-vous aux fêtes locales. Lors des saisons intermédiaires, observez les oiseaux et randonnez, à pied ou à vélo.

Santuari de la Mare de Déu des Puig (p. 116)

Si vous avez peu de temps

- Succombez au charme désuet de Pollença ou d'Alcúdia, et explorez la ville voisine de Pol·lèntia. Les deux premières sont denses, avec plusieurs sites remarquables, et se parcourent facilement à pied. À **Pollença** (p. 114), admirez les églises, grimpez les **365 marches du Calvari** (ne le faites pas à la mi-journée et emportez de l'eau) et visitez les ateliers d'artistes. À **Alcúdia** (p. 119), appréciez la vue depuis les remparts médiévaux. Remontez le temps parmi les vestiges de l'ancienne capitale romaine des Baléares, **Pol·lèntia** (p. 119). Près des remparts, un petit musée renferme une collection d'objets trouvés lors de fouilles archéologiques.

Au fil des saisons

En été, c'est la saison des plages. Pour la randonnée et le cyclisme, préférez celles intermédiaires. En hiver, tout est plus calme, et nombre de boutiques et cafés ferment.

JANVIER

La nuit du 16 janvier, les **Festes de Sant Antoni Abat** donnent lieu à des feux de joie et à la bénédiction des animaux.

MARS/AVRIL

Pendant la **Semaine sainte**, les habitants assistent au Davallament (reconstitution de la descente de la Croix) de Pollença.

MAI

Goûtez à un beau choix de vins des Baléares à la **Fira del Vi**.

Si vous avez trois jours

● Séjournez à **Pollença** ou à **Alcúdia**, ou dans un hôtel de plage (stationnement plus facile). En bateau, contemplez l'île depuis la mer, faites du snorkeling et explorez les grottes marines. Hors saison haute, faites une randonnée sur le **Cap des Pinar** (p. 121) ou le **Cap de Formentor** (p. 117) et piquez une tête sur l'une de leurs criques. Passez une journée sur la plage : suivez un cours de surf ou de planche à voile, louez une planche de paddle ou un kayak, ou faites un match de beach volley. Envie de lever le pied ? Installez-vous à l'ombre d'un parasol en paille à côté du *chiringuito* (bar de plage).

Si vous avez plus de temps

● Ralentissez et sortez des sentiers battus. Cap sur **Colònia de Sant Pere** (p. 124), voisine de petites plages assez calmes, où l'on peut monter à cheval, faire du surf, de la planche à voile et du kitesurf. Découvrez la face spirituelle de l'île en rejoignant le **Santuari de la Mare de Déu des Puig** (p. 116). Dans cet ancien couvent, passez la nuit dans une cellule d'ermite réaménagée. Le cyclisme a le vent en poupe ; l'office du tourisme local vous conseillera les meilleurs itinéraires. Posez vos valises dans un établissement de tourisme rural ou un domaine rural pour un séjour d'un autre genre.

JUIN

Concerts, marché artisanal, danse folklorique et procession de bateaux illuminés lors du festival **Sant Pere**.

AOÛT

À Pollença, fêtes de rue, concerts et fausses batailles sont organisés lors des légendaires **Festes de la Patrona**.

AOÛT

Le **Festival de Pollença** a une belle programmation de musique classique et d'art tout au long du mois.

NOVEMBRE

Chaque automne, la foire à la citrouille de Muro, la **Fira de sa Carabassa**, célèbre les récoltes locales.

POLLENÇA

Avec sa baie et le Cap de Formentor, Pollença et ses alentours constituent une destination à part entière. La ville forme un dédale de bâtiments des XVIe et XVIIe siècles. Au centre, sur la Plaça Major, se dresse une église médiévale largement remaniée à l'époque baroque.

En été, les boutiques, galeries et cafés de Pollença fourmillent d'activité. Toute l'année, des événements ont lieu en ville. Le Vendredi saint a lieu une procession aux flambeaux (Davallament), lors de laquelle des pénitents descendent les 365 marches du Calvari (Calvaire). En août, pour les Festes de la Patrona, les habitants se déguisent et rejouent les batailles entre pirates et villageois. Lors du Festival de Pollença, concerts, projections et expositions sont organisés dans le cloître de Sant Domingo. Foyer créatif, la région a notamment inspiré des écrivains, tels qu'Agatha Christie, Camilo José Cela et Miquel Costa i Llobera.

Pour les infos pratiques, voir le Carnet d'adresses p. 126

SE DÉPLACER

Des bus quotidiens relient Pollença et Palma. Le 301 est direct (1 heure) et va jusqu'à Port de Pollença. Louez une voiture pour explorer le Nord. En général, vous n'aurez aucun mal à vous garer près des grandes stations balnéaires. Pour les plages reculées, c'est plus délicat (renseignez-vous à l'avance). À la haute saison, arrivez tôt.

SPORTS NAUTIQUES À POLLENÇA

Scuba Mallorca
Excursions de plongée dans la baie et près de Formentor. Plus de 20 cours de plongée différents.

Tramuntana Diving & Adventure
Plongée sous-marine, apnée libre, stand-up paddle et autres activités d'aventure (canyoning, saut des falaises, kayak, etc.).

Mallorca Kiteboarding
Location et leçons de kitesurf, stand-up paddle, planche à voile, kayak et wingfoil.

Découverte de Pollença à pied

LA VIEILLE VILLE

Commencez par le **Claustre de Sant Domingo**, qui accueille une programmation estivale très suivie de concerts, expositions et autres rendez-vous. Associant une église et un couvent datant de 1558 à 1616, cet ensemble héberge le **Museu de Pollença**, fort d'un beau cloître baroque et qui renferme, à l'étage, une collection d'art moderne. Y est aussi exposé un mandala bouddhiste, tout en sable coloré, que le dalaï-lama offrit à la ville en 1990. Dehors, une tour de guet médiévale trône dans les **jardins Joan Mas**. Au nord, dépassez la **Plaça Major** et vous arriverez face à l'**Església de la Mare de Déu dels Àngels**, une imposante église baroque à la façade en grès, à l'intérieur richement décoré et à la voûte en berceau ornée de fresques. Bâtie en 1229, peu après la conquête par les troupes arago-catalanes, elle fut pour une large part reconstruite au XVIIIe siècle. Ensuite, gravissez les 365 marches, bordées de cyprès, du **Calvari** (évitez les fortes chaleurs) jusqu'à la sobre **Església del Calvari**. La vue y est ravissante et va jusqu'aux Cap de Formentor, Puerto Pollença et Puerto d'Alcúdia. En montant, vous croiserez le **Museu Martí Vicenç**, installé dans un ancien monastère franciscain, où est exposé le travail du tisserand et artiste (1926-1995) à qui le musée doit son nom. Pour davantage d'art local, direction l'ancienne maison de l'artiste Dionís Bennàssar (1904-1967), la **Casa-Museu Dionís Bennàssar**, où sont présentées gravures, aquarelles et huiles. Participez à un circuit pédestre guidé organisé par l'office du tourisme pour bénéficier d'un petit panorama historique.

INCONTOURNABLES
1 Port de Pollença
2 Santuari de la Mare de Déu des Puig

VOIR
3 Ca'n Cap de Bou
4 Cap de Formentor

ACTIVITÉS
5 Badia de Pollença
6 Kayak Mallorca
7 Mallorca Kiteboarding
8 Sail & Surf Pollensa
9 Scuba Mallorca

SE LOGER
10 Hotel Formentor
11 Can Aulí
12 Hotel Juma
13 Illa d'Or Hotel

SE RESTAURER
14 Celler El Molí
15 Son Brull

Port de Pollença

LES PLUS BELLES CRIQUES DU CAP DE FORMENTOR

Cala Figuera
Sur la côte nord sauvage de la péninsule (descente abrupte). Beau spot de snorkeling.

Cala Murta
Eaux turquoise translucides et faux airs de fjord. Suivez les panneaux depuis le parking de Cala Figuera.

Cala Boquer
Proche du port de Pollença (suivez le sentier à travers les pins et le maquis). Eaux claires, crique déserte, où passe parfois une chèvre sauvage.

Retraite spirituelle

VISITEZ UN ANCIEN COUVENT

Le **Santuari de la Mare de Déu des Puig**, ancien couvent du XIVe siècle juché sur la colline de Puig de Maria (333 m) surplombe Pollença, à 1,5 km. Les téméraires monteront en voiture par la Ma-2200, très sinueuse. Si vous prenez le volant, roulez très lentement. Sinon, venez à pied, à travers la forêt de pins, chênes et oliviers. Depuis le garage Repsol, sur la route de Pollença, comptez environ une heure. Prévoyez de bonnes chaussures : le sentier rocailleux peut être glissant près du sommet. Mieux vaut s'atteler à l'ascension par temps frais et emporter de l'eau.

Le monastère en grès offre un panorama de toute beauté sur la Tramuntana, les baies de Pollença et Alcúdia, et le Cap de Formentor. Après avoir admiré le paysage, visitez le Santuari, où les nonnes s'établirent en 1371, malgré les supplications de l'évêque de Palma (où elles ne déménagèrent qu'en 1576). L'endroit comprend une chapelle gothique, un réfectoire, une cuisine et un café simple, où sont servis des plats locaux copieux : paella, *pa amb oli* (pain à l'huile), tortilla, *cargols* (escargots) et aïoli. Vapeurs d'encens et odeur de fumée embaument l'air.

Vous pourrez passer la nuit dans une ancienne cellule d'ermite. Vous voyagez en groupe ? Réservez et prévenez de votre venue pour que la cuisine s'organise. Levez-vous tôt pour admirer le lever du soleil avant de retourner à la vie animée de l'île.

Vagues et sports nautiques

AVENTURES SUR LA PLAGE DE PORT DE POLLENÇA

À 7 km de Pollença, **Port de Pollença** est une station balnéaire tranquille, avec, en toile de fond, le Cap de Formentor. En bord de mer, le **Passeig Vora Mar** est flanqué de cafés, une **marina** ravit les amateurs de voile et la longue plage de sable est très appréciée des familles. Les plus beaux coins de plage sont au nord de la ville. Au sud, vers Alcúdia, les plages venteuses de **Ca'n Cap de Bou** et **Sa Marina** font la joie des kitesurfers et des planchistes. Si vous plongez, vous pourrez admirer étoiles de mer, oursins, pieuvres, raies et bancs de barracudas dans la **baie de Pollença**, où les grottes sont nombreuses. **Scuba Mallorca** propose des initiations à la plongée, ainsi qu'un choix de cours plus longs. Envie d'apprendre la voile, la planche à voile ou le surf ? Adressez-vous à **Sail & Surf Pollença**, qui dispense de courtes leçons. Pour le kayak, **Kayak Mallorca**,

OÙ SE LOGER

Can Aulí
Superbe manoir restauré avec jardin et piscine tranquilles. Calme à toute épreuve. **€€€**

Hotel Juma
Charmant hôtel géré en famille en plein cœur de la vieille ville. Accueil convivial et 100% majorquin. **€€**

Illa d'Or Hotel
Charme des années 1920 et équipements modernes dans un cadre pittoresque. Plage et jetée privées. **€€€**

GIOVANNI G/SHUTTERSTOCK ©

Phare du Cap de Formentor

sur la Playa de la Gola, propose excursions et cours, et loue kayaks et planches de paddle. Pour apprendre le kitesurf, tournez-vous vers **Mallorca Kiteboarding**.

Cap de Formentor

BEAUTÉ SAUVAGE À LA POINTE DE L'ÎLE

Partez de Port de Pollença pour rejoindre l'extrémité la plus septentrionale de Majorque et explorer le Cap de Formentor, long de 20 km, en empruntant la Ma-2210, une route sinueuse passant à travers des pinèdes et longeant des falaises calcaires. Chaque virage dévoile un bel horizon. Appareil photo en main, faites halte, à 3 km au nord-est de Port de Pollença, au **Mirador del Mal Pas** (aussi appelé Mirador des Colomer et Mirador de Sa Creueta), à la **Talaia Albercutx** (tour de guet) du XVIIIe siècle, et au **phare** au bout de la péninsule. En été, la route en lacet (parfois étroite) est ultrafréquentée, au point

LE CAP DE FORMENTOR, UN LIEU DE TOURNAGE PRISÉ

Cloud Atlas (2012, avec Tom Hanks, Susan Sarandon et Halle Berry) fut en partie tourné sur le Cap de Formentor. Des scènes furent aussi réalisées à Sa Calobra et Port de Sóller.

Des scènes d'*Avant toi* (2016, avec Emilia Clarke et Sam Claflin) furent tournées sur la Platja de Fermentor, présentée, dans le film, comme une plage de l'île Maurice.

The Night Manager (2016, avec Tom Hiddleston, Olivia Coleman et Hugh Laurie), adaptation télévisuelle du *Directeur de nuit*, roman de John Le Carré, fut tourné en plusieurs points de l'île, dont le Cap de Formentor.

OÙ SE RESTAURER

Celler El Molí
Paella, crevettes grillées et tarte au citron. Adresse très appréciée. **€**

Il Giardino
Cuisine italienne sur la place principale, avec terrasse. Les enfants aimeront la chocolaterie voisine. **€€**

Son Brull
Restaurant étoilé au Michelin, cuisine majorquine raffinée. Service d'exception. Un régal ! **€€€**

NATALIYA SCHIMDT/SHUTTERSTOCK ©

Remparts d'Alcúdia

POURQUOI J'AIME LE PUIG DE MARIA

Laura McVeigh, auteure

Comment ne pas tomber sous le charme de l'un des coins les plus magiques de l'île ? Vous aurez ici l'impression d'être à mille lieues de la face touristique de l'île : immergez-vous dans la nature et savourez un instant simple, empreint de spiritualité. On y prend des photos renversantes du lever et du coucher de soleil, et il y règne une sérénité sans pareil : profitez-en pour faire le vide. Garez-vous au pied du Puig de Maria.

de parfois connaître des restrictions d'accès. Pour éviter tout souci, rejoignez la **Platja de Formentor**, étroite bande de sable doré flanquée d'une forêt de pins dans une baie isolée, en prenant le bateau depuis Port de Pollença. Comme l'eau est peu profonde, l'endroit est idéal pour les familles. Louez planches de paddle et kayaks pour explorer la côte rocheuse. C'est aussi ici que se dresse l'**Hotel Formentor**. Repris par le groupe Royal Hideaway, ce haut lieu de l'hôtellerie subit une rénovation complète. L'établissement d'origine a accueilli de nombreuses personnalités, comme Winston Churchill, Charlie Chaplin, Ava Gardner, Audrey Hepburn, F. Scott Fitzgerald et Elizabeth Taylor.

LES PLUS BEAUX SANCTUAIRES

Santuari de Lluc
Le cœur spirituel de Majorque, entre Pollença et Sóller. (p. 90)

Santuari de Nostra Senyora de Cura, Puig de Randa
Lieu d'inspiration pour le philosophe et auteur Raymond Lulle. (p. 140)

Santuari de Sant Salvador
Édifice du XIVe siècle avec rénovations du XXe siècle et vue incroyable. (p. 141)

ALCÚDIA

Érigés en 1298 par le roi Jacques II d'Aragon, les imposants remparts en grès d'Alcúdia ceignent un dédale de ruelles pavées jalonnées de boutiques, galeries, cafés et restaurants. La ville compte plusieurs beaux boutiques-hôtels et grandes bâtisses (observez les magnifiques linteaux sculptés de Ca'n Canta et Ca'n Fondo). Son charme lui vaut une belle affluence touristique, surtout aux jours de marché (mardi et dimanche sur le Passeig Mare de Déu de la Victòria) et lors des grandes fêtes. Le premier week-end d'octobre, la Fira réunit défilés en costumes traditionnels, musique et marché alimentaire célébrant les récoltes. Avec ses plages splendides et ses grands hôtels, Port d'Alcúdia, à 2 km, attire une foule aspirant au bonheur balnéaire, et comptant aussi bien des adeptes de sports nautiques que de farniente. À la saison intermédiaire, parcourez les sentiers pédestres, explorez le Parc Natural de S'Albufera ou flânez dans les coins plus tranquilles de la côte.

Pour les infos pratiques, voir le Carnet d'adresses p. 126

S'ORIENTER

Alcúdia est aisément accessible depuis Palma en bus (ligne n°302, 1 heure environ, 9 €), mais mieux vaut louer une voiture pour visiter les alentours. En bus, vous n'aurez aucun mal à passer d'une grande station balnéaire à une autre ou de la vieille ville d'Alcúdia à celle de Pollença. Sur les péninsules, déplacez-vous à pied ou à vélo pour apprécier la beauté brute de l'endroit.

Vestiges romains et histoire antique

LA CITÉ ANTIQUE DE POL·LÈNTIA

À l'extérieur des remparts d'Alcúdia, les ruines de la cité romaine de **Pol·lèntia** occupent une superficie importante, mais se parcourent à pied. Elles correspondent à l'ancienne capitale romaine des îles Baléares. Fondée en 123 av. J.-C., celle-ci est le plus grand site archéologique de Majorque. Figurant sur les routes commerciales et navales de l'ouest de la Méditerranée, Pol·lèntia ("puissance" en latin) occupait une place stratégique.

Grâce aux fouilles, on sait que Pol·lèntia était équipée d'eau courante et d'un système d'égouts. Baladez-vous dans l'ancien quartier d'habitation de **Sa Portella**, où sont encore visibles colonnes, fondations et murs de *domus* (maisons). Une tête de jeune fille en bronze fut retrouvée dans la **Casa del Cap de Bronze**. Visitez le **Forum**, la place du marché, où se trouvent les vestiges de trois temples et de *tabernae* (boutiques). En lisière de la ville, près du **Puerto Romano**, un théâtre romain (Teatre Romà) d'environ 1 000 places, le plus petit des vingt que compte encore l'Espagne, a été taillé dans la roche, à même une pente de colline. En août, il accueille divers événements en plein air.

À proximité, le petit **Museu Monogràfic** présente des objets mis au jour lors des fouilles (pièces de monnaie, bijoux, sculptures, céramiques, etc.). Baladez-vous parmi les ruines de Pol·lèntia pour avoir un bel aperçu du passé romain de l'île.

Un grand parking jouxte le site. À l'entrée, achetez vos tickets au bureau d'accueil. Le musée est juste en face, dans la vieille ville d'Alcúdia.

REMPARTS

Construits pendant la Reconquista, quand le roi Jacques II d'Aragon entreprit de fonder la ville d'Alcúdia, ces murs en grès massifs ceignent désormais la vieille ville. Suivant un polygone, ils ont un périmètre de 1,5 km et présentent 26 tours et 4 portes : la Porta de Xara (nord), la Porta de Mallorca (sud), la Porta de la Vila Roja (nord-ouest) et La Portella, juste à côté de l'**Església de Sant Jaume**. Les remparts étaient jadis entourés de douves. Des escaliers en pierre permettent d'accéder au **Camí de Ronda** (chemin de ronde), d'où l'on a une belle vue.

INCONTOURNABLES
1 Remparts médiévaux
2 Pol·lèntia

VOIR
3 Cala Gii
4 Cala Victòria
5 Ca'n Canta
6 Ca'n Fondo
7 Ermita de La Victòria
8 Hidropark Alcúdia
9 Platja des Coll Baix
10 Talaia d'Alcúdia

ACTIVITÉS
11 Cap des Pinar
12 Wind & Friends
13 Alcudiamar Sports & Nature
14 North Coast Adventure

Voile et surf

LES PIEDS DANS L'EAU À PORT D'ALCÚDIA

La station balnéaire de **Port d'Alcúdia** est un véritable paradis pour les mordus de sports nautiques. La plage de sable blanc (label Pavillon Bleu) s'étend sur plusieurs kilomètres entre la marina et le port de pêche et est flanquée de palmiers, d'une promenade et de *chiringuitos*.

OÙ SE LOGER

Forum Boutique Hotel & Spa
Quatre-étoiles dans la vieille ville, service attentif. Grandes et belles chambres calmes. **€€**

Hotel Can Mostatxins
Belle maison de ville rénovée alliant époques moderne et médiévale dans la vieille ville. Seulement 9 chambres. **€€€**

Can Simó Petit Hotel
Sept chambres dans un manoir rénové du XIXe siècle. Excellent restaurant. **€€€**

ENGEL.AC/SHUTTERSTOCK ©

Platja des Coll Baix (p. 122)

Apprenez à faire de la voile, de la planche à voile ou du kitesurf. **Wind & Friends** propose des cours de planche à voile pour débutants (enfants compris) sur trois ou cinq jours et loue kayaks et planches de stand-up paddle. **Alcudiamar Sports & Nature** donne des cours de plongée PADI, de voile et de planche à voile. En plus de louer des kayaks, l'agence organise aussi des excursions en kayak et bateau dans les grottes des environs. **Més Aventura** organise des excursions à base de coastering, de saut depuis les falaises, de descente en rappel, d'escalade, de nage et de psicobloc.

Tout près, **Hidropark Alcúdia**, parc aquatique avec toboggan, jeux d'eau et piscine à vagues, ravira les plus jeunes.

Le Cap des Pinar : une belle découverte

SORTEZ DES SENTIERS BATTUS

Le splendide Cap des Pinar, qui s'avance profondément dans la mer depuis Alcúdia et Port d'Alcúdia, forme avec le Cap de Formentor, plus au nord, une baie large et profonde ouverte vers l'est : la baie de Pollença. Fort d'un cadre spectaculaire, il est tapissé de pins d'Alep et compte des falaises vertigineuses

CRIQUES TRANQUILLES À ALCÚDIA

Platja S'Illot, face à l'îlot de S'Illot, est une petite plage de sable où l'eau est peu profonde. On peut se rendre sur l'îlot à pied ou le rejoindre à la nage. Idéal pour la baignade et le snorkeling.

Face à la Platja d'Alcanada, l'**Illa d'Alcanada** est une petite île dotée d'une plage et d'un phare.

Es Faralló est une crique rocheuse à l'écosystème propice au snorkeling, à environ 1 km de marche de la Platja d'Alcanada. Sur la falaise, le **Museu Sa Bassa Blanca** présente une belle collection d'art moderne et un parc de statues.

NOTRE SÉLECTION DE PRESTATAIRES

Món Aventura
Prestataire local populaire proposant excursions guidées et activités d'aventure.

North Coast Adventure
Excursions en bateau et location de kayaks.

Tramuntana Diving & Adventure
Canyoning, trekking, saut des falaises et kayak.

PAROLE D'HABITANT

Nées sur l'île, les sœurs **Angélica** et **Llucía Cantarellas** vivent dans leur maison de famille à Bonaire, près d'Alcúdia, quand elles n'étudient pas à l'université ou ne travaillent pas à l'étranger. Voici leurs expériences locales favorites.

Coucher de soleil
"Désignée l'une des plus belles villes d'Espagne, Alcúdia est un endroit où nous aimons venir, surtout pour regarder le coucher de soleil depuis l'Ermita de La Victòria."

Baignade
"Nous aimons particulièrement les eaux cristallines des plages du Nord, sur lesquelles nous passons des heures. Nous venons ici, après un séjour loin de l'île, pour oublier les soucis de la vie citadine."

WILM IHLENFELD/SHUTTERSTOCK ©

Cap des Pinar

au-delà de Mal Pas et Bonaire. Les nombreux sentiers du coin attirent les randonneurs de tous horizons. Pour qui aspire à faire de longues marches dans la région, séjourner à l'**Ermita de la Victòria** est une bonne idée. Le cap lui-même est une zone militaire interdite.

Dépassez la marina abritée de **Bonaire**, puis prenez la route Victòria, qui conduit à l'**Ermita de La Victòria**. Après une marche de 30 minutes à travers la forêt de pins, vous arriverez à la **Talaia d'Alcúdia**, point culminant du Cap des Pinar. Une tour de guet, qui donne sur la baie de Pollença et sur Minorque au loin, y a été édifiée au XVIe siècle. Descendez jusqu'à la jolie **Platja des Coll Baix**, plage de galets en contrebas de la falaise plantée de pins. Autres bijoux à ne pas manquer : **Cala Victòria**, à l'entrée du Cap, et **Cala Gii**, une baie cachée avec un escalier qui s'enfonce dans l'eau, à Bonaire. On y voit aussi une arche en pierre naturelle, des échelles et un petit bassin dans les rochers. Après l'effort, direction le **Mirador de La Victòria**, près de l'Ermita éponyme ; ce restaurant au charme rustique propose une cuisine familiale (escargots, poisson grillé et plats à base de riz) et tire avantage d'un panorama grandiose sur le Cap de Formentor.

LES MEILLEURS GLACIERS

Helados Garrido
Retrouvez ce glacier au savoir-faire de plus de 40 ans sur le Paseo Marítimo et sur la Carrer del Moll, à Alcúdia.

Gelats Valls
Installé à Pollença depuis plus de 90 ans. Parfums élaborés à partir des fruits issus de cultures locales.

Giovanni L.
Glaces à l'italienne dans la vieille ville d'Alcúdia.

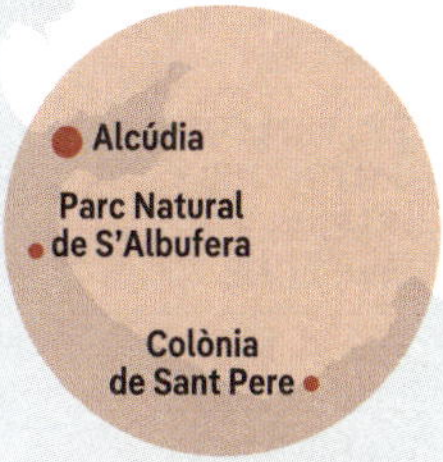

Environs d'Alcúdia

Au sud de la baie d'Alcúdia s'étendent les beaux marécages du Parc Natural de S'Albufera et le village assoupi de Colònia de Sant Pere.

Au-delà des complexes hôteliers qui s'alignent le long de la Playa del Alcúdia se situe le Parc Natural de S'Albufera (p. 124), vaste zone marécageuse à mille lieues des cafés de plage et des chaises longues. Ce paradis ornithologique est aussi une manière de découvrir l'île autrement. Non loin de la belle plage de sable blanc de Playa del Muro, prenez le temps de marcher ou de pédaler dans ces marécages ou d'observer les oiseaux depuis l'une des cachettes en bois éparpillées dans le parc.

Le parc naturel est à seulement 15 minutes en voiture au sud d'Alcúdia. Au volant, le trajet entre Alcúdia et Colònia de Sant Pere prend environ 40 minutes et permet de faire le tour de la Badia d'Alcúdia.

Pour les infos pratiques, voir le Carnet d'adresses p. 127

S'ORIENTER

Plusieurs sentiers partent du centre des visiteurs du Parc Natural de S'Albufera. Quelques-uns peuvent se parcourir à vélo. Pour se déplacer sur la côte, mieux vaut être motorisé.

Aigrettes, Parc Natural de S'Albufera (p. 124)

LES MEILLEURS SPOTS POUR OBSERVER L'AVIFAUNE

La zone humide du **Parc Natural de S'Albufera** (ci-contre) est un paradis ornithologique.

La **réserve naturelle de Sa Dragonera** (p. 101) abrite des oiseaux marins, dont des balbuzards pêcheurs et des cormorans.

Plusieurs oiseaux marins, dont le faucon d'Éléonore, peuplent le **Cap de Formentor** (p. 117).

Les salines de **Colònia de Sant Jordi** (p. 171) attirent flamants roses et échasses blanches.

Entre les pics près de **Gorg Blau** (p. 89), vous aurez peut-être la chance d'apercevoir un rare urubu noir.

Parc Natural de S'Albufera

ORNITHOLOGIE DANS LES MARÉCAGES

S'étendant sur 2 850 ha de prairies et de marais entre Port d'Alcúdia et Ca'n Picafort, le **Parc Natural de S'Albufera** fut classé parc naturel en 1988, mais le lieu est connu depuis l'Antiquité. Cette zone humide où poussent roseaux, joncs, potamots et anthocérotes attire quelque 300 espèces aviaires ; plus de 10 000 oiseaux passent l'hiver ici, dont des canards, des hérons et des étourneaux. Dans le parc, on recense aussi des anguilles, des grenouilles rieuses et des couleuvres vipérines. Ruisseaux et sources souterraines approvisionnent les marais en eau. Le Gran Canal traverse le parc et draine l'eau vers la mer. Ormes, tamarix et peupliers blancs sont les arbres les plus communs du parc.

Petite balade de 30 minutes ou marche de 11,5 km : vous aurez le choix entre différents itinéraires parmi les 14 km de **sentiers** balisés du parc. Certains sont faisables à vélo. Six *aguaits* (cabanons pour observer les oiseaux) en bois parsèment le parc.

Pour entrer, demandez un permis au centre des visiteurs. Le parc est ouvert de 9h à 17h tous les jours (jusqu'à 18h en été). Les observateurs de l'avifaune ont le droit de pénétrer dans le parc un peu plus tôt, juste avant le point du jour. Au centre des visiteurs, vous trouverez des informations sur la faune et sur les sentiers. Au printemps (surtout en avril et mai), l'endroit se pare d'un tapis de fleurs sauvages.

La côte de Colònia de Sant Pere

LE QUOTIDIEN D'UN VILLAGE PAISIBLE

Portant le nom du saint patron des pêcheurs, Colònia de Sant Pere est un ancien village de pêcheurs composé d'une place centrale, d'une église et d'une poignée de maisons, cafés, bars et boutiques. Tranquille et discret, il échappe aux foules de touristes. Non loin d'une petite marina doublée d'un port s'étend une plage, la **Platja de la Colònia de Sant Pere**.

Une promenade ombragée par des tamariniers longe la plage. Poursuivez sur 2,5 km à l'ouest et vous arriverez sur la **Platja de Sa Canova**, longue plage de sable menant à la **Son Serra de Marina**. Non loin de **Sa Canova** se trouve le village de **S'Estanyol**. Par jour de vent, la plage est idéale pour faire du surf, de la planche à voile ou du kitesurf. Par temps moins agité, l'eau peu profonde et claire plaira aux familles. Envie d'un café ou d'un bon repas ? Essayez **Sonora Beach**, **SEN Chill Beach Bar**, **Es Vivers** ou **Restaurante Playa**.

FAUNE DE LA RÉGION

Oiseaux de proie
Faucon d'Éléonore, faucon pèlerin, milan royal, urubu noir, aigles et hiboux.

Reptiles et amphibiens
Grenouilles, lézards, serpents, salamandres, tortues et *Alytes muletensis* (espèce menacée, crapaud accoucheur).

Oiseaux chanteurs
Alouettes, huppes, fauvettes, pinsons, perdrix, martinets, pipits et rossignols.

MARIA SEDOVA/SHUTTERSTOCK ©

Platja de Sa Canova

OÙ SE LOGER DANS LES ENVIRONS DE COLÒNIA DE SANT PERE

Petit Hotel Rocamar
Hôtel chic et bien conçu, réservé aux adultes. Près de la plage. **€€**

Apartamentos Ses Roquetes
À Ca'n Picafort, sur le front de mer, beau design. **€€**

Agroturismo Can Pere Rei
Adapté aux enfants (ils adoreront moutons et poules). Excellent petit-déjeuner, endroit calme. **€**

Carnet d'adresses

POLLENÇA

Casa-Museu Dionís Bennàssar
Voir p. 114 (☎971 53 09 97 ; www.museudionisbennassar.com ; Carrer de Roca 14 ; gratuit ; ⏲10h30-14h mar-dim avr-oct, visites sur rdv nov-mars)

Claustre de Sant Domingo
Voir p. 114 (☎971 53 40 11 ; www.pollensa.com/fr/endroits/culture/couvent-sant-domingo ; Carrer Pere Josep Cànaves Salas)

Església de la Mare de Déu dels Àngels
Voir p. 114 (☎971 53 00 67 ; Plaça Major 1 ; ⏲11h-17h tlj)

Museu de Pollença
Voir p. 114 (☎971 53 11 66 ; www.pollensa.com/fr/endroits/culture/musee-pollensa ; dans le Claustre de Sant Domingo, Carrer Pere Josep Cànaves Salas ; 1,50 € ; ⏲10h-13h30 et 18h-20h mar-ven)

Museu Martí Vicenç
Voir p. 114 (☎971 530 450 ; martivicens.org ; Carrer del Calvari 10 ; gratuit ; ⏲10h30-17h30 mer-sam, 10h30-14h dim)

Jardines de Joan Mas
Voir p. 114 (Carrer de Miquel Capllonch 7)

Santuari de la Mare de Déu des Puig
Voir p. 116 (9h-18h oct-mars, 8h30-20h30 avr-sept)

Kayak Mallorca
Voir p. 116 (☎609 80 62 36 ; kayakmallorca.com ; Passeig Saralegui, Port de Pollença ; excursions et cours à partir de 40 €, location à partir de 10 € ; ⏲tlj sauf mar)

Mallorca Kiteboarding
Voir p. 117 (☎686 42 52 34 ; mallorcakiteboarding.com ; deux centres : Carrer Club Sol-Puerto 7 et Hotel Port Blue Club Pollentia Resort Carretera Alcúdia-Port de Pollença ; location et cours de kitesurf, paddle surf, planche à voile, kayak à partir de 20 € ; ⏲10h-20 tlj)

Sail & Surf Pollença
Voir p. 116 (☎971 86 53 46 ; www.sailsurf.eu ; Passeig de Saralegui 134 ; cours de planche à voile/voile à partir de 30 € ; ⏲9h-18h lun-sam avr-oct, horaires réduits le reste de l'année)

Scuba Mallorca
Voir p. 116 (☎971 86 80 87 ; www.scubamallorca.com ; Carrer d'Elcano 23 ; cours de plongée sous-marine à partir de 80 € ; ⏲8h-20h tlj)

Tramuntana Diving and Adventure
Voir p. 114 (☎971 87 62 79 ; tramuntanadiving.com ; Carrer d'Elcano 9 ; excursions en kayak, canyoning, trekking, cours de plongée sous-marine à partir de 120 €)

Can Aulí
Voir p. 116 (☎871 87 25 00 ; www.canauliluxuryretreat.com ; Carrer de Mallorca 40)

Hotel Formentor
Voir p. 118 (hotelformentorportdepollenca.com-hotel.com/fr ; Playa de Formentor, Port de Pollença)

Hotel Juma
Voir p. 116 (☎971 53 50 02 ; www.pollensahotels.com ; Plaça Major 9)

Illa d'Or Hotel
Voir p. 116 (☎971 86 51 00 ; www.hotelillador.com ; Calle Colón 265)

Gelats Valls
Voir p. 122 (☎971 53 02 64 ; Carrer Canonge Rotger 2)

365 Restaurante - Son Brull Hotel & Spa
Voir p. 117 (☎971 53 53 53 ; sonbrull.com/fr/gastronomie ; Carretera Palma-Puerto Pollença ; menus à partir de 66 € ; ⏲19h30-21h tlj, fermé mar en fév, mars et nov)

Celler El Molí
Voir p. 117 (☎971 53 19 50 ; www.facebook.com/cellerelmoli ; Carrer del Pare Vives 72 ; plats 10-24 €, menu 16,50 € ; ⏲12h30-15h30 et 18h30-22h lun, mar, ven, sam, 12h30-15h30 jeu, dim)

Il Giardino
Voir p. 117 (☎971 53 43 02 ; ilgiardino.es ; Plaça Major 11 ; plats 14-30 € ; ⏲12h30-15h et 19h-22h30 lun-mar, jeu-sam, 10h-15h et 19h-22h30 dim)

ALCÚDIA

Ermita de La Victòria
Voir p. 122 (ermita-de-la-victoria.business.site ; Carretera Cap des Pinar)

Iglesia de Sant Jaume d'Alcúdia
Voir p. 119 (☎971 54 86 65 ; misas.org/p/parroquia-de-sant-jaume-alcudia-mallorca ; Plaça de Jaume Ques)

Museu Monogràfic de Pol·lèntia
Voir p. 119 (☎971 54 70 04 ; www.alcudia.net/Pollentia ; Carrer de Sant Jaume 30 ; avec site archéologique de Pol·lèntia adulte/enfant 4/2,50 € ; ⏲9h30-20h30 lun-sam, 10h-14h dim mai-oct, 9h30-15h mar-sam nov-avr)

Museu Sa Bassa Blanca (Fundación Yannick y Ben Jakober)
Voir p. 121 (971 54 69 15 ; www.msbb.org ; Camino del Collbaix ; adulte/senior/réduit/- de 7 ans 10/8/7 €/gratuit ; 10h-18h mer-sam, 10h-15h dim et certains jours fériés)

Pol·lèntia
Voir p. 119 (971 18 42 11 ; www.alcudia.net/Pollentia ; Avinguda dels Prínceps d'Espanya ; avec Museu Monogràfic adulte/enfant 4/2,50 € ; 9h30-20h30 lun-sam, 10h-14h dim mai-oct, 9h30-15h mar-sam nov-avr)

Alcudiamar Sports & Nature
Voir p. 121 (871 57 70 17 ; sportsandnaturealcudiamar.com ; Port Turistic i Esportiu ; cours de plongée, de voile, de kayak et visites à partir de 65 €)

Hidropark Alcúdia
Voir p. 121 (971 89 16 72 ; hidroparkalcudia.com ; Avinguda del Tucá ; adulte/senior et 3-10 ans/- de 3 ans 29,95/21,95 €/gratuit ; 10h-18h juil-août, 10h30-17h mai-juin et sept-oct)

Més Aventura
Voir p. 121 (722 47 29 81 ; www.mesaventura.com ; Carrer del Canonge Alcina 46, Inca ; excursions et cours de canyoning, spéléologie, randonnée, escalade à partir de 35 € ; 9h-20h tlj)

Món Aventura
Voir p. 121 (971 53 52 48 ; mondaventura.com ; Plaça Vella 8 ; visites et excursions de canyoning, escalade, spéléologie, kayak, paddle à partir de 55 € ; 10h-14h et 16h-20h lun, ven, sam, 10h-20h mar-jeu, 10h-14h dim)

North Coast Adventure
Voir p. 121 (652 14 14 13 ; www.northcoastadventure.es ; excursions en bateau et locations de kayak à partir de 30 € ; 9h-16h mar, mer, ven-dim)

Wind & Friends
Voir p. 121 (661 745 414 ; www.windfriends.com ; Carrer de Minerva 15 ; cours et location de voile, planche à voile et kitesurf à partir de 25 € ; avr-oct)

Can Simó Petit Hotel
Voir p. 120 (971 515 260 ; www.cancalcohotels.com/can-simo-hotel-alcudia ; Carrer de Sant Jaume 1)

Forum Boutique Hotel & Spa
Voir p. 120 (971 57 92 71 ; www.hotelforumalcudia.com ; Carrer de Cristòfol Colom 2 ; ouvert mars-oct)

Hotel Can Mostatxins
Voir p. 120 (971 54 96 39 ; www.hotelcanmostatxins.com ; Carrer del Lledoner 15 ; ouvert mars-oct)

Helados Garrido
Voir p. 122 (971 54 69 31 ; www.facebook.com/helados.garrido.mallorca ; Carrer del Moll 27 ; 10h-23h lun-mar, jeu-dim)

Giovanni L
Voir p. 122 (www.giovannil.com ; Carrer Major 41 ; 10h-22h tlj, fermé en hiver)

Restaurante Mirador de La Victòria
Voir p. 122 (971 54 71 73 ; www.miradordelavictoria.com ; Camí Vell de la Victòria ; plats 15-30 € ; 13h-15h30 et 19h-23h mer-dim)

ENVIRONS D'ALCÚDIA

Parc natural de S'Albufera
Voir p. 124 (971 89 22 50 ; ca.balearsnatura.com ; Avinguda de s'Albufera ; gratuit ; 9h-18h avr-sept, 9h-17h oct-mars)

Agroturismo Can Pere Rei
Voir p. 125 (660 89 77 55 ; canpererei.com ; Camí de Son Marí, 07459 Santa Margalida)

Apartamentos Ses Roquetes
Voir p. 125 (971 07 15 31 ; sesroquetes.es ; Carrer Hernán Cortés 2, Can Picafort ; ouvert de mars à nov)

Petit Hotel Rocamar
Voir p. 125 (619 40 57 30 ; www.petithrocamar.com ; Carrer Sant Mateu 9, Colonia de Sant Père)

Es Vivers
Voir p. 124 (971 58 94 78 ; www.esvivers.com ; Carrer del Mar 25, Colonia de Sant Pere ; plats 13-28 € ; 13h-21h30 jeu-dim)

Restaurante Playa
Voir p. 124 (971 58 90 17 ; Passeig del Mar, Colonia de Sant Pere ; plats 13-24 € ; 9h-22h lun-mer, ven-dim)

SEN Chill Beach Bar
Voir p. 124 (871 55 19 44 ; website-4362404162183343560180-restaurant.business.site ; Paseo del Mar 61, Colònia de Sant Pere ; plats 10-23 € ; 12-20h lun, jeu-dim)

Sonora Beach
Voir p. 124 (659 12 27 94 ; sonorabeach.com ; Paseo del Mar 49, Colònia de Sant Pere ; plats 12-25 € ; 11h-minuit tlj)

Croix de Sant Salvador près du Santuari de Sant Salvador, Felanitx (p. 141)

SITES PRINCIPAUX

SANTA MARÍA DEL CAMÍ
Une bourgade charmante et calme. p. 134

BINISSALEM
Une ravissante petite ville, cœur de la région viticole. p. 135

ALARÓ
Un bourg agréable dominé par les ruines d'un château perché sur la montagne. p. 136

ORIENT
Un des plus jolis hameaux de la Tramuntana, aux maisons ocre. p. 137

LE CENTRE

VIGNOBLES ET SANCTUAIRES

Cellers et circuits dans les vignobles, sanctuaires avec vue panoramique : les villages du centre de Majorque placent les séjours sous le signe de la détente.

Parfois négligé, l'intérieur de Majorque est empreint d'une profonde sérénité, comme un contrepoint à la frénésie de la côte. C'est ici que bat le cœur rural de l'île, dans des villages dominés par des églises, où les habitants défendent fièrement leurs traditions et organisent certaines des *festas* les plus endiablées de l'île, comme la Festa des Vermar, la fête des vendanges annuelle, qui prend une importance toute particulière dans cette région réputée pour ses vignobles, comme ceux de Binissalem.

Les marchés sont nombreux, et parmi eux celui de Sineu (mercredi matin) est le plus ancien marché hebdomadaire de l'île et compte parmi les plus grands et intéressants.

Une fois que vous aurez découvert les plaisirs de la vie terrestre sur cette partie de l'île, laissez-vous emporter par la spiritualité des sanctuaires qui constellent les collines, comme le Santuari de Sant Salvador, près de Felanitx, ou le Santuari de Nostra Senyora de Cura.

Prenez votre temps pour visiter le centre de l'île en séjournant dans des établissements d'agrotourisme ou dans de splendides *fincas* perdues sur les chemins de campagne. Ici, rien ne presse.

MONTUÏRI
Un village juché sur une crête surplombant de vastes terres agricoles. **p. 138**

SINEU
L'ancienne résidence du roi de Majorque, désormais une grande bourgade. **p. 142**

PETRA
La terre natale du saint et missionnaire catholique Junípero Serra. **p. 142**

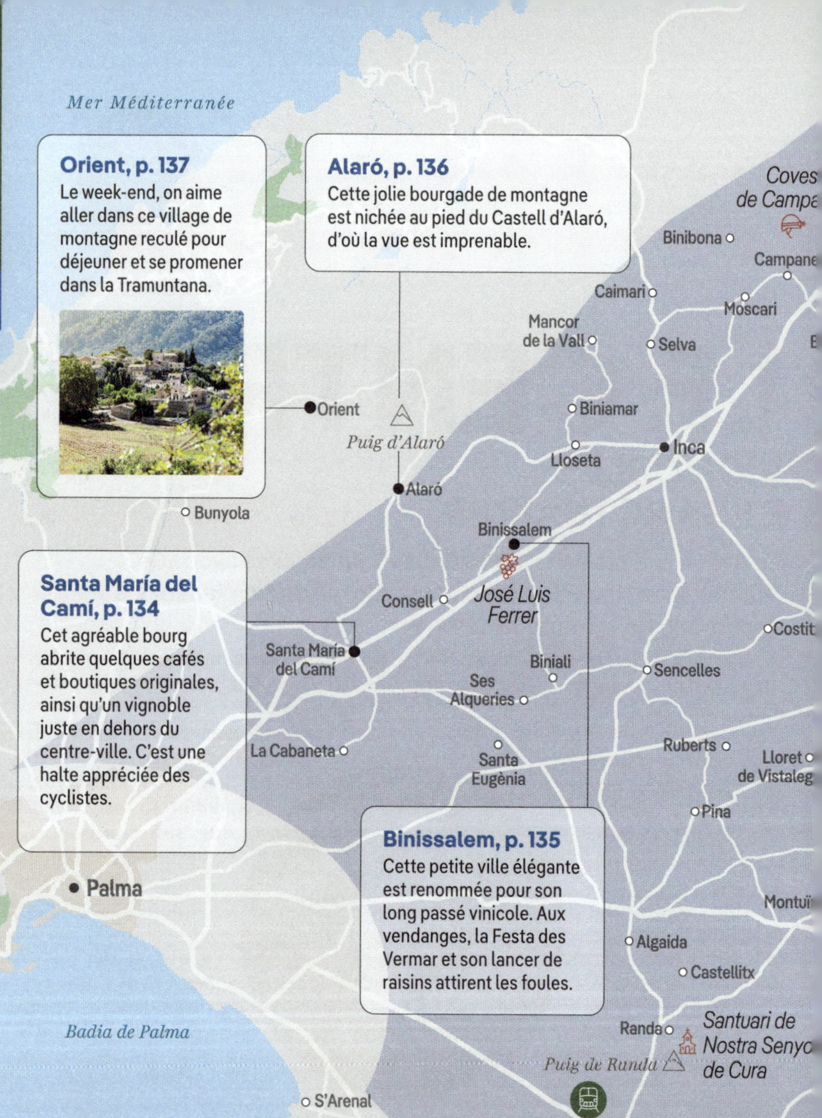

Orient, p. 137

Le week-end, on aime aller dans ce village de montagne reculé pour déjeuner et se promener dans la Tramuntana.

Alaró, p. 136

Cette jolie bourgade de montagne est nichée au pied du Castell d'Alaró, d'où la vue est imprenable.

Santa María del Camí, p. 134

Cet agréable bourg abrite quelques cafés et boutiques originales, ainsi qu'un vignoble juste en dehors du centre-ville. C'est une halte appréciée des cyclistes.

Binissalem, p. 135

Cette petite ville élégante est renommée pour son long passé vinicole. Aux vendanges, la Festa des Vermar et son lancer de raisins attirent les foules.

VOITURE

La location d'une voiture permet de se déplacer à sa guise. Dans la mesure du possible, tentez des modes de déplacement alternatifs pour visiter les vignobles.

BUS

Des bus relient Palma à Manacor (n°401, 55 min, 4,50 €)et à Inca (n°302, 25 min, 3,60 €). Les autres localités sont aussi desservies, mais les bus sont moins fréquents (www.tib.org).

TRAIN

Deux lignes réguliers partent de Palma : vers Sa Pobla/Inca (T2, 30 min, 3,60€) et vers Manacor (T3, 1 heure 05, 4,50 €). Arrêts à Santa María del Camí, Binissalem, Consell-Alaró, Muro, Sineu et Petra. Les trains sont bon marché, propres et fiables (www.tib.org).

S'orienter

Beaucoup de localités du cette vaste région sont accessibles en bus ou en train depuis Palma, mais mieux vaut être motorisé pour visiter les villages et les sanctuaires.

Petra, p. 142
Le temps s'est arrêté dans ce village en pierre, où naquit Junípero Serra, le saint qui évangélisa la Californie.

Sineu, p. 142
L'une des localités les plus captivantes de l'intérieur de l'île. Le plus grand marché hebdomadaire.

Planifier son séjour

Au programme : visite des villages perchés, séjour dans une *finca*, découverte de la cuisine locale dans les *cellers* traditionnels et dégustation de vin dans l'un des célèbres domaines de la région.

JEANNE EMMEL/SHUTTERSTOCK ©

Paella au poulet et aux fruits de mer

Si vous avez peu de temps

- Baladez-vous sur les avenues bordées d'orangers de **Binissalem** (p. 135) et admirez les élégantes demeures des XVIIIe et XIXe siècles. Les amateurs de littérature visiteront la **Casa-Museu Llorenç Villalonga** (p. 135), maison-musée consacrée à ce célèbre écrivain majorquin. Venez si possible lors de la Festa des Vermar : une semaine de dégustations, concerts, feux d'artifice et bataille de raisins ; lors de la course du feu *(correfoc)*, des habitants costumés en démons cracheurs de feu dévalent les ruelles.

Au fil des saisons

Célébrations et festivals se succèdent toute l'année dans le centre de l'île. Quelle que soit la saison, il se passe toujours quelque chose quelque part.

JANVIER

On célèbre en grand les **Festes de Sant Antoni Abat** à Manacor : les habitants s'habillent en rouge et en *dimonis*.

MARS/AVRIL

Costumes, chars, défilés et autres festivités : toute l'île célèbre **Sa Rua**, le carnaval.

AOÛT

Fête estivale à **Randa,** près d'Algaida : événements divers, concerts, marché artisanal...

IAMJORGE/SHUTTERSTOCK ©, RAQUEL PEDROSA/SHUTTERSTOCK ©, PETER TURANSKY/SHUTTERSTOCK ©

Si vous avez trois jours

- Vivez à l'heure majorquine à **Petra** (p. 142) : profitez d'un bon repas dans un *celler* (cave à vins transformée en restaurant), puis faites un saut au marché hebdomadaire de **Sineu** (p. 142). Immergez-vous dans le paysage et admirez des panoramas à couper le souffle en grimpant vers un sanctuaire, que ce soit le **Santuari de Nostra Senyora de Cura** (p. 140), près de Randa, ou le **Santuari de Sant Salvador** (p. 141), près de Felanitx, plus au sud. Séjournez dans l'un des fabuleux domaines du centre de Majorque pour une expérience 100% rurale.

Si vous avez plus de temps

- Consacrez plusieurs jours à une randonnée pédestre ou cycliste. Installez-vous à **Alaró** (p. 136 ; à l'Hotel Rural S'Olivaret ou à L'Hermitage) et montez à pied jusqu'aux ruines mauresques du **Castell d'Alaró** (p. 136). Venez plutôt en semaine car ce sentier est très fréquenté le week-end. En chemin, déjeunez à l'Es Verger, un restaurant rustique dont le parking est parfois occupé par des moutons. Une fois arrivé au sommet, admirez la vue sur la vallée et les montagnes alentour. Enfourchez votre vélo et faites la boucle du Coll d'Honor ou partez pour une excursion à cheval d'une journée entre Lloseta et le château.

SEPTEMBRE

Festa des Vermar à Binissalem. Le vin est à l'honneur, avec une semaine de concerts et d'événements. Bataille de raisins.

OCTOBRE

De septembre à octobre, Manacor héberge un **festival** théâtral apprécié des amateurs.

NOVEMBRE

Dijous Bo à **Inca** : le plus grand marché et la plus grande fête foraine de l'île.

DÉCEMBRE

Les stands du **marché de Noël** d'Alaró proposent des objets artisanaux et des spécialités de saison.

UNE RÉGION VITICOLE

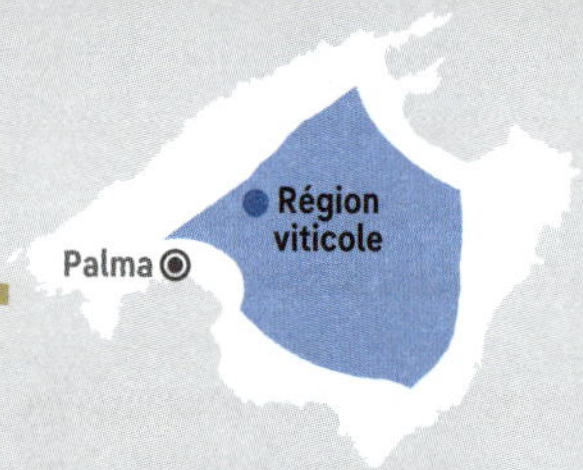

Villages de grès blond, bourgs assoupis, terres couvertes de vignobles, d'amandiers, de caroubiers et d'oliviers... L'île vit ici à un rythme plus lent et plus authentique. Vos efforts, même minimes, pour parler le majorquin seront appréciés. Les traditions sont encore très vivantes et se découvrent au cours d'une des très nombreuses fêtes. Santa María del Camí vaut une visite, surtout pour les Bodegas Macià Batle, un domaine viticole réputé près de la gare ferroviaire. La belle Binissalem, qui abrite de superbes demeures des XVIIIe et XIXe siècles, est une ville au patrimoine littéraire et viticole important. Quant aux hameaux pittoresques d'Alaró et d'Orient, ils attirent les randonneurs désireux d'explorer les ruines du Castell d'Alaró et les sentiers de la Tramuntana.

Pour les infos pratiques, voir le Carnet d'adresses p. 143

SE DÉPLACER

Prenez le train à Palma pour Santa María, Alaró ou Binissalem, puis montez dans un bus ou participez à un circuit organisé dans les vignobles avec transport compris. Sinon, louez une voiture pour voyager à votre rythme. Stationnez en périphérie des villages pour éviter les rues à sens unique et les ruelles étroites.

LES MEILLEURES RANDONNÉES DEPUIS ALARÓ

Castell d'Alaró
Randonnée de 2 heures. Faites escale à l'Es Verger pour sa cuisine rustique.

Talaia de Cals Reís
Cette boucle de 9,8 km (3 heures 30) permet de beaux points de vue sur la vallée d'Orient, la Tramuntana et la Serra de Alfàbia. Sentier caillouteux et difficile par endroits : prévoyez de bonnes chaussures.

Orient et le canyon de Coanegra
14 km (1 heure 40), de difficulté intermédiaire.

Villages et vignobles

SANTA MARÍA DEL CAMÍ, INCA ET BINISSALEM

La rue principale et les deux places de la bourgade de **Santa María del Camí** (7 500 habitants) sont bordées de cafés animés, souvent envahis par les groupes de cyclistes qui se ravitaillent dans les commerces. On y trouve aussi quelques boutiques branchées (design, concept stores) et de bons restaurants. Empruntez les rues attenantes pour découvrir de petites caves et ne ratez pas les **Bodegas Macià Batle**, l'un des grands noms du vin à Majorque depuis 1858 (dégustation gratuite). La visite du vignoble et de ses installations (1 heure) se termine par la dégustation de quatre vins et de quoi grignoter (payant, sur réservation). Quelques sites valent le détour, dont le **Convent de Nostra Senyora de la Soledat**, beau couvent du XVIIe siècle avec cour intérieure et jardins, sur la Plaça dels Hostals, et l'**Església de Nostra Senyora del Camí**, avec sa tour bleue caractéristique.

Les visiteurs se rendent à **Inca** pour deux raisons. La première est que l'on y trouve les meilleurs *cellers* traditionnels de l'île. La seconde est que la ville, la troisième de l'île par la taille, est au centre de l'industrie du cuir majorquine. C'est ici, en effet, que tout a commencé pour les marques de chaussures espagnoles Camper et Farrutx. Par ailleurs, le trajet jusqu'à l'**Ermita de Santa Magdalena** (XIIIe siècle), tout proche, est agréable en voiture ou à vélo et offre des points de vue époustouflants. C'est aussi un bon point de départ pour des randonnées.

Sur la ligne de train Palma-Inca, **Binissalem** est une belle ville d'environ 8 300 habitants. Les Romains importèrent leur savoir-faire vinicole ici il y a environ 2 000 ans et la ville est devenue depuis le cœur de la région viticole du Raiguer. Aujourd'hui encore, son passé prospère dû à sa production viticole du milieu du XVIIIe au début du XIXe siècle se devine dans ses grandes demeures aux tons chauds, ses avenues plantées d'orangers et ses places élégantes. Associez tourisme viticole et culturel en visitant des bodegas, comme celles de **José Luis Ferrer**, et la **Casa-Museu Llorenç Villalonga**, dans le centre. Ce bel hôtel particulier était la résidence secondaire de l'écrivain de langue catalane Llorenç Villalonga (1897-1980). À l'intérieur, vous remarquerez les cuves à vin du

LIEUX SAINTS PRÈS D'INCA

Ermita de Santa Magdalena
Depuis cette petite chapelle édifiée sur le Puig de Santa Magdalena (307 m), le regard embrasse la vaste étendue des plaines jusqu'à la Serra de Tramuntana et aux baies d'Alcúdia et de Pollença. Le Diumenge de l'Àngel ("dimanche de l'Ange", une semaine après le dimanche de Pâques), les pèlerins montent en nombre jusqu'à la chapelle.

Claustre de Sant Domingo
Le dernier couvent dominicain fondé à Majorque en 1730 possède une architecture baroque. Il jouxte l'église du même nom (XVIIe siècle), et servit de prison pendant la guerre civile. Aujourd'hui, c'est un centre culturel.

OÙ SE RESTAURER

Restaurant 19 By Livingdreams
Dans le jardin d'une boutique de design à Santa María. Réservez. **€€**

Molí des Torrent
Près de Santa María, dans un vieux moulin à vent. Cuisine méditerranéenne maison. **€€**

Celler Sa Vinya
Cuisine majorquine rustique. Adresse très populaire de Binissalem. **€**

LES MEILLEURS VIGNOBLES

Bodegas José Luis Ferrer
Ces bodegas de Binissalem ont été primées pour la qualité de leurs vins. C'est la plus grande cave à vins de l'île.

Bodegas Biniagual
Des producteurs de vins écologiques primés dans un pittoresque hameau maure près de Binissalem.

Bodegas Ramanyà
Une petite cave à Santa María, dotée d'un musée consacré à l'histoire de la viticulture majorquine.

Celler Tianna Negre
Un vignoble écoresponsable en bordure de Binissalem.

Can Ramis
Un domaine viticole familial, fondé en 1870, qui perpétue les traditions à Sencelles.

ANJAHENNERN/SHUTTERSTOCK ©

Vue sur le Puig de s'Alcadena depuis le Castell d'Alaró (ci-dessous)

XVIIIe siècle et l'espace réservé au foulage au pied du raisin, ainsi que les nombreux objets du quotidien de l'auteur, dont son journal de bord sur la guerre civile. En été, des concerts sont organisés dans le jardin.

Châteaux et villages de montagne

ALARÓ ET ORIENT

Dans les contreforts de la Tramuntana, **Alaró** est un joli bourg dominé par le **Castell d'Alaró**, ruines de la dernière redoute des guerriers chrétiens chassés par les musulmans autour de 911, 8 ans après l'invasion maure de l'île. Depuis la

OÙ SE LOGER

Finca Hotel Son Palou
Finca haut de gamme avec piscine à Orient. Vue sur les montagnes et cadre tranquille. Personnel à l'écoute. **€€**

Agroturismo Es Quatre Cantons
Belle villa avec piscine, dans la région de Binissalem. Personnel sympathique. **€€**

Hotel Rural S'Olivaret
Hôtel de montagne avec piscine et spa, entre Alaró et Orient. **€€**

AUBI1309/STOCK.ADOBE.COM ©

Sa Pobla

ville, comptez 2 heures pour rejoindre à pied le château sur son éperon rocheux. Vos efforts seront récompensés par la vue splendide sur la baie d'Alcúdia et sur Palma, au loin. Il fait bon se détendre sur la place principale, la **Plaça de la Vila**, flanquée de la mairie (Casa de la Vila), de l'église et de cafés. La Carrer d'Alexandre Rosselló et la Carrer Petit comptent aussi une poignée de cafés. Le marché a lieu le samedi matin sur la place principale. Venez à Alaró en train : descendez à l'arrêt ConsellAlaró, puis prenez le bus n°320 pour rejoindre le centre-ville (15 minutes).

L'un des plus charmants hameaux de la Tramuntana, **Orient** fait partie de la commune de **Bunyola** (à l'ouest, p. 88) mais il est plus facilement accessible depuis Alaró. Il offre un bon point de départ pour randonner dans les montagnes, notamment pour rejoindre le Puig de l'Ofre (1 091 m) et les Jardines d'Alfàbia (p. 90). Mieux vaut être un conducteur expérimenté pour se risquer sur la route en lacet (la Ma-2100) entre Bunyola et Orient. Sur tout le trajet, vous pourrez admirer la Serra de Alfàbia au nord. Les cyclistes apprécieront ces 9 km. Les cinq premiers kilomètres, faciles, traversent une vallée plantée d'oliviers et de cyprès qui monte doucement vers une sorte de plateau jusqu'au **Coll d'Honor** (550 m). avant de dévaler l'autre versant d'une crête boisée. Les 2 km de route en lacets qui suivent s'aplanissent en arrivant à Orient.

SA POBLA

Ce village au bout d'une des trois lignes ferroviaires qui partent de Palma, se trouve au cœur des terres agricoles majorquines. Les curiosités y sont rares mais un marché s'y tient chaque dimanche et, côté culture, plusieurs festivals animés promettent une montée d'adrénaline.

Can Planes

Ce joli manoir renferme un "espace d'art et de culture", où se tiennent des expositions temporaires d'œuvres d'artistes majorquins et étrangers résidant sur l'île.

Sa Pobla International Jazz Festival

(www.facebook.com/mallorcajazzsapobla) Chaque mois d'août, le jazz s'invite à Sa Pobla lors de ce festival. Les concerts coûtent 5 € et commencent à 22h30 dans la Sala Es Cavallets, sur la Plaça Major.

LOCALITÉS DU CENTRE

L'essence de l'île se révèle dans les fêtes et traditions des villes et villages du Centre, comme les Festes de Sant Antoni Abat organisées à Manacor en janvier. Les festivals de musique battent leur plein en juillet et en août, tandis qu'en septembre, les habitants de Santa Margalida défilent en costumes traditionnels au milieu des chars décorés et des fanfares, à l'occasion de la la Festa de la Beata. Prenez le temps de découvrir la campagne, séjournez dans une *finca* ou une *possessió* (propriété rurale plus grande) sur des terres cultivées depuis des siècles ou posez vos bagages dans un établissement d'*agroturismo*.

Pour les infos pratiques, voir le Carnet d'adresses p. 144

SE DÉPLACER

Louez une voiture pour vous déplacer à votre guise. Certaines localités du Centre sont toutefois accessibles en train. Faites appel à un guide local pour appréhender plus intimement les traditions et la culture insulaires, ou joignez-vous à une randonnée culturelle – Mallorca Literaria organise des balades à pied guidées en été.

À la découverte de la plaine centrale

VILLAGES ET FESTIVALS

Explorez les endroits les plus reculés de la plaine centrale de Majorque ("Es Pla"). **Caimari** est un magnifique village où les champs d'amandiers, d'oliviers et de caroubiers cèdent la place aux contreforts de la Serra de Tramuntana et où les moutons font sonner leurs cloches en mastiquant les figues tombées des arbres. **Campanet** est proche de sites hydrologiques : les sources souterraines de **Ses Fonts Ufanes** et les **Coves de Campanet** (une forêt de stalagmites et stalactites de plus de 10 millions d'années). Près des grottes, le restaurant **Ses Coves** donne sur le Puig de Sant Miquel (259 m). Juché sur une colline, le village de **Montuïri**, fondé à l'époque de la domination maure, est l'un des plus anciens de Majorque. Il est réputé pour ses abricots, et ses jolis bâtiments en pierre rutilent de cette couleur au soleil matinal. Au centre, l'Església de Sant Bartomeu, bâtie en grès, domine la Plaça Major, qui est traversée par la Carrer Major, bordée de quelques belles demeures historiques et cafés. On y visite le **Museu Arqueològic de Son Fornés**. Situé dans un moulin du XVIIIe siècle, ce petit musée passionnant et bien aménagé explore la civilisation talayotique de la Majorque préhistorique. Les pièces exposées proviennent pour beaucoup du proche *talayot* de **Son Fornés**, une tour de guet à proximité, utilisée de l'an 900 av. J.-C. au IVe siècle environ. Ce *talayot* est l'un des plus importants de Majorque ; il se visite assez facilement : en parcourant sur 2,5 km la Ma-3200 depuis le nord-ouest de Montuïri en direction de Pina, vous l'apercevrez à droite (à l'est) de la route.

LES PLUS BEAUX VILLAGES

Caimari
Charmant village de grès niché dans les contreforts de la Tramuntana, près d'Inca, réputé pour ses olives et son huile d'olive.

Campanet
Village animé, proche des Coves de Campanet (des grottes) et de Ses Font Ufanes (sources souterraines).

Montuïri
Avec ses moulins à vent, ses sites archéologiques et ses fêtes animées, ce joli village ne manque pas de charme. Joignez-vous à la visite guidée d'une maison traditionnelle.

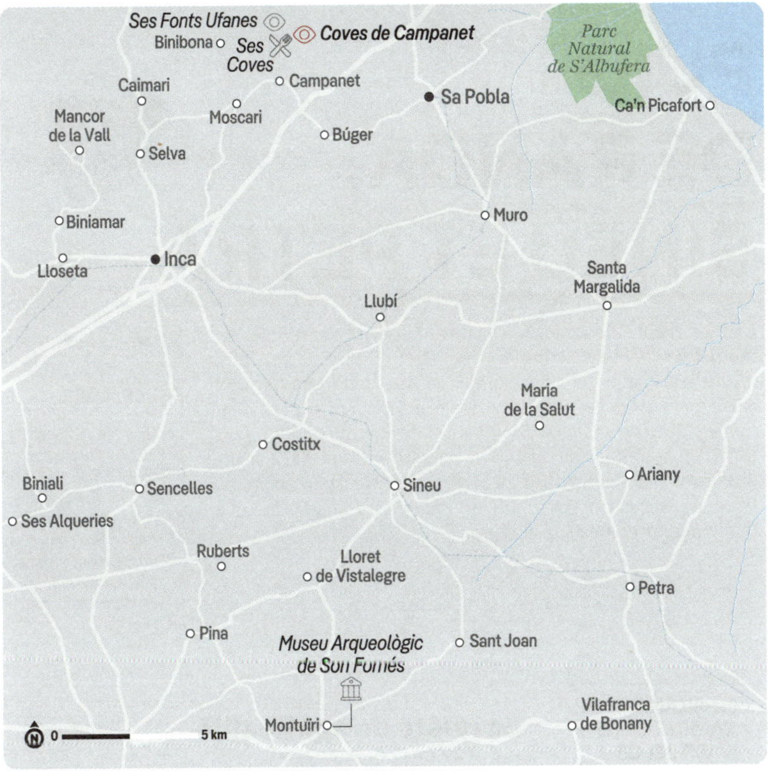

Direction Binissalem pour l'inoubliable **Festa des Vermar** en septembre. Bataille de grappes de raisin, musique et autres réjouissances vous y attendent. Début septembre s'y tient aussi la nuit de l'Art. Le 1er mai, **Costitx** se pare d'immenses compositions florales pour Costitx en Flor. La Festa de a Beata à **Santa Margalida** vaut le détour, avec ses chars artistiques et ses habitants costumés en *dimonis* qui défilent au son de la fanfare. Hommages rendus aux saints patrons, fêtes religieuses, foires saisonnières, événements artistiques, représentations théâtrales et musicales : on fait la fête toute l'année à Majorque. Pour un séjour inoubliable, ne négligez pas ce pan de la vie insulaire !

OÙ SE LOGER

Es Figueral Nou Hotel
Bel et luxueux hôtel de campagne, à Montuïri. **€€**

Finca Serena
Finca branchée à Montuïri, avec piscine, salle de gym et spa. Restaurant Jacaranda. **€€€**

Monnaber Nou Eco Hotel & Spa
Hôtel au charme suranné dans un domaine de 225 ha à Campanet. Spa, piscines et restaurant. **€€€**

PUIG DE RANDA, SINEU ET PETRA

La face cachée de Majorque se dévoile parmi les refuges de montagne, le long des sentiers pédestres et dans de paisibles ermitages, monastères et sanctuaires. Votre parcours spirituel commence avec l'exploration des ermitages et sanctuaires de la plaine centrale, sur les traces de Raymond Lulle, un théologien, philosophe et écrivain majorquin du XIIIe siècle qui vint s'isoler et méditer au Santuari de Nostra Senyora de Cura, dans le cadre tranquille du Puig de Randa. De là, on a une vue imprenable sur la région.

Pour les infos pratiques, voir le Carnet d'adresses p. 144

SE DÉPLACER

Certaines de ces localités se rejoignent facilement en train. Un véhicule de location s'avère toutefois pratique pour s'aventurer dans la campagne. Bon nombre de sanctuaires sont accessibles en voiture, mais vous pouvez les rejoindre à pied, comme les pèlerins.

POURQUOI J'AIME LE CÔTÉ SPIRITUEL DE MAJORQUE

Laura McVeigh, auteure

Empreinte d'une grâce et d'une histoire sans pareil, cette partie de l'île est très spéciale. L'aura de Raymond Lulle, philosophe, penseur et l'un des pères du catalan littéraire, y est encore palpable. En plus de sa beauté naturelle (dont on profite à pied ou à vélo), on y jouit d'une vue grandiose sur le reste de l'île et au-delà. Le Santuari de Nostra Senyora de Cura séduira tous ceux qui voudraient renouer avec leur moi spirituel, se couper du monde et vivre en immersion dans la nature.

En quête de spiritualité

SANCTUAIRES ET ERMITAGES

Près d'**Algaida**, une ville calme, typique du centre de Majorque et qui n'abrite que peu de monuments à part ses deux églises gothiques, le **Puig de Randa** (548 m) compte trois sanctuaires qui méritent la visite. Depuis Randa, la route passe d'abord devant le petit **Santuari de Nostra Senyora de Gracià**, au pied de l'imposante Penya Falconera, une falaise où nichent des faucons. Depuis le XVe siècle, ce site de pèlerinage a été reconstruit à plusieurs reprises, dont une fois avec l'aide du célèbre architecte et sculpteur catalan Antoni Gaudí (1852-1926).

Au-dessus de la falaise, plus haut, se trouve l'**Ermita Sant Honorat**, dédié au saint patron d'Algaida et fondé au XIVe siècle. De là, on a une vue magnifique sur la plaine jusqu'à la côte et l'Illa de Cabrera au loin. La chapelle de ce monastère (XIVe siècle) est ouverte au public. Continuez sur la route sinueuse pour atteindre le **Santuari de Nostra Senyora de Cura**, qui trône au sommet du Puig du Randa. À l'instar de nombre de monastères, sa construction avait en partie un but défensif. Raymond Lulle (1232-1315) y vécut en ermite, passant son temps à prier dans une grotte (ouverte de 10h à 14h, demandez la clé au café). Sur place, on trouve un parking à l'entrée et un café. Le complexe comprend aussi une église du XVIIe siècle, un monastère et

INCONTOURNABLES
1 Santuari de Nostra Senyora de Cura

VOIR
2 Santuari de Nostra Senyora de Gracià
3 Ermita Sant Honorat
4 Bodegas Miquel Oliver
5 Museu Fra Junípero Serra
6 Els Calderers

SE RESTAURER
7 Es Celler

un petit musée, qui était autrefois l'Aula de Gramática (école de grammaire), où l'on dispensait les enseignements de Lulle. Un joli jardin à arcades fournit un abri contre le vent et les terrasses offrent un beau point de vue sur l'île. Par temps clair, on voit jusqu'à Ibiza.

Plus au sud, perché sur une colline à 5 km au sud-est de Felanitx et à 509 m au-dessus du niveau de la mer, le **Santuari de Sant Salvador** offre un point de vue sur l'intérieur des terres parmi les plus spectaculaires de Majorque. Il fut construit l'année de la peste noire (1348), sans doute pour que les ermites y soient à l'abri. L'église, transformée au fil des années, est un étrange mélange, comprenant des colonnes tape-à-l'œil et une crèche sophistiquée contrastant avec le plafond en berceau sans ornement et le retable en pierre délicatement sculpté.

À l'écart du monastère, une imposante croix (édifiée en 1957) se dresse sur un pic voisin, tandis que le parking est dominé par une gigantesque statue (35 m de hauteur) du Christ-Roi, sur une colonne. À chaque virage, le panorama est splendide.

NOTRE SÉLECTION D'ENDROITS INSOLITES

Hostatgeria Santuari de Cura
Passez la nuit dans le sanctuaire du Puig de Randa. Séjour spirituel, excellent repas et belle vue.

Fira de la Flor
Venez à Costitx le 1er mai, lorsque les maisons et les rues sont abondamment ornées de fleurs.

Sites talayotiques
Visitez le Santuari Talaiòtic de son Corró, l'Es Turassot ou le Talaiot de Binifat. Près de Sencelles et Costitx.

Une ville de marché et le berceau d'un missionnaire

SINEU ET PETRA

Envie de couper les ponts avec le reste du monde ? Venez à Sineu et Petra.

Petra est une petite bourgade maillée de rues à sens unique et de places bordées de cafés. Les robustes maisons en pierre de ses longues rues et deux églises impressionnantes des XVIe et XVIIe siècles témoignent de son importance passée. Mais aujourd'hui, hormis un peloton de cyclistes occasionnel, on n'y croise que peu de monde. C'est ici qu'est né en 1713 le saint et missionnaire Junípero Serra, qui fit cap sur l'Amérique en 1749 et fonda les missions de Californie à San Francisco et Los Angeles. Juste à côté de sa maison d'enfance, le **Museu Fra Junípero Serra** retrace sa vie et son œuvre.

Déjeunez chez **Es Celler**, une cave décorée d'anciens tonneaux de vin qui sert des spécialités rustiques, puis participez à un circuit axé sur la viniculture et la viticulture organisé par les **Bodegas Miquel Oliver**, l'un des domaines les plus prestigieux de l'île depuis 1912. Une belle boucle de 10 km relie la ville à **Ariany** (beaux paysages au rendez-vous).

Sur une jolie petite route de campagne entre Montuïri et Manacor, **Els Calderers** est une imposante *finca* dotée de vastes jardins et dépendances transformée en un fascinant musée consacré à la vie aristocratique d'autrefois. Le site fut d'abord propriété de la famille des Calderers dès 1285, puis fut vendu à la famille Verí au XVIIIe siècle, époque où a été construit l'édifice actuel.

Jadis centre du pouvoir royal, **Sineu**, dont les maisons en pierre s'agrippent à une éminence de la plaine centrale de Majorque, est aujourd'hui l'une des bourgades les plus captivantes du centre de l'île. Et l'une des plus anciennes : selon une légende locale, elle remonterait à la Sinium de l'époque romaine. Cependant, son lien avec le village arabe de Sixneu est mieux établi. Sineu est réputée pour ses marchés et accueille deux foires rurales datant du XIVe siècle. La ville s'anime lors du marché du mercredi matin où l'on achète bétail, nourriture, céramiques, objets artisanaux, articles de cuir, etc. Après vos emplettes, arrêtez-vous dans un café sur la **Plaça des Fossar**.

Petra et Sineu sont facilement accessibles en train depuis Palma.

AU PLUS HAUT DES CIEUX

Envie de prendre de l'altitude ? Tôt le matin ou l'après-midi, voler en montgolfière au-dessus de la plaine centrale est une belle façon de découvrir l'île, ou de photographier le lever du soleil. Optez pour un vol privé ou une excursion de groupe dans une grande nacelle. De retour sur la terre ferme, on vous "baptisera" avec du *cava* (vin pétillant) ou du jus de fruits pétillant et on vous remettra un certificat immortalisant votre vol. Avec **Mallorca Balloons Globodromo** (plus de 30 ans d'expérience), vous serez entre de bonnes mains.

OÙ SE RESTAURER

El Rey de la Tapa
Tapas et paella à Sineu, service convivial. **€**

Restaurant Molí d'en Pau
Menu traditionnel majorquin dans un moulin à vent de Sineu, avec terrasse. **€€**

Es Celler
Cuisine traditionnelle d'exception dans une belle et vaste cave à vins voûtée à Petra.

Carnet d'adresses

SANTA MARÍA DEL CAMÍ, BINISSALEM, ALARÓ, ORIENT

Casa-Museu Llorenç Villalonga
Voir p. 135 (971 88 60 14 ; www.fundaciocasamuseu.cat ; Carrer de Bonaire 25, Binissalem ; gratuit ; 10h-14h lun-ven)

Convent de Nostra Senyora de la Soledat
Voir p. 134. (Plaça dels Hostals 30, Santa María del Camí)

Bodegas Biniagual
Voir p. 136 (971 870 111 ; www.finca-biniagual.com ; Camí Vell de Muro, Llugaret de Biniagual, Binissalem ; visites guidées du vignoble à partir de 31 € ; 10h-18h lun-jeu, 10h-19h ven-dim)

Bodegas José Luis Ferrer
Voir p. 136 (971 51 10 50 ; www.vinosferrer.com ; Carrer del Conquistador 103, Binissalem ; visites guidées du vignoble à partir de 10 € ; 10h-19h lun-ven, 10h-18h sam, 10-16h dim)

Bodegas Macià Batle
Voir p. 134 (971 14 00 14 ; www.maciabatle.com ; Camí Coanegra, Santa María del Camí ; visites guidées du vignoble adulte/enfant 20/6 €, gratuit -7 ans ; 9h30-18h30 lun-sam)

Bodegas Ramanyà
Voir p. 136 (680 41 79 29 ; bodegaramanya.com ; Cami des Coscois 16, Santa Maria del Camí ; visites guidées du vignoble sur rdv)

Can Ramis
Voir p. 136 (675 72 18 50 ; canramis.com ; Carrer de Sor Francinaina Cirer 14, Sencelles ; visites guidées du vignoble sur rdv ; 10h-20h lun-sam, 10h-14h dim)

Celler Tianna Negre
Voir p. 136 (971 88 68 26 ; www.tiannanegre.com ; Camí des Mitjans, Binissalem ; visites guidées du vignoble à partir de 45 € ; 10h-18h30 lun-ven avr-oct, 10h-16h nov-mars)

Agroturismo Es Quatre Cantons
Voir p. 136 (971 87 01 62 ; www.esquatrecantons.es ; Camino dels Ollers 1, Binissalem)

Finca Hotel Son Palou
Voir p. 136 (971 14 82 82 ; www.sonpalou.com ; Plaça Església d'Orient, Orient)

Hotel Rural S'Olivaret
Voir p. 136 (971 510 809 ; www.solivaret.com ; Carretera Alaró-Orient Km 3)

L'Hermitage
Voir p. 136 (971 18 03 03 ; www.hermitage-hotel.com ; Carretera de Alaró a Bunyola Km 8, Orient)

Restaurant by LivingDreams
Voir p. 135 (659 008 739 ; www.livingdreams.ch ; Placa Hostals 19 à Santa Maria Del Cami ; plats 15-35 € ; 12h-15h et 19h-22h sam, 12h-16h dim, fermé en hiver)

Celler Sa Vinya
Voir p. 135 (971 51 13 73 ; Carrer del Conquistador 98 à Binissalem ; menus 9-15 € ; 8h-17h30 dim, lun, mer, jeu, 8h-17h30 et 20h-23h ven et sam)

Es Verger
Voir p. 134 (971 18 21 26 ; Camino Castell 143, Alaró ; 10h-20h mar-sam, 13h-20h dim)

Molí des Torrent
Voir p. 135 (971 14 05 03 ;

TOLO / STOCK.ADOBE.COM ©

Les vignes des bodegas José Luis Ferrer au printemps

molidestorrent.de ; Carretera de Bunyola (Ma-2020) 75, Santa Maria del Camí ; plats 30-50 € ; 13h-15h et 6h30-19h lun, mar, ven et sam, 13h-16h dim)

LOCALITÉS DU CENTRE

Coves de Campanet
Voir p. 138 (971 51 61 30 ; www.covesdecampanet.com ; Autovía Palma-Sa Pobla salida 37 ; adulte/enfant 16/9 € ; 10h-14h tlj)

Museu Arqueològic de Son Fornés
Voir p. 138 (971 64 41 69 ; www.sonfornes.mallorca.museum ; Carrer d'Emili Pou, Molí d'en Fraret, Montuïri ; tarif plein/réduit/enfant 3,50/2 €/gratuit ; visite guidée 4,50 € ; 10h-14h lun-ven)

Ses Fonts Ufanes (Campanet)
Voir p. 138 (971 51 70 83 ; isnaturalsprotegits/ca/monument_natural_de_ses_fonts_ufanes-21483 ; centre d'information du parc naturel de la Serra de Tramuntana, route Lluc-Pollença ; gratuit ; 9h-16h30 tlj)

Es Figueral Nou Hotel
Voir p. 139 (971 92 65 03 ; www.esfigueralnou.es ; Carretera de Montuiri a Sant Joan Km 0,7, Montuïri)

Finca Serena Mallorca
Voir p. 139 (971 18 17 58 ; www.fincaserenamallorca.co ; Ma-3200 Km 3, Montuïri)

Monnaber Nou Eco Hotel & Spa
Voir p. 139 (971 87 71 76 ; www.monnaber.com ; Predio Monnaber Nou, Campanet)

Ses Coves
Voir p. 138 (610 07 93 63 ; www.covesdecampanet.com/es/restaurante ; Coves de Campanet, Camí de Ses Coves ; carte 60-70 € ; 13h-15h30 jeu-dim)

PUIG DE RANDA, SINEU ET PETRA

Ermita Sant Honorat
Voir p. 140 (971 66 43 16 ; www.ermitasanthonorat.org ; Carretera, Ma-5018 Km 2, Randa ; 7h30-20h tlj)

Els Calderers
Voir p. 142 (971 52 60 69 ; elscalderers.com/en ; Camino Els Calderers, 07240 Sant Joan ; adulte/enfant 10/5 € ; 10h-17h tlj)

Es Turassot
Voir p. 141 (rutaarqueologica.sencelles.cat ; Camí de Son Bernat 9, Costitx)

Museu Fra Junípero Serra
Voir p. 142 (www.spiritualmallorca.com ; Carrer des Barracar 6-10, Petra ; 5 € ; 11h-13h tlj)

Santuari de Nostra Senyora de Gracià
Voir p. 140 (623 39 56 47 ; Ma-5018, 503, Randa ; visite sur rdv)

Santuari de Nostra Senyora de Cura
Voir p. 140 (971 12 02 60 ; www.santuaridecura.com ; Puig de Randa ; gratuit, don bienvenu ; 8h-19h tlj avr-oct, 10h-16h45 lun-ven nov-mars)

Santuari de Sant Salvador
Voir p. 141 (Ctra. Porto Colom, Felanitx)

Santuari Talaiòtic de son Corró
Voir p. 141 (Carretera de Sencelles a Costitx Km 2 800)

Talaiot de Binifat
Voir p. 141 (rutaarqueologica.sencelles.cat ; Diseminado Diseminados 1697, Sencelles)

Bodegas Miquel Oliver
Voir p. 142 (971 56 11 17 ; www.miqueloliver.com ; Carretera Petra-Santa Margalida Km 1,8 ; visites guidées du vignoble sur rdv ; 10h-18h lun-ven et 11h-13h30 sam)

Mallorca Balloons Globodromo
Voir p. 142 (971 59 69 69 ; www.mallorcaballoons.com ; Diseminado Poligon 26 ; vols en montgolfière à partir de 185 € ; 10h-20h tlj)

Hostatgeria Santuari de Cura
Voir p. 141 (971 12 02 60 ; www.santuaridecura.com ; Puig de Randa)

El Rey de la Tapa
Voir p. 142 (682 64 88 85 ; elreydelatapa.business.site ; Carrer de la Creu Calle Mayor 2 Esquina, Sineu ; plats 8-14 € ; 18h30-minuit tlj sauf 10h-15h et 18h30-minuit mer)

Es Celler
Voir p. 142 (971 56 10 56 ; www.restaurantesceller.com ; Carrer de l'Hospital 46, Petra ; plats 12-18 € ; 12h-23h mar-dim)

Restaurant Molí d'en Pau
Voir p. 142 (971 85 51 16 ; www.molidenpau.es ; Carrer de Santa Margalida, 25, Sineu ; plats 13-23 € ; 13h-15h30 mar et jeu, 12h-15h30 mer, 13h-15h15 et 19h-22h30, 13h-15h30 dim)

Mercado semanal de Sineu (marché)
Voir p. 142 (Es Fossar 160 ; 8h-13h30 mer

BALATE DORIN/SHUTTERSTOCK ©

Vers l'Ermita Santa Magdalena (p. 134)

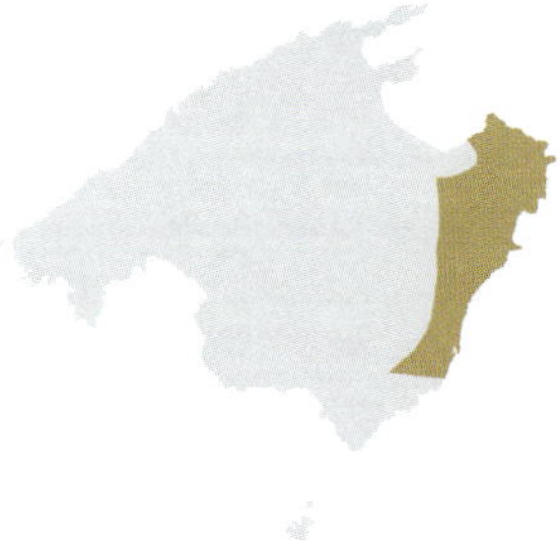

L'EST

CHÂTEAUX, GROTTES ET CRIQUES

La lumière du soleil couchant sur les murs du château de Capdepera, la tranquillité du Parc Natural de la Península de Llevant, de spectaculaires grottes souterraines... Dans cette partie de Majorque, tout enchante.

VIVOOO/SHUTTERSTOCK ©

Vous découvrirez ici un paysage côtier rocheux, qui recèle aussi des grottes aux formes parfaites, des petites criques isolées et des anses dont certaines ne sont accessibles qu'à pied. La région renferme aussi le superbe Parc Natural de la Península de Llevant qui vous fera profiter d'un point de vue privilégié sur la Méditerranée dans un cadre somptueux. Des aigles et des faucons pèlerins volent au-dessus de cette partie de l'île. Les localités médiévales d'Artà et de Capdepera sont une invitation à remonter le temps, tout comme les vestiges talayotiques de Ses Païsses. Deux jolis villages de pêcheurs au charme de carte postale, Porto Cristo devenu station balnéaire familiale, et Portocolom, invitent à profiter de la douceur du climat littoral et des restaurants qui régalent de produits de la mer. Un séjour sur la côte est donne également souvent l'occasion de pratiquer des activités variées : équitation, kayak le long de la côte escarpée, cliff jumping, canyoning côtier ou parapente.

SITES PRINCIPAUX

ARTÀ
Un paisible bourg médiéval à l'ambiance bohème. p. 152

CAPDEPERA
Une cité fortifiée sur une colline, dominée par un château du XIVe siècle. p. 157

Portocolom (p. 160)

S'orienter

L'est de Majorque offre un passionnant mélange d'histoire et de culture (avec notamment un chapelet de fêtes locales qui s'égrène tout au long de l'année). Son environnement naturel et sa magnifique côte ne sont pas ses moindres atouts.

VOITURE

La voiture est le moyen le plus pratique de parcourir le littoral et l'arrière-pays. Les transports publics sont en effet limités. Sachez toutefois que, l'été, les routes des plages et des criques les plus fréquentées sont embouteillées ; essayez de partir très tôt ou de sortir des sentiers battus.

Capdepera, p. 157

Au sommet d'une colline, l'impressionnante forteresse qui surplombe cette charmante cité médiévale protégeait autrefois la région des pirates. Du haut de ses murs, la vue est superbe.

Artà, p. 152

Ruelles étroites, cafés sympathiques et architecture médiévale, notamment celle de la forteresse du XIVe siècle qui domine le centre-ville.

BUS

Les bus desservent les principales stations balnéaires de la côte, ainsi qu'Artà et Capdepera, depuis Palma (1-4 changements, 2 heures-2 heures 20, à partir de 4,50 € l'aller simple) et Pollença au nord (1-4 changements, 2 heures 30, à partir de 3,60 €). Il y en a peu et les temps de trajet peuvent être longs. Pour les horaires et les trajets, renseignez-vous auprès de Transport de les Illes Balears (www.tib.org).

TRAIN

Cette partie de l'île est mal desservie par le rail. L'ancienne ligne ferroviaire Manacor-Artà a été reconvertie en *vía verde*, une voie cyclable verte de plus de 29 km. On peut louer des vélos près de l'ancienne gare ferroviaire d'Artà.

Planifier son séjour

Un séjour dans l'est de Majorque allie détente sur les plages, exploration de la nature, et découverte de l'histoire et de la culture locales.

GASTON PICCINETTI/SHUTTERSTOCK ©

Cala Torta et Cala Mitjana (p. 160)

Si vous avez peu de temps

- Visitez les spectaculaires **Coves del Drac** (p. 160). Arrivez tôt pour éviter la foule et apprécier le calme de ces grottes. D'une profondeur de 25 m, le parcours éclairé s'étend sur 4 km. Les grottes abritent un grand lac intérieur sur lequel il est possible de faire une courte promenade en bateau. Si vous êtes allergique aux hordes de touristes, optez plutôt pour les **Coves dels Hams** (p. 160).

Au fil des saisons

L'année majorquine est ponctuée de fêtes et manifestations locales. Les hivers sont relativement doux. La côte est de Majorque et ses villages perchés dégagent alors un charme particulier.

JANVIER

Port Cristo, Capdepera et Artà fêtent la **Sant Antoni Abat** avec feux de joie, *dimonis* (danse des démons) et costumes traditionnels.

MARS/AVRIL

À Artà, processions de la **Semana Santa** et d'El Davallament (descente de la Croix).

MAI

Le troisième week-end du mois, Capdepera organise un marché médiéval, le **Fira i Mercat Medieval**.

SEBAS ADROVER/SHUTTERSTOCK ©, EMILY MARIE WILSON/SHUTTERSTOCK ©, IAMJORGE/SHUTTERSTOCK ©

Si vous avez trois jours

- Partez à la découverte des charmantes cités médiévales d'**Artà** (p. 152) et de **Capdepera** (p. 157). De là, vous pourrez vous rendre sur les plages et criques toutes proches, ou vous promener dans le **Parc Natural de la Península de Llevant** (p. 154). N'oubliez pas pour autant de profiter de la douceur de vivre de ces localités.

Si vous avez plus de temps

- Séjournez dans un ravissant village de pêcheurs, comme **Portocolom** (p. 160) ou **Porto Cristo** (p. 160). Explorez la côte en bateau, ainsi que les *calas* et les grottes. Faites une excursion à cheval dans la montagne ou le long de la côte avec Naturacavall, ou une randonnée à vélo ou à pied jusqu'à l'**Ermita de Betlem** (p. 154) pour profiter de la vue exceptionnelle depuis son belvédère. Arpentez le **Parc Natural de la Península de Llevant** (p. 154) et passez une nuit dans l'un de ses refuges pour une expérience encore plus authentique.

JUILLET

La semaine précédant le 16 juillet, Porto Cristo célèbre la **Verge del Carme** (protectrice des marins et des pêcheurs).

AOÛT

Durant la première semaine du mois, les **Festes de Sant Salvador** mettent à l'honneur le saint patron d'Artà.

NOVEMBRE

De nombreux restaurants, hôtels et entreprises ferment l'hiver. Ils ne rouvriront qu'à partir du mois de février.

DÉCEMBRE

C'est le moment de parcourir le **marché de Noël** d'Artà.

ARTÀ ET LE PARC DE LA PENÍNSULA DE LLEVANT

Bourg médiéval perché, Artà séduit par son dédale de ruelles, ses maisons se teintant de rose dans la lumière du soir, ses cafés chaleureux et ses places animées. La cité est dominée par d'imposants remparts et le Santuari de Sant Salvador. La vue depuis cette forteresse s'étend jusqu'à la chaîne de la Serra de Llevant, à 5 km au nord. Ces montagnes, qui font partie du Parc Natural de la Península de Llevant, ravissent les randonneurs, les cyclistes et des ornithologues amateurs.

Pour les infos pratiques, voir le Carnet d'adresses p. 162

SE DÉPLACER

Il est pratique de louer une voiture, mais il y a beaucoup de circulation. L'été, arrivez tôt pour trouver une place de parking prè des plages les plus fréquentées. Vous pouvez aussi prendre des bus pour les rejoindre (le n°471 relie par exemple Cala Ratjada à la Cala Mesquita en 25 min), mais leur fréquence est limitée (8/jour pour le n°471), surtout en basse saison.

PAROLE D'HABITANT

Xavier Ferrer Rojo est le fondateur de NaturaCavall, agence proposant des randonnées équestres, spécialisée dans le sauvetage de chevaux maltraités.

"J'adore partir chevaucher dans les forêts de chênes verts, sur les sentiers pierreux de montagne d'où la vue est vertigineuse, ou sur des plages isolées où il est possible de nager avec les chevaux et de dormir à la belle étoile. Les chevaux sont ma passion et notre ferme familiale en possède plus de 30."

Une bourgade au tempo ralenti

UNE HISTOIRE ANCIENNE

Ici, prendre son temps est un art de vivre : **Artà** a, en effet, reçu le label Cittaslow, reconnaissance internationale de la qualité de son rythme de vie. Son labyrinthe de ruelles, ses jolies maisons de pierre aux volets verts, ses massifs de bougainvilliers et ses places bordées de cafés et boutiques lui confèrent une ambiance décontractée. À l'ombre des cyprès, 180 marches mènent jusqu'au **Santuari de Sant Salvador**, un ermitage construit sur le site d'un ancien château maure. Restauré dans les années 1960, cet ensemble de 4 000 m² présente tous les signes distinctifs d'une forteresse médiévale, jusqu'aux tourelles bordant son sommet et aux murs d'un mètre d'épaisseur. La vue panoramique sur la vieille ville aux allures de médina s'étend jusqu'aux sommets de la Serra de Llevant.

Au départ d'Artà, une **vía verde** (www.viasverdes.com), voie cyclable verte, longe les rails d'une ancienne voie ferrée sur 29 km permettant de rejoindre **Manacor**, plus au sud. Pins, chênes verts et tamariniers fournissent une ombre généreuse tout au long du parcours. Des tables de pique-nique sont installées en bord de route et il est possible, en chemin, de visiter le **musée ferroviaire de Son Carrió**.

NaturaCavall organise des randonnées équestres dans la campagne et sur la côte. Les adeptes d'activités moins sportives peuvent, de leur côté, flâner dans la ville, profiter de son charme tranquille et de ses cafés. Les possibilités de shopping sont nombreuses, que ce soit dans les galeries d'art,

INCONTOURNABLES
1 Santuari de Sant Salvador
2 Ses Païsses

VOIR
3 Cala Bota
4 Cala des Matzoc
5 Cala Estreta
6 Cala Magraner
7 Cala Pilota
8 Calo dels Ermitans
9 Font Celada
10 Parc Natural de la Península de Llevant
11 Mirador de la Ermita de Betlem
12 Mirador de Na Clara
13 Torre d'Aubarca
14 Puig de Sa Tudossa

ACTIVITÉS
15 Canyamel
16 Mero Diving
17 NaturaCavall
18 Vía Verde

SE LOGER
19 Can Simoneta

les boutiques ou les échoppes d'artisans. Disposant d'une offre variée d'hébergements et de restauration, Artà constitue un point de départ idéal pour explorer la partie est de l'île.

Préhistoire à Ses Païsses

DÉCOUVREZ UNE VILLE TALAYOTIQUE

Un peu au-delà d'Artà, les vestiges du village de **Ses Païsses** nous éclairent sur la façon dont la vie s'organisait sur l'île il y a plus de 3 000 ans. Datant de l'âge du bronze, il s'agit du site talayotique le plus grand et le plus important de l'est de Majorque. L'imposante porte d'entrée, formée de blocs de pierre de 8 tonnes, ouvre sur un monde préhistorique encore entouré de mystère.

OÙ SE LOGER À ARTÀ

Yartan Boutique Hotel
Demeure de charme du XVIIIe siècle proposant piscine, hammam et spa, cave à vins. Belle terrasse. **€€€**

Hôtel et Restaurant Jardí d'Artà
Chaleureux, accueillant. Jardin ombragé et piscine extérieure. **€€**

Es Racó d'Artà
Séjour rural élégant. Personnel chaleureux et attentif. Détente et tranquillité garanties. **€€€**

CYCLISME DANS LES ENVIRONS D'ARTÀ

L'office du tourisme distribue une excellente brochure (en espagnol ou en anglais), détaillant une douzaine d'itinéraires à effectuer dans la région à pied ou à vélo. Il loue aussi des vélos. Nous recommandons chaudement l'itinéraire de 7 km d'Artà à l'ermitage de l'Ermita de Betlem (dont le dernier tronçon est particulièrement raide). Pour qui préfère le plat et l'absence de voitures, la voie verte Manacor-Artà (p. 152) suit une voie ferrée désaffectée entre les deux villes.

Ce site ombragé se parcourt en moins de 30 minutes, mais se prête également à une visite plus longue.

Le **Museu Regional d'Artà** retrace le passé du village au travers d'artefacts tels que des bijoux, céramiques et objets domestiques des périodes talayotique, romaine et maure.

Soucieux de leur sécurité, les habitants d'Artà, dont la vie sociale et religieuse reste peu connue, vivaient derrière une double rangée de remparts de pierre, construits entre 650 et 540 av. J.-C. À l'intérieur, de petites maisons de pierre formaient un cercle autour d'un *atalaia* (tour de guet). Le périmètre total des remparts atteint 320 m. Le site fut abandonné après l'arrivée des Romains en 123 av. J.-C.

Au grand rond-point à l'est de l'office du tourisme, suivez les panneaux indiquant Ses Païsses.

En pleine nature

EXPLOREZ LES CHEMINS DU PARC NATURAL DE LA PENÍNSULA DE LLEVANT

À 5 km au nord d'Artà, le **Parc Natural de la Península de Llevant** s'étend sur 16,7 km², du Cap de Ferrutx au nord à la Punta de n'Amer au sud, et du Torrent de na Borges à l'ouest jusqu'à la pointe la plus orientale de Majorque, la Punta de Capdepera. Il comprend les **réserves naturelles des Cap de Ferrutx et Cap des Freu**, à l'est, sur les municipalités d'Artà et de Capdepera, ainsi que des forêts de pins, d'anciens vergers d'oliviers, de caroubiers et d'amandiers, des landes et les plus hauts sommets de la Serra de Llevant. C'est aussi une zone protégée pour les oiseaux faisant partie du réseau Natura 2000 de l'Union européenne. Les ornithologues amateurs observeront la fauvette des Baléares, le faucon pèlerin, le vautour percnoptère, l'aigle botté... Ici, respectez la nature, refermez les barrières derrière vous et restez sur les sentiers.

Il vous faudra votre propre véhicule et emprunter la Ma-3333 en direction de l'**Ermita de Betlem** pour rejoindre le parc : les bus ne pourront pas vous déposer au-delà d'Artà ou de Betlem.

Le **bureau d'information du parc** à S'Alquera Vella de Baix (☎ 606 096 830) renseigne sur les chemins de randonnée. On peut s'y procurer une carte présentant 13 itinéraires différents ou participer à une promenade guidée.

Au sein du parc, un itinéraire cyclable, particulièrement prisé malgré sa difficulté, conduit au Mirador (belvédère) de l'Ermita de Betlem, dont la splendide vue porte jusqu'au Cap de Ferrutx et à la **Badia d'Alcùdia** (baie d'Alcùdia), puis à l'ermitage lui-même. Fondé en 1805, ce dernier abrite encore les ermites vivant dans l'isolement et l'autosuffisance. Le monastère possède une petite église dont le ravissant extérieur en pierre contraste avec l'intérieur blanchi à la chaux, son plafond orné de fresques et sa scène de la Nativité reconstituée dans une grotte riche de stalactites et de stalagmites. Une fois en haut des collines voisines, la vue s'étend jusqu'à Minorque. Cet itinéraire peut également être parcouru en voiture.

Tour de guet du Parc Natural de la Península de Llevant

Parmi les randonnées au départ de **S'Alquera Vella de Baix** et menant à **S'Arenalet des Verger** figure le **Cami dels Presos** (6,5 km, parcours n°3) – le chemin des prisonniers – qui suit

TRABANTOS/SHUTTERSTOCK ©

Ses Païsses (p. 153)

un ancien chemin aménagé par des prisonniers républicains au début des années 1940 afin de construire une batterie d'artillerie (jamais achevée) sur le Puig de Sa Tudossa (442 m), point final de l'itinéraire. La randonnée passe par les ruines du Campament des Soldats (campement des soldats) – au pied du Puig des Porrassar (491 m) –, un camp où les prisonniers étaient détenus et où vous pourrez encore voir les casernes, les écuries et plusieurs réserves entourant une cour.

Les criques du littoral

CRIQUES CACHÉES ET BAIGNADES AU MILIEU DES ROCHERS

Sur la côte est, de tranquilles *calas* combinent joies de la plage et plaisirs de l'aventure : au sud, quatre criques peuvent faire l'objet d'une superbe randonnée de 3 heures 30 (13 km).

La promenade commence à **Finca Can Roig**, une propriété agricole. Pour vous y rendre, suivez la Carretera Porto Cristo-Portocolom (Ma-4014) et, au Km 6, tournez en direction de Cales de Mallorca. Continuez sur 2,2 km, puis prenez à gauche. Après 200 m, vous arriverez à l'entrée de Can Roig. Laissez votre voiture ici et commencez à monter le chemin à pied ; vous atteindrez rapidement un portail, accessible sur la droite (avec des indications pour la plage).

Prenez à pied le sentier large et rocailleux qui suit la côte. Après une quinzaine de minutes, bifurquez sur le sentier un peu plus étroit qui part sur la droite. Vous suivrez une petite ravine et traverserez des bosquets pour atteindre **Cala Bota**.

LE TOP DES ACTIVITÉS DE PLEIN AIR

De l'Ermita de Betlem, faites l'ascension du **Puig de Ferrutx** (523 m), deuxième plus haut sommet de la Serra de Llevant. Magnifique point de vue sur l'île.

Randonnez jusqu'à la **Torre d'Albarca** (p. 156).

Depuis la **Cala Agulla**, montez jusqu'à la **Talaia de Son Jaumell**, une tour de guet du XVIe siècle. L'ascension rocailleuse n'est pas de tout repos. Autre solution : partir de la Cala Mesquida. La vue à l'arrivée est magnifique.

Experience Mallorca organise des sessions de canyoning côtier, d'escalade, de cliff jumping, de descentes en rappel et de natation.

Parcourez à vélo la **vía verde** (p. 152).

POURQUOI J'AIME LE PARC NATURAL DE LA PENÍNSULA DE LLEVANT

Laura McVeigh, auteure

Majorque offre aux randonneurs pléthore de terrains d'aventure : entre circuits côtiers, ascension de sommets, traversée de forêts et de cascades, promenades tranquilles dans des prairies en fleurs, il y en a pour tous. Le Parc Natural de la Península de Llevant mérite particulièrement le détour : d'une beauté sauvage, il est moins fréquenté que d'autres parties de l'île, si bien qu'on y trouve une tranquillité rare. Peu d'endroits cumulent une telle diversité de paysages, des falaises côtières aux forêts de pins en passant par des pics montagneux. Venir y randonner une journée, c'est la garantie de profiter de vues exceptionnelles tout en se reconnectant à la nature.

Un chemin raide sinue autour et au-dessus de cette crique et permet d'en admirer toute la beauté.

De Cala Bota, revenez sur vos pas et prenez le deuxième embranchement à droite vers **Cala Virgili**. Le sentier conduit à un petit chemin, qui plonge vers cette étroite crique cernée de falaises. Comptez environ 10 minutes pour la descente.

Regagnez ensuite le sentier principal. Ignorez le petit chemin qui part vers la droite et continuez tout droit jusqu'à un second chemin. Il rejoint la **Cala Pilota**, une ravissante crique aux eaux turquoise, entourée elle aussi d'impressionnantes falaises.

Reprenez le chemin principal. Dépassez le sentier qui part à droite, mais empruntez le suivant, qui descend jusqu'à la dernière crique, **Cala Magraner**, la plus vaste et la plus belle de toutes. Large au départ, le chemin se termine dans une clairière ; de là, un autre sentier, plus étroit, vous mène à destination en quelques minutes. Après un bain dans les eaux cristallines et une exploration des petites grottes qui émaillent la falaise, regagnez la piste principale pour rejoindre la Finca Can Roig.

Certaines parmi les plus belles criques comportent des bassins naturels ou des grottes cachées. Si vous résidez à l'hôtel **Can Simoneta**, à 1 km au sud de Canyamel, vous pourrez accéder facilement à la mer grâce à un escalier creusé directement dans la falaise. Vous pouvez également louer un kayak ou faire du paddle jusqu'à la plage de **Canyamel**.

Participez aux sorties de plongée et de snorkeling proposées par l'école de plongée locale **Mero Diving**, ou joignez-vous aux excursions de kayak organisées par **KayakMallorca.**

Pour sortir des sentiers battus, entreprenez une randonnée au départ du bureau d'information du Parc Natural de la Península de Llevant (où l'on peut se garer, p. 154) vers la côte. Descendez jusqu'à la petite plage de **S'Arenalet des Verger**. Comptez deux heures de marche. Pour rejoindre le même point depuis l'est en longeant la côte, nous conseillons de partir de **Cala Estreta** (la localité étant officiellement en dehors du parc, on peut y laisser sa voiture). Cette randonnée suit la côte jusqu'à la plage de **Cala Matzoc**. Vous pourrez faire halte sur la jolie crique sauvage de **Font Celada**, puis vous passerez devant la **Torre d'Albarca** (une tour de guet du XVIIIe siècle) avant de poursuivre vers l'ouest. Une heure plus tard, vous atteindrez S'Arenalet des Verger, dans l'enceinte du parc et à l'orée de la réserve naturelle.

La nuit est particulièrement noire ici : rendez-vous au **Mirador de Na Clara** sur une falaise surplombant la plage de Na Clara, à 1 km de Betlem, pour observer les étoiles. N'oubliez pas d'emporter une lampe pour un retour en toute sécurité.

OÙ SE LOGER DANS LE PARC NATURAL DE LA PENÍNSULA DE LLEVANT

La Finca NaturaCavall
Hébergement écologique, simple et relaxant, près d'Artà. Pas de Wi-Fi. Point de départ de leurs excursions équestres. **€**

Refugio S'Alzina
Refuge de montagne basique et confortable. Quelques chambres doubles avec salle de bains. **€**

Refugio S'Arenalet de Auberca
Dans le parc, près d'une jolie plage sauvage. Accès à pied uniquement. Réservation en ligne. **€**

CAPDEPERA

Lieu d'implantation humaine dès l'âge de bronze, devenue par la suite colonie romaine, puis maure, la ville de Capdepera fut édifiée au XIVe siècle par Jacques II, qui souhaitait établir une ville fortifiée pour défendre la région contre les invasions et les attaques de pirates. Elle est, en effet, plus proche de l'île voisine, Minorque, que de la capitale majorquine Palma.

La ville, qui a conservé son château fortifié du XIVe siècle, le Castell de Capdepera, célèbre chaque année son passé lors d'une foire médiévale présentant démonstrations de fauconnerie et spectacles de joute. Visitez la vieille ville, profitez de ses cafés chaleureux et de ses bons restaurants. Séjournez dans l'une des *fincas* (gîtes ruraux) des alentours. Cette escapade vous fera oublier l'agitation des stations touristiques de la côte.

Pour les infos pratiques, voir le Carnet d'adresses p. 162

SE DÉPLACER

Louer une voiture est la solution la plus pratique. Faites coïncider votre séjour avec l'un des événements annuels : la foire médiévale mi-mai, les Festes de San Roc i Sant Bartomeu en août, notamment.

PAROLE D'HABITANT

Miguel Alburquerque, fondateur de KayakMallorca, enseigne le kayak depuis 1996.

"Mon itinéraire en kayak préféré longe la baie de Pollença en direction de Formentor, avec la Serra de Tramuntana en arrière-plan. Le phare de Punta de l'Avançada ou l'Estar den Ros sont quelques-uns des autres endroits que j'aime explorer en kayak. Une de mes plages favorites est la Playa del Caló, elle est souvent déserte."

Une ville médiévale bien conservée

RETOUR AU MOYEN ÂGE

Colonie romaine, puis maure, Capdepera a été dotée de constructions défensives sous la Reconquista. Avec ses ruelles étroites, ses maisons et bâtisses du XIVe siècle, ses remparts crénelés et son château perché, la ville a conservé une atmosphère médiévale. Promenez-vous sur les **murailles** pour voir les **tours de défense**, puis visitez la chapelle et la **maison du gouverneur** (XVIIIe siècle), à l'intérieur des murs d'enceinte.

L'**Esglesia de Sant Bartomeu**, datant du XIXe siècle et dédiée au saint patron de Capdepera, est constituée d'une seule nef ; elle possède un plafond voûté et des chapelles latérales ornées.

Laissez-vous gagner par la décontraction des cafés sur les places. En été, installez-vous sur la terrasse de **L'Orient Café**. Si vous êtes amateur de produits locaux, ne ratez pas le **marché** hebdomadaire du mercredi (Mercado Semanal). Profitez des magnifiques couchers de soleil près du **phare de Capdepera**, en activité depuis 1861 (électrifié en 1969), et qui joue un rôle de communication important avec l'île voisine de Minorque.

À 1,5 km, **Sa Torre Cega** (la "tour aveugle") a été bâtie au début du XXe siècle par l'architecte de renom Guillem Reynés i Font (1877-1918). Cette propriété côtière tire son nom de la "tour aveugle" (invisible depuis les autres tours de guet) du XVe siècle en son centre. Le joli jardin méditerranéen contient une collection de plus de 40 œuvres de sculpteurs espagnols,

catalans et latino-américains réputés comme Eusebio Sempere, Juan de Ávalos, Xavier Corberó ou Agustín Cárdenas. La fondation March, propriétaire des lieux, propose des visites guidées sur réservation.

Les nombreuses marches et les sols irréguliers, et parfois glissants, du bâtiment en limitent malheureusement l'accès.

E. LOBO/SHUTTERSTOCK ©

Le phare de Capdepera

OÙ SE LOGER

Hotel Predi Son Jaumell
Luxueuse *finca*, ce restaurant étoilé au Michelin est tenu par le chef Andreu Genestre. **€€€**

Hotel Creu de Tau
Accueil chaleureux. Grande attention aux détails. Excellent spa et restaurant de qualité. **€€**

Cases de Son Barbassa
Hôtel remportant tous les suffrages. Cadre magnifique près de la côte. Piscine, spa et restaurant. **€€**

Ailleurs sur la côte est

Le charme de la côte est réside aussi dans ses villages de pêcheurs ou ses merveilles géologiques spectaculaires à la renommée internationale.

Outre ses stations balnéaires très prisées, ses plages familiales plus tranquilles et ses criques isolées, la côte est doit également son attrait aux charmants villages de pêcheurs dont elle est émaillée, parmi lesquels Porto Cristo et Portocolom. Près de Porto Cristo se trouve le réseau de grottes le plus spectaculaire de l'île : les célèbres (et très fréquentées) Coves del Drac. S'étendant sur 4 km et d'une profondeur de 25 m, ces dernières auraient inspiré Jules Verne pour son roman *Voyage au centre de la Terre*. Les Coves dels Hams sont, quant à elles, moins visitées mais valent tout autant le détour.

Pour les infos pratiques, voir le Carnet d'adresses p. 163

SE DÉPLACER

Louez une voiture ou empruntez les bus (n^os^441, 448 et 449, très fréquents, tarifs variables ou n^os^409 et 491 depuis/vers Palma, 7,20 €, 1 heure 45) qui desservent les principales stations touristiques en haute saison.

Coves del Drac

LES MEILLEURES TABLES

Quince Restaurant & Cantina
Restaurant au chic bohème à Porto Cristo. Carte largement ouverte aux saveurs internationales. €€

La Magrana
Charmant café aux volets verts avec patio arboré à Porto Cristo. €€

Sa Pedra
Terrasse avec vue sur la marina de Porto Cristo. Excellente paella aux fruits de mer. Quelques plats végétariens. €€

HPC Restaurant
Cuisine méditerranéenne de qualité. Cadre agréable. À Portocolom. €€

Restaurant Sa Llotja
Restaurant de fruits de mer à Portocolom. Terrasse en front de mer. €€

Organic Restaurante Ecológico
Donnant sur la Cala Marçal à Portocolom. Produits frais bio, nombreux plats végétariens et végétaliens. Jolie vue depuis la terrasse. Sur réservation. €€

Les grottes de Drac et de Hams

EXPLOREZ LES MONDES SOUTERRAINS

La visite des **Coves del Drac** (grottes du Dragon), près de Porto Cristo, est l'une des attractions les plus touristiques de l'île. Ce réseau souterrain de cavernes et de lacs est une merveille géologique datant de 10 millions d'années. Ce n'est qu'au XIXe siècle que ces grottes furent explorées pour la première fois par le spéléologue allemand M. F. Will. Plus tard, en 1896, l'explorateur et scientifique français considéré comme le père de la spéléologie, Édouard-Alfred Martel, découvrit de nouvelles cavernes et le grand lac souterrain que l'on traverse aujourd'hui.

Le site comprend quatre grottes principales et six lacs souterrains, le plus grand étant le **lac Martel**. Les jeux de lumière sur les formations rocheuses et sur l'eau créent des effets féeriques. La visite, d'une durée d'une heure environ, comprend une courte promenade en bateau, agrémentée d'un concert de musique classique.

Situées à proximité, les **Coves dels Hams**, moins fréquentées, comportent trois grottes : la "Ronde" qui abrite un étonnant jardin botanique, la "Bleue", véritable invitation à remonter le temps via des projections audiovisuelles sur les parois, et la "Classique", qui comprend un lac souterrain que l'on découvre en musique.

La température à l'intérieur des grottes étant toujours fraîche (entre 18 et 20°C), prévoyez de quoi vous couvrir lors de votre visite, quelle que soit la température extérieure.

Plusieurs grottes intéressantes jalonnent la côte est. **Experience Mallorca** organise par exemple des excursions avec guide dans la **Cova des Coloms**. La combinaison de plongée est obligatoire : il faut descendre en rappel et nager sous l'eau pour entrer dans la grotte pleine de stalagmites et stalactites. C'est ici que la paléontologiste Dorothea Bate a découvert le Myotragus (espèce de petite chèvre de 50 cm de haut, qui s'est éteinte il y a 5 000 ans), en 1909. Il existe d'autres sites plus accessibles à proximité, également avec visites guidées, dont l'arche de **Cova des Pont** et la grotte de la **Cova des Pirata**.

Un littoral au charme d'antan

PORTOCOLOM ET LES PLAGES ALENTOUR

Au sud de Porto Cristo, la côte est jalonnée de plages et criques idylliques. Parmi les plus belles figurent la **Cala Romántica**, plage au sable doré et aux eaux turquoise, la **Cala Varques**, la **Cova del Pilar** et la **Cala Magraner** : accessibles après un peu de marche à pied, elles constituent d'agréables haltes sur la route de **Portocolom**. Situé dans une baie protégée, ce village de pêcheurs a conservé tout son charme avec ses rangées de maisons

LES PLUS BELLES PLAGES DE L'EST

Cala Mesquida
Plage familiale, protégée par des dunes. Bars de plage. Desserte de bus (n°471), partant de Cala Ratjada (8/jour, 25 min).

Cala Mitjana
Petite baie protégée accessible par un sentier depuis la Cala Mesquida (1 heure).

Cala Torta
Plage plus vaste à l'abri de dunes.

Cala Varques

colorées et ses bateaux amarrés. Il doit son nom à Christophe Colomb, qui y serait né (mais cela reste sujet à controverse). Le **Restaurant Sa Llotja**, avec sa terrasse donnant sur la mer, est l'un des meilleurs endroits où prendre un repas.

Un séjour à Portocolom donne également l'occasion de pratiquer divers sports d'aventure. Une école de voile y propose des cours. Le **Skualo Adventure Sports Centre** organise toutes sortes de sorties : plongée, snorkeling, spéléologie, paddle, speed boat, kayak. Pour une promenade en mer plus tranquille, avec des pauses baignade, réservez auprès de **Starfish** et découvrez la côte entre Portocolom et la Cala Figuera, en passant par Cala d'Or, à bord d'un bateau à fond de verre.

COVES D'ARTÀ

À 1 km de Canyamel, en pénétrant dans une modeste crevasse de la paroi rocheuse qui domine la côte, vous vous retrouverez dans un stupéfiant dédale de grottes calcaires. Au vaste vestibule, dans lequel monte la “reine des Colonnes” (une stalagmite de 22 mètres de haut), succèdent des salles telle que la “chambre du Purgatoire” et la “chambre de l'Enfer”. Visites guidées toutes les 30 minutes.

OÙ SE LOGER

Hotel Son Mas
Bâtiment rénové du XVIIe siècle. Parc. Piscines intérieure et extérieure, spa. Excellent restaurant. Superbe ! **€€€**

Can Simoneta
Hôtel cinq étoiles sur une falaise. Accès à la plage de Canyamel. Adultes uniquement. **€€€**

JS Portocolom Suites
Contemporain avec vue sur le port et sur la vieille ville. **€€€**

Carnet d'adresses

ARTÀ

Ermita de Betlem
Voir p. 154 (Lloc Poligon 5, 48 ; gratuit ; 9h-18h tlj)

Museu Ferrocarril - Fundació Ferrocaib (musée ferroviaire de Son Carrió)
Voir p. 152 (www.ferrocaib.org ; Carrer Estació 33, Son Carrió)

Museu Regional d'Artà
Voir p. 154 (971 82 97 78 ; Carrer de L'Estel 4 ; 2 € ; 9h-14h mar-sam)

Santuari de Sant Salvador
Voir p. 152 (Carretera Porto Colom, Felanitx)

Ses Païsses
Voir p. 153 (619 07 00 10 ; Lloc Poligon 13, 113, en retrait de la Carretera Artà-Capdepera ; adulte/enfant 2 €/gratuit ; 10h-14h lun-sam)

Experience Mallorca
Voir p. 160 (687 35 89 22 ; www.experience-mallorca.com ; Avenida Son Noguera 7 Local 2, Llucmajor ; escalade, exploration de grottes ou baignade sur la côte à partir de 50 €/jour)

KayakMallorca
Voir p. 156 (609 80 62 36 ; kayakmallorca.com ; Passeig Saralegui, Port de Pollença ; excursions et cours à partir de 40 €, location à partir de 10 € ; tlj sauf mar)

Mero Diving
Voir p. 156 (689 44 83 08 ; www.mero-diving.com ; Carrer de Na Lliteras, Cala Lliteras, Cala Ratjada ; plongée sous-marine à partir de 35 € ; 9h-17h tlj de mai à oct)

NaturaCavall
Voir p. 152 (601 37 53 25 ; naturacavall.com ; Diseminado Poligon 02, 66 ; excursions à cheval à partir de 40 € ; 8h-18h mar-dim)

Parc Natural de la Peninsula de Llevant
Voir p. 154 (606 09 68 30 ; parcnaturaldellevant.blogspot.com ; Carretera MA-3333, S'Alqueria Vella de Baix ; 9h-16h tlj)

Boutique-Hotel & Restaurant Jardí d'Artà
Voir p. 153 (971 83 52 30 ; hotel-arta.com ; Carrer de s'Abeurador 21)

Camping à S'Arenalet des Verger
Voir p. 156 (971 17 76 52 ; dans le Parc Natural de la Peninsula de Llevant ; 5 € la nuit ; 10h-14h lun-ven pour réserver, ouvert fév-déc)

Can Simoneta
Voir p. 156 (971 81 61 10 ; cansimoneta.com ; Carretera Artà-Canyamel Km 8, Finca Torre Canyamel)

Es Racó d'Artà
Voir p. 153 (971 83 66 73 ; en.esracodarta.com ; Camí des Racó, Carretera de Cala Mitjana Km 1,5 ; fermé l'hiver)

Finca Can Roig
Voir p. 155 (686 64 35 35 ; fincacanroig.eu, 5 Vuelta 144, Es Carritxo)

La Finca NaturaCavall
Voir p. 156 (dans le Parc Natural de la Peninsula de Llevant, voir aussi NaturaCavall)

Refugio S'Alzina
Voir p. 156 (971 17 76 52 ; www.caib.es/sites/espaisnaturalsprotegits/ca/salzina-22845 ; Diseminado Aubarca 6)

Refugio S'Arenalet de Auberca
Voir p. 156 (971 17 76 52 ; www.caib.es/sites/espaisnaturalsprotegits/ca/sarenalet-22847 ; dans le parc à côté de la plage de S'Arenalet des Verger)

Yartan Boutique Hotel
Voir p. 153 (971 58 59 72 ; www.yartanhotels.com/en/yartan-boutique-hotel ; Carrer Trespolet 8)

CAPDEPERA

Esglesia de Sant Bartomeu de Capdepera
Voir p. 157 (656 28 71 88 ; www.parroquiascapdeperacalarajada.com ; Carrer de Ciutat)

Castell de Capdepera
Voir p. 157 (971 81 87 46 ; www.capdeperacastell.com ; Carrer del Castell ; 3 € ; 10h-21h juin-sept, 10h-19h avr, mai et oct, 10h-17h nov-déc et fév-mars, fermé en jan)

Sa Torre Cega
Voir p. 157 (971 81 94 67 ; www.fundacionbmarch.es ; Calle Juan March 2 à Es Pelats, Cala Ratjada ; adulte/enfant 4,50 €/gratuit ; visites guidées à réserver auprès de la fondation March 10h30-12h mer-ven et 11h-18h sam-dim mai-nov, 10h30-12h mer, ven et sam fév-avr)

Cases de Son Barbassa
Voir p. 158 (971 56 57 76 ; sonbarbassa.com ; Carretera Cala Mesquida - Camí de Son Barbassa)

Hotel Creu de Tau
Voir p. 158 (971 81 96 92 ; www.hotelcreudetau.com ; Carrer Dones de la Llata 7)

Hotel Predi Son Jaumell
Voir p. 158 (971 81 87 96 ; www.hotelsonjaumell.com ; Carretera Cala Mesquida Km 1 ; fermé déc-mars)

L'Orient Café
Voir p. 157 (971 56 30 98 ; cafelorient.com ; Plaça de l'Orient 2 ; 9h-17h lun-mer, 9h-minuit jeu-dim)

Mercado semanal de Capdepera
Voir p. 157 (Plaza de l'Orient de Capdepera ; 8h-13h chaque mercredi)

DONWINNI/STOCK.ADOBE.COM ©

Castell de Capdepera

AILLEURS SUR LA CÔTE EST

Coves d'Artà
Voir p. 161 (971 841 293 ; www.cuevasdearta.com/es ; Ctra. de las Cuevas, S/N, 07589 Capdepera, Canyamel ; adulte/enfant 7-12 ans 16/8 € ; 10h-17h tlj nov-avr, 10h-18h tlj mai-oct)

Coves del Drac
Voir p. 160 (971 82 07 53 ; www.cuevasdeldrach.com ; Carretera Cuevas, Porto Cristo ; adulte/enfant 16/9 € en ligne, 1 € de plus sur place ; 10h-17h tlj mars-oct, 10h30-15h30 tlj nov-début mars)

Coves dels Hams
Voir p. 160 (971 820 988 ; cuevasdelshams.com ; Carretera Ma-4020 Manacor-Porto Cristo Km 11 ; adulte/enfant 16/10 € ; 10h-17h tlj avr-oct, 10h-17h mer-dim nov-mars)

Skualo Adventure Sports Centre
Voir p. 161 (971 81 50 94 ; skualo.com ; Passeig des Cap des Toll, 11 ; plongée avec masque et tuba, spéléologie, cours de plongée, paddle, kayak, hors-bord ; à partir de 55 € ; fermé en hiver)

Starfish
Voir p. 161 (971 65 98 25 ; Av. de Calonge 15, local 10, Cala d'Or ; adulte 22/28 €, enfant 12/15 € ; départ tlj)

Hotel Son Mas
Voir p. 161 (971 55 87 55 ; sonmas.com ; Aptdo correos 346 à Porto Cristo)

JS Portocolom Suites
Voir p. 161 (971 824 403 ; www.jshotels.com/es/js-portocolom-suites ; Carrer de l'Orada, Portocolom)

HPC Restaurant
Voir p. 160 (971 82 53 23 ; www.restaurantehpc.com ; Carrer d'En Cristòfol Colom 5, Portocolom ; plats 11-30 € ; 12h-23h tlj)

La Magrana
Voir p. 160 (971 82 15 33 ; @lamagranacafe ; Plaça del Carme 15, Porto Cristo ; plats 9-23 € ; 12h-15h30 et 18h30-22h ven-dim)

Organic Restaurante Ecológico
Voir p. 160 (674 80 41 51 ; restauranteorganic.amawebs.es ; Playa, Cala Marçal ; plats 10-20 € ; 9h30-22h ven-dim)

Quince Restaurant & Cantina
Voir p. 160 (971 82 18 30 ; restaurantequince.com ; Carrer del Verí 1, Porto Cristo ; plats 15-22 € ; 12h-22h lun, ven-dim, 12h-22h30 mar-jeu)

Restaurant Sa Llotja
Voir p. 161 (971 82 51 65 ; restaurantsallotjaportocolom.com ; Carrer dels Pescadors (edificio Portuario), Portocolom ; plats 23-47 € ; 13h-15h et 19h-22h mar-dim)

Sa Pedra
Voir p. 160 (971 82 09 32 ; @sapedra.mallorca ; Carrer del Verí 4, Porto Cristo ; plats 9-23 € ; 12h30-16h et 18h-22h30 mar-sam, 18h-22h30 dim)

VULCANO/SHUTTERSTOCK ©

Cala Figuera (p. 171)

LE SUD

PLAGES SAUVAGES ET VILLAGES DE PÊCHEURS

Du site talayotique de Capocorb Vell aux eaux turquoise bordées de sable blanc de la Platja des Trenc, le sud de Majorque ne manque pas d'atouts.

Un séjour dans le Sud donne l'occasion de découvrir à la fois des plages sauvages, des *calas* (criques) calmes le long de la côte et un parc naturel extraordinaire à Mondragó (photo de droite), avec plusieurs baies en fer à cheval bordées de pinèdes. Cette partie de l'île séduit par sa beauté naturelle et ses eaux cristallines, propices au snorkeling, au paddle et à la natation. Yachts à l'ancre dans les ports, villages de pêcheurs, sites de l'âge du bronze, grottes, petites îles protégées (archipel de Cabrera) : les curiosités ne manquent pas. Sans parler du coucher de soleil inoubliable sur le Mirador de Maioris ou le phare du Cap de Ses Salines, à l'extrême sud. Dans les terres, vous pouvez visiter les villes commerçantes de Llucmajor, Campos et Santanyí, traverser des villages typiques et des régions agricoles. Prévoyez absolument une excursion à Es Pontàs, stupéfiante arche naturelle en roche calcaire.

Si l'été est idéal pour découvrir cette partie de l'île, elle reste intéressante hors saison, surtout pour qui aime la nature.

SITES PRINCIPAUX

SANTANYÍ
Jolie ville cosmopolite.
p. 170

PARC NATURAL DE MONDRAGÓ
Baies tranquilles et pinèdes.
p. 176

PARC NACIONAL DE L'ARXIPÈLAG DE CABRERA
La plus grande réserve naturelle d'Espagne.
p. 178

VOITURE

La voiture est le moyen de transport idéal pour visiter cette partie de l'île : vous pouvez ainsi aller à votre rythme et vous rendre dans des endroits moins touristiques.

BUS

Des bus circulent entre Palma, Santanyí et les grandes stations balnéaires, mais les trajets sont longs et peu nombreux. Horaires et itinéraires : www.tib.org.

Parc Nacional de l'Arxipèlag de Cabrera, **p. 178**

La plus grande réserve naturelle d'Espagne comprend 19 îles et îlots inhabités, accessibles uniquement sur autorisation.

Mer Méditerranée

S'orienter

Partez à la découverte de la côte rocheuse et de plages sauvages, d'un site de l'âge du bronze, du bel archipel de Cabrera, du Parc Natural de Mondragó, et assistez à un coucher de soleil à l'extrémité méridionale de l'île.

Santanyí, p. 170
Ville bohème et cosmopolite. Marchés hebdomadaires, excellents restaurants.

Parc Natural de Mondragó, p. 176
Pinèdes, chemins de randonnée le long d'une mer bleu azur et oiseaux de toutes sortes (crécerelles, huppes, courlis, faucons pèlerins...).

Planifier son séjour

Pour goûter à la vie insulaire, rien ne vaut le sud de l'île, avec ses parcs naturels, ses criques, ses grottes, ses villages paisibles et un arrière-pays ravissant.

MARTIN VALIGURSKY/SHUTTERSTOCK ©

Platja des Trenc (p. 171)

Si vous avez peu de temps

● Il faut une autorisation pour accéder au **Parc Nacional de l'Arxipèlag de Cabrera** (p. 178), une réserve naturelle inhabitée de 19 îles et îlots : inscrivez-vous donc à une excursion organisée. En été, des bateaux assurent la traversée depuis Colònia de Sant Jordi : vous croiserez peut-être des dauphins et des baleines ! La faune est extrêmement variée, avec plus de 200 espèces de poissons et 150 d'oiseaux. Outre une randonnée sur l'île principale, **Illa de Cabrera** (p. 178), vous visiterez son château-musée, qui retrace l'histoire fascinante de ces îles, et vivrez une expérience magique de snorkeling à la **Cova Blava** (la "grotte bleue", p. 178).

Au fil des saisons

Festivals gastronomiques avec repas en plein air, concerts en extérieur, marchés nocturnes, foires artisanales et fêtes estivales : il y a de quoi faire la fête dans le Sud !

AVRIL

Foire du sel et des épices à Ses Salines, où est produite une célèbre *flor de sal*.

MAI

Festa des Tondre à Es Llombards, avec tonte traditionnelle des moutons aux ciseaux.

JUIN/JUILLET

Fira de la Pagesia, foire agricole à S'Alqueria Blanca, théâtre d'une grande fête estivale.

VENTURA/SHUTTERSTOCK ©, JOSEMICHINEA/SHUTTERSTOCK ©, KONSTANTIN TRONIN/SHUTTERSTOCK ©

Si vous avez trois jours

L'idéal est de loger dans l'un des superbes boutiques-hôtels ou *fincas* (gîtes ruraux) de **Santanyí** (p. 170) ou de ses environs. Vous aimerez ses galeries d'art, ses jolies places et son marché animé. De là, explorez le **Parc Nacional de l'Arxipèlag de Cabrera** (p. 178), en passant une journée à la **Platja des Trenc** (p. 171). La plage est grandiose, mais sans ombre, eau ni protection solaire : apportez le nécessaire et, en été, arrivez tôt pour trouver une place de parking. Le troisième jour, direction le **Parc Natural de Mondragó** (p. 176) pour ses très belles plages, puis **Portopetro** (p. 176) pour dîner avec vue sur le port.

Si vous avez plus de temps

Nous vous conseillons de consacrer une journée à randonner sur la côte et une autre à découvrir les vestiges de l'île. Garez-vous à **Colònia de Sant Jordi** (p. 171) et rejoignez le phare de **Cap de Ses Salines** (p. 171) en taxi pour admirer la vue sur l'Illa de Cabrera. De là, retour au point de départ par un joli parcours pédestre de 3 heures via la Platja des Cargol avec sa jetée en pierre, et des criques et plages : la Cala en Tugores, la Platja de Ses Roquetes, la Platja des Carbó et la Platja des Dolç. Pour tous les détails sur cette randonnée, reportez-vous p. 173. Pour finir, plongez dans l'histoire sur le site talayotique de **Capocorb Vell** (1000 av. J.-C., p. 174).

AOÛT

Cala d'Or fête **Santa Maria del Mar** : repas en plein air, marché artisanal nocturne, concerts et procession maritime.

AOÛT

Festa del Cavall à Ses Salines en l'honneur de Sant Bartomeu : des courses où les enfants défient des *dimoni* en costume de diable.

SEPTEMBRE

Fête Sant Miquel, à Calonge : concerts, dîners, danses, jeux, costumes, foire et célèbre concours de pêche.

OCTOBRE

Foire d'automne de Santanyí : artisanat traditionnel, danses folkloriques et salon de la gastronomie.

SANTANYÍ ET SES ENVIRONS

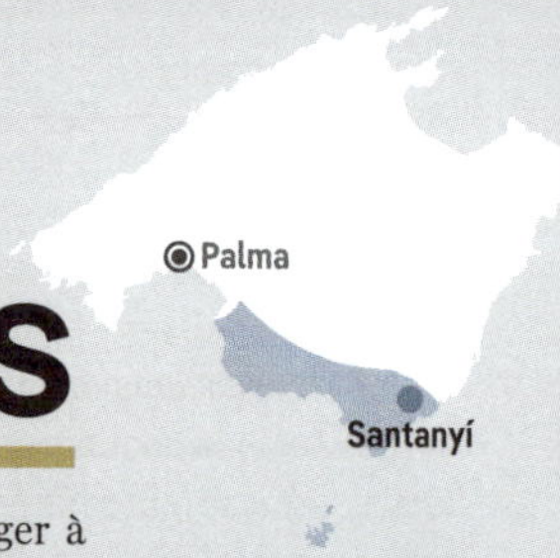

Pour visiter le sud de Majorque, il est pratique de loger à Santanyí car cette ville coquette un peu éloignée de la côte, se situe entre le Parc Natural de Mondragó et Ses Salines. Les fortifications et la Porta Murada, qui la protégèrent contre les corsaires, sont autant de témoins du passé. De bons restaurants, des cafés sympathiques, un marché hebdomadaire, des boutiques de produits locaux et artisanaux, des galeries d'art assurent son animation. La ville est tellement prisée qu'un commerce sur deux serait une agence immobilière ! Santanyí, en effet, attire une population très cosmopolite.

Y séjourner permet de découvrir, à proximité, des *calas* (criques) et la Platja des Trenc, une plage de sable blanc encore préservée. De là, vous pouvez également gagner l'archipel de Cabrera en bateau depuis Colònia de Sant Jordi, ou aller sur le site talayotique de Capocorb Vell (p. 174).

Pour les infos pratiques, voir le Carnet d'adresses p. 180

SE DÉPLACER

Pour visiter la côte sud à votre rythme, louez une voiture. Renseignez-vous sur le stationnement près des plages très fréquentées, surtout en haute saison.

PLAGES PRÈS DE SANTANYÍ

Platja des Trenc
10 km de sable blanc, des eaux peu profondes, des dunes. La plage fait partie d'un parc naturel.

Cala Llombards
Crique rocheuse, échelles plongeant dans la mer. Site de beach-volley et de snorkeling, café.

Caló des Moro
Magnifique spot pour le snorkeling et la vie marine. Très fréquenté l'été (arrivez dès l'aube...).

Cala S'Almunia
Plage sauvage dans un bel écrin, sans sable, juste des rochers lisses.

Artistes et artisans

UN JOURNÉE À SANTANYÍ

Avant d'arpenter les ruelles pavées de cette ville couleur de miel, offrez-vous un café serré sur la **Plaça Major**. Vous enchaînerez par un peu de shopping dans des boutiques chics ou la visite d'ateliers d'artistes : nombre de créateurs (céramique, textile, etc.), en majorité étrangers, ont élu domicile ici. La **Casa de Cultura Ses Cases Noves** propose un programme d'expositions intéressantes sur l'art local. Autre activité traditionnelle de la région : le travail de la pierre. Il est d'ailleurs possible de voir des œuvres du célèbre sculpteur îlien, Jaume Mir, à **Calonge**, pas très loin.

Jour de marché, le samedi est très animé : arrivez tôt pour parcourir les stands et goûter aux produits locaux. Après un après-midi à la plage, vous passerez la soirée devant un concert (d'ordinaire à partir de 21h30) à **Sa Cova**, près d'un olivier illuminé sur la place principale. Pour le dîner, le choix est varié : **Anoa Santanyí** (méditerranéen/européen), **Laudat** (pour les gourmands), **Es Molí de Santanyí** (dans un vieux moulin) ou **Retroway** (plusieurs options végan et végétariennes, avec des plats sans gluten).

Criques et calanques

SUR LE LITTORAL

La côte abrite une multitude de *calas* (criques). À 10 km de Santanyí environ, les eaux cristallines et le sable blanc de la **Cala Santanyí** sont une destination courue. Un sentier relie un parking à la plage, dont l'accès est ainsi facilité. Des douches et toilettes sont à disposition sur la plage, des parasols et des transats sont proposés en location. On trouve des hôtels et restaurants à proximité. Pour profiter au mieux de la plage, préférez le début de l'été ou attendez le départ des hordes de touristes. Outre le snorkeling, on peut y pratiquer le paddle, le kayak, voire la plongée, avec l'école **Cala Santanyí Diving**.

À 10 minutes en voiture de Santanyí, vous gagnerez **Cala Figuera**, plus paisible. Ici, pas de plage, mais un port de pêcheurs entre deux bras de mer : **Caló d'en Boira** et **Caló d'en Busques**. Les maisons chaulées aux volets verts, accrochées aux escarpements rocheux, les couleurs vives des hangars à bateaux avec leurs jetées en pierre, les bateaux de pêche à l'ancre feront de superbes photos. Une tour de guet, **Torre d'en Beu**, construite en 1569 pour contrer les attaques des corsaires, veille encore sur les lieux. Autrefois, c'est d'ici que le célèbre *marés* (grès) de Santanyí était acheminé vers d'autres endroits de l'île. Pour le déjeuner, installez-vous dans l'un des bars-restaurants locaux, **La Petite Iglésia** ou le **Restaurant Es Port**.

Et pour que votre séjour à Santanyí soit parfait, venez assister au lever du soleil derrière l'arche naturelle d'**Es Pontàs** située entre Cala Santanyí et Cala Llombards. Vous pourrez vous garer à proximité et marcher sur une courte distance jusqu'au belvédère surplombant la formation rocheuse façonnée par les vagues.

Plages de charme

MARAIS SALANTS ET ARRIÈRE-PAYS

À 17 km à l'ouest de Santanyí, la **Platja des Trenc** se découvre au petit matin. Située dans un parc naturel, elle a "joué le rôle" d'une plage caribéenne dans plusieurs films. Bordée de dunes, cette crique de sable blanc s'étend sur plus de 10 km. On n'y trouve presque rien d'autre que quelques petits *chiringuitos* (bars de plage). Une baignade dans ses eaux turquoise à l'aurore ou au coucher du soleil laisse un souvenir inoubliable. À 6,5 km au sud-ouest, **Colònia de Sant Jordi**, avec ses rues formant un damier sur le paysage légèrement vallonné, est un ancien village de pêcheurs. Elle est devenue la station balnéaire favorite des Palmeros (habitants de Palma). Pour déjeuner, deux bonnes adresses vous y attendent : **Cassai Beach House** et **5Illes Beach Restaurant**. C'est aussi un point d'embarquement vers l'archipel de l'Illa de Cabrera et ses paysages marins sauvages.

À 6 km dans l'intérieur des terres, **Ses Salines** ("Les salines") est un bourg agricole joliment conservé, produisant du sel depuis l'époque romaine. Il est à juste titre en passe de devenir l'une des villes les plus appréciées de l'arrière-pays majorquin. Avec de bons bars, restaurants et hôtels, mais

LES MEILLEURS HÉBERGEMENTS

Petit Hotel Sant Miquel
Boutique-hôtel chic et coquet à Calonge. Piscine sur le toit. €€

S'Hotelet de Santanyí
Maison de ville élégante en plein centre de Santanyí. Petit-déjeuner excellent. €€

Can Ferrereta
Accueil cinq étoiles dans un manoir du XVIIe, à Santanyí. Super piscine, spa et jardin. €€€

Fontsanta Hotel
Hôtel grand luxe réservé aux adultes, à 6 km de la Platja des Trenc. Spa, bain turc, piscines thermales, sauna. €€€

Villa Piccola by Cassai
Appart'hôtel chic à Colònia de Sant Jordi, près de plages superbes. €€

Blau Colònia Sant Jordi
Hôtel idéal pour les familles, près des Trenc. Tennis, spa, piscines, club enfants. €€

LE TOP DES ACTIVITÉS DE PLEIN AIR

École de plongée de Cala Santanyí
Plongée et activités sportives nautiques à partir de Cala Santanyí.

Redstar Tours
À Cala Figuera. Excursions en mer, location de bateaux, kayaks, vélos et paddles.

Més Aventura
Canyoning, coastering, descente en rappel, randonnée, escalade. Excursions et cours.

SANTANYÍ ET SES ENVIRONS

INCONTOURNABLES
1 Platja des Trenc

VOIR
2 Cala Figuera
3 Cala Santanyí
4 Casa de Cultura Ses Cases Noves
5 Plaça Major
6 Torre d'en Beu

ACTIVITÉS
7 École de plongée de Cala Santanyí
8 Salines d'Es Trenc

SE RESTAURER
9 5Illes Beach&Sunset
10 Anoa Santanyí
11 Cassai Beach House
12 Es Molí de Santanyí
13 La Petite Iglesia
voir 5 Laudat
14 Restaurant Es Port
15 Retroway

SORTIR
voir 5 Sa Cova

aussi des épiceries vendant les vins locaux, du sel et d'autres produits majorquins, cette ancienne étape rurale est devenue une destination à part entière. L'entreprise locale **Salinas d'Es Trenc** organise des visites guidées pour expliquer comment le sel est produit et présenter les multiples espèces d'oiseaux, dont des flamants roses, qui nichent ici. Souvenir obligatoire : de la *flor de sal* ! En prime, le ravissant paysage qui l'entoure est sillonné de chemins de randonnée et de pistes cyclables à portée de souffle des embruns marins.

À 1 km à l'est de Ses Salines, sur la Ma-6100, **Botanicactus**, le plus grand jardin botanique de Majorque, n'est pas uniquement planté de cactus : ses 15 ha fourmillent de palmiers, de bambous, de cyprès, de caroubiers, d'orangers et (naturellement) de plantes épineuses. Par beau temps, il fait bon flâner entre ses quelque 1 600 espèces de plantes méditerranéennes, exotiques et des zones humides.

Suivez la route nationale Ma-6110 sur 12 km au sud de Ses Salines pour atteindre le Cap de Ses Salines, un joli promontoire à l'extrémité méridionale de Majorque, avec un phare (Far des Cap de Ses Salines ; fermé au public) datant de 1863.

LES MEILLEURS RESTAURANTS

Anoa Santanyí
Plats méditerranéens et plusieurs options végans. **€€**

Laudat
Près de l'église de Santanyí, sur une terrasse ombragée. Cuisine élaborée. **€€**

Retroway
Menus de saison à base de produits locaux. **€**

Randonnée sur la côte

DU CAP DE SES SALINES À COLÒNIA DE SANT JORDI

Pour cette randonnée, comptez 3 heures pour parcourir 9 km.

Plat mais accidenté, le chemin côtier entre le Cap de Ses Salines et Colònia de Sant Jordi passe par des affleurements rocheux érodés par la mer et des plages sablonneuses isolées, idéales pour se baigner. N'oubliez pas d'emporter de l'eau en quantité : il n'y a pas de sources d'eau douce, et le parcours est très peu ombragé. Parmi les plantes que vous pourrez observer figurent les asperges sauvages et l'azucena de mar (lis maritime), dont les fleurs blanches très odorantes fleurissent en juillet et en août.

Pour pouvoir regagner votre voiture après la randonnée, le plus simple est de la laisser à **Ses Salines** (p. 171) et de prendre un taxi (15 €) jusqu'à **Cap de Ses Salines** (p. 171). De là, dirigez-vous vers la mer et tournez à droite (vers l'ouest). Vous pourrez voir la Méditerranée scintiller sur votre gauche, avec l'**Illa de Cabrera** (p. 178) au loin, et le domaine de Sa Vall, sur votre droite.

Après 30 minutes d'une marche à plat, sur les rochers à teinte rougeâtre (celle-là même qui donne à la cathédrale de Palma sa couleur) omniprésents sur cette portion de côte, vous atteindrez la première plage "vierge" de votre randonnée : la **Platja des Cargol**, protégée par une jetée naturelle de pierres. En été, l'endroit peut devenir très fréquenté, aussi bien sur terre qu'en mer.

En poursuivant le long de la côte, vous passerez par d'autres criques et plages comme la **Cala en Tugores** (à 1 heure de marche environ), la **Platja de Ses Roquetes** et la **Platja des Carbó** (après 2 heures 15), et enfin la **Platja des Dolç** (au bout des 3 heures). Avec leur sable fin et leur pente douce (et des vagues en conséquence), les plages sont splendides. Même avec la foule estivale, le cadre idyllique fait que l'on s'y sent toujours loin de tout.

À l'extrémité ouest de la Platja des Carbó, **Colònia de Sant Jordi** (p. 171), marquera la fin de votre promenade. Si vous voulez retourner à Ses Salines, prenez le bus n°502 (1,50 €).

MATTEO CERUTI/STOCK.ADOBE.COM ©

Ses Salines

POBLAT TALAIÒTIC DELS ANTIGORS

Ce site archéologique délaissé se trouve à environ 1 km au sud de Ses Salines (suivez les panneaux depuis la route menant à Colònia de Sant Jordi). Il n'y a pas de bureau d'information, la porte est toujours ouverte. Seule votre imagination vous permettra peut-être de faire parler les pierres visibles sur le terrain... Il n'y a pas beaucoup de places pour se garer donc vous devrez stationner sur le côté de la route, mais le site reçoit peu de visiteurs.

CAPOCORB VELL ET SES ENVIRONS

La beauté de son littoral pourrait faire oublier que Majorque est une île chargée d'histoire. Ce passé se découvre grâce à la visite du site talayotique de Capocorb Vell. La période talayotique a débuté vers 1200 av. J.-C., avec l'arrivée de populations dans les Baléares. Ces peuples ont édifié plus de 200 villages sur l'île et sont à l'origine des *talayots*, ces tours en pierre sèche encore debout sur certains sites majorquins. Tout près de Capocorb Vell, la tour de Cala Pi rappelle que Majorque a dû longtemps se défendre contre les attaques des pirates. Faites un détour par le Cap Blanc et son phare d'où l'on a une vue splendide sur Palma et l'Illa de Cabrera.

Pour les infos pratiques, voir le Carnet d'adresses p. 181

SE DÉPLACER

La voiture est le moyen le plus pratique d'explorer cette partie de l'île.

LES MEILLEURES TABLES DES ENVIRONS

Port Petit Restaurant Cuisine raffinée à Cala d'Or. Vue sur le port. **€€€**

El Castillo del Bosque Paella dans le cadre grisant d'un château près de Portocolom (fermé hors saison et mar-mer). **€€**

Rapa Nui Can Pelat Bonne table dans le village de Cas Concos des Cavaller. **€€**

Son Terrassa Belle terrasse à Cas Concos. Plats délicieux et carte des vins exceptionnelle. **€€**

Plongée dans l'histoire

SITE TALAYOTIQUE, TOUR DE GUET ET PHARE

Majorque compte plusieurs sites talayotiques, dont Costitx (p. 139), Montuïri (p. 138) et **Capocorb Vell**, à 12 km de Llucmajor, l'un des plus grands et sans doute le plus fouillé. Son occupation remonte à 1000 av. J.-C. Le site comprend cinq *talayots* (tours carrées et rondes en pierre, fabriquées sans mortier) de deux niveaux et dont on ignore toujours le rôle, même si certaines ont sans doute servi de tours de guet. Entre elles, ont été mis au jour les murs de 28 demeures. Se promener sur le site donne une bonne idée de la taille et de l'agencement de ce mystérieux village. Capocorb Vell est fermé le jeudi. Achat dcs billets au petit bar à l'entrée (espèces uniquement), près du petit parking.

Très plaisante et discrète, la station balnéaire de **Cala Pi**, à 5 km au sud de Capocorb Vell, surplombe un superbe cordon de sable blanc, qui s'étend au fond d'une crique profonde. Sur la côte, une tour défensive circulaire du XVIIe siècle (récemment rénovée) témoigne de l'histoire mouvementée des siècles passés, lorsque Majorque était sous la menace constante des pirates nord-africains. Aujourd'hui, la tour se contente de surveiller la mer saphir, paisible et sublime.

Le pittoresque promontoire de **Cap Blanc**, un peu plus à l'ouest, mérite un bref crochet. Prenez la Ma-6014 vers le sud depuis Capocorb Vell et tournez à droite au panneau indiquant le cap. Vous distinguerez rapidement le **Far de Cap Blanc**.

Il n'est pas possible d'aller jusqu'à ce phare, qui date de 1863 et dont la flamme était jadis alimentée avec de l'huile d'olive, mais vous pourrez passer par des ouvertures dans la barrière en bord de route pour explorer le littoral accidenté. De là, le point de vue sur la falaise rougeoyante est à couper le souffle, avec Palma et les montagnes de l'ouest dans une direction, l'Illa de Cabrera dans l'autre et les oiseaux marins tournoyant dans le ciel méditerranéen. Si le vent ne souffle pas trop fort, l'endroit se prête à merveille à un pique-nique. En l'absence de barrières, faites cependant attention avec les enfants ou les chiens : les risques de chute grave sont réels.

LES PLUS BELLES PLAGES

Cala Pi
En bas d'un escalier très raide, crique de sable blanc et hangars à bateaux typiques.

Cala Beltràn
Une mer émeraude serpente dans un paysage de roche. Idéal pour le snorkeling.

Racó de S'Arena
Petite plage tranquille de sable fin doré avec des rochers.

PARC NATURAL DE MONDRAGÓ

Pour les infos pratiques, voir le Carnet d'adresses p. 181

Le Parc Natural de Mondragó (766 ha) est un véritable joyau du sud de Majorque. Ses jolies baies en fer à cheval bordées de pinèdes, avec des plages de sable et des eaux bleu-vert, découpent le littoral rocheux. Ce cadre magnifique se prête à une journée sur la plage mais, au printemps et en automne, mieux vaut randonner et profiter de la nature. Tout près, vous pourrez déjeuner dans le village de pêcheurs de Portopetro, voire vous y poser quelques jours. À moins d'opter pour Cala d'Or, plus animée. Au programme du séjour, sont également inscrites une visite des grottes marines de Caló des Màrmols, une baignade dans les eaux tranquilles de la Cala Sa Nau.

SE DÉPLACER

Arrivez tôt pour trouver une place sur l'un des parkings proches du parc naturel, puis marchez jusqu'à la plage. Il est possible de se restaurer sur la Cala Mondragó. Pour être plus au calme, mieux vaut emprunter le sentier côtier qui mène à la plage de S'Amarador.

RANDONNER DANS LE PARC NATURAL DE MONDRAGÓ

Ses Fonts de n'Alis
Depuis le parking, le sentier pour la plage de Ses Fonts traverse une forêt de pins et d'oliviers sauvages, puis longe un étang d'eau salé.

Ses Gavotes
Boucle au départ de la plage de S'Amarador. Profitez de la forêt, de la côte et des points de vue sur le parcours.

Sa Guàrdia d'en Garrot
Boucle reliant Caló d'en Garrot à la plage de Ses Fonts de n'Alis, ponctuée de points de vue, dont une sur le Caló des Borgit.

Criques et ports

PARC NATUREL ET VILLAGES DE PÊCHEURS

Les 765 ha du Parc Natural de Mondragó couvrent une grande diversité de biotopes : prairies, dunes, pinèdes, zones humides et côtières. Seuls 95 ha du parc sont publics. Le reste est en grande partie toujours divisé en petits champs aux murs en pierre sèche appelés *rotes* : des amandiers, des figuiers, des caroubiers et des oliviers y poussent. Depuis Santanyí (p. 170), à 12 km par la Ma-19, des chemins étroits descendent au parking près de la plage. Ouvert toute l'année, le parc, sillonné par quatre routes, offre de nombreuses possibilités pour les marcheurs, les cyclistes et les ornithologues amateurs. Les autres se baignent, pratiquent le paddle ou le snorkeling à la **Cala Mondragó**, ou admirent simplement les yachts dans les baies.

Avec son port, sa marina, ses hangars à bateaux aux portes vertes, **Portopetro** est un village de pêcheurs plein de cachet. C'est le point de départ d'excursion en bateau vers les criques alentour, voire jusqu'au Parc Nacional de L'Arxipèlag de Cabrera. Sur le front de mer, déjeunez au **El Baúl**, au **Na Petra** (gastronomique) ou au **Restaurant Norai**. La station balnéaire voisine de **Cala d'Or** est nettement plus animée, voire tapageuse. Ses cinq petites criques ont chacune leur grand-rue avec de nombreux pubs, restaurants et magasins de souvenirs.

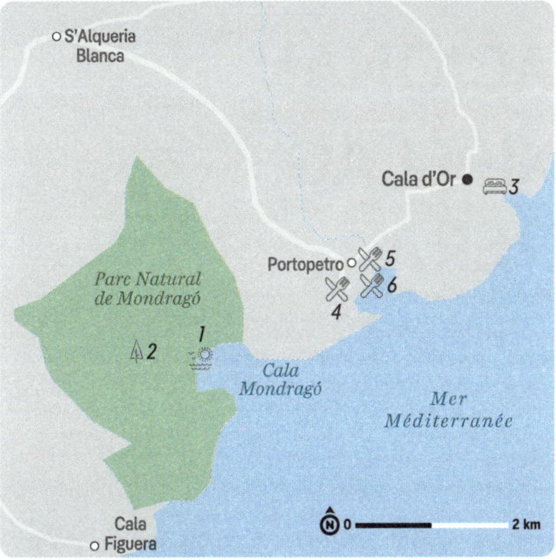

VOIR
1 Cala Mondragó
2 Parc Natural de Mondragó

SE LOGER
3 Cala d'Or

SE RESTAURER
4 El Baúl
5 Gastrobar Na Petra
6 Restaurant Norai

Cala S'Amarador, Parc Natural de Mondragó (ci-contre)

OÙ SE LOGER

Iberostar Club Cala Barca
Grand complexe hôtelier. Piscines, aire de jeux pour enfants, plage privée. **€€**

Melia Cala d'Or Boutique Hotel
Ambiance un peu caribéenne. Jardins, piscines et chambres lumineuses. **€€**

Playa Mondragó
Hôtel modeste, près de la plage de Mondragó. Quelques chambres ont vue sur mer. **€**

PARC NACIONAL DE L'ARXIPÈLAG DE CABRERA

Plus grand parc naturel d'Espagne, le Parc Nacional de L'Arxipèlag de Cabrera couvre un vaste archipel de 19 îles inhabitées. L'Illa de Cabrera est la plus grande et la seule qu'il est possible de visiter à l'occasion d'un circuit organisé en bateau. Plusieurs excursions quotidiennes partent de Colònia de Sant Jordi, à 16 km, dont l'aquarium enchante les plus jeunes. Des itinéraires de randonnée sont aménagés sur l'Illa de Cabrera, aussi propice à l'observation des oiseaux qu'au snorkeling, l'archipel abritant une incroyable faune marine (plus de 500 espèces). En été, il est possible de passer une nuit sur l'île, dans le refuge de Cabrera.

Pour les infos pratiques, voir le Carnet d'adresses p. 181

SE DÉPLACER

Les chemins caillouteux imposent de bonnes chaussures de marche, surtout si vous avez réservé dans le refuge de l'île, car il n'est accessible qu'à pied, par un sentier accidenté. Protection solaire et réserve d'eau indispensables. Emportez vos déchets !

LES PLUS BELLES PLAGES

Sa Plageta
Petite plage rocheuse, bordée de lentisques et d'oliviers.

S'Espalmador
Plage de galets plus difficile d'accès, mais mer émeraude.

Cala Donzell
50 m de plage à la fois sableuse et rocheuse. Tranquille, car peu fréquentée.

Cala Santa María
Plage de sable et de galets, située à l'écart.

Illa de Cabrera

DES CORSAIRES, DES OISEAUX, UN CHÂTEAU

Après l'arrivée en bateau sur l'Illa de Cabrera, l'île principale du Parc Nacional de L'Arxipèlag de Cabrera, il suffit d'une trentaine de minutes à pied vers l'ouest pour atteindre sur une hauteur (à 72 m d'altitude) le **Castillo de Cabrera**. À l'origine, cette forteresse du XIVe siècle avait été construite pour résister aux attaques des corsaires. Au sud, un sentier plus court mène à la plage **Sa Plageta**, bordée de pins, endroit rêvé pour une pause baignade et un pique-nique. Il passe devant l'église et le **refuge de Cabrera**, ancien camp militaire au confort spartiate qui peut vous accueillir une nuit, sur réservation car il n'y a que 12 places. Autre jolie plage : **S'Espalmador**. Poursuivez jusqu'au musée **Es Celler**, qui retrace l'histoire de l'île, en passant devant un mémorial dédié aux prisonniers français morts sur Cabrera durant les guerres napoléoniennes. Pour aller plus loin, par exemple jusqu'à Na Picamosques (point culminant de l'île à 172 m) ou au **phare de N'Ensiola**, il faut à la fois une autorisation et un guide. L'île est un paradis pour les animaux sauvages, comme les lézards des Baléares ; avec un peu de chance, les amateurs d'oiseaux verront des faucons pèlerins et d'Éléonore, des aigles pêcheurs, des balbuzards et des puffins. Plusieurs excursions en bateau font escale à la **Cova Blava** (la "grotte bleue"), au nord, célèbre pour ses eaux cristallines.

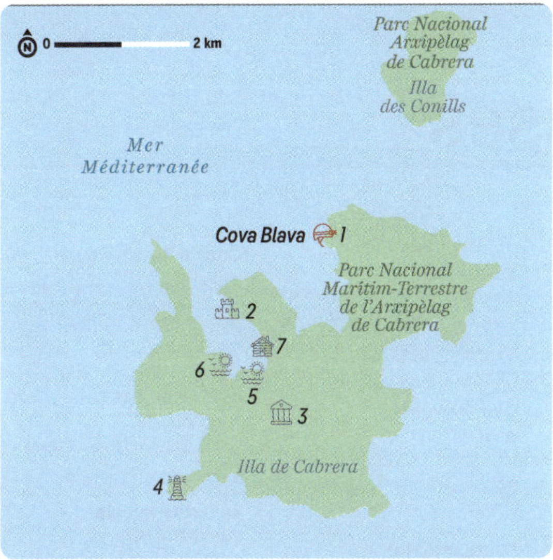

INCONTOURNABLES
1 Cova Blava

VOIR
2 Castillo de Cabrera
3 Es Celler
4 Phare de N'Ensiola
5 Sa Plageta
6 S'Espalmador

HÉBERGEMENT
7 Refuge de Cabrera

Illa de Cabrera

À NE PAS MANQUER AUTOUR DE L'ILLA DE CABRERA

Es Celler
Musée d'Histoire naturelle et ethnographique. Donne un bon aperçu du riche passé de l'île.

Jardí Botànic
Jardin botanique présentant la diversité de la végétation insulaire.

Cova Blava
Grotte marine aux eaux d'un bleu exceptionnel.

Carnet d'adresses

SANTANYÍ ET SES ENVIRONS

Botanicactus
Voir p. 172 (619 11 96 76 ; www.botanicactussalines.com ; Carretera Ses Salines-Santanyí Km 1 ; adulte/enfant 10,50/5 € ; 10h30-16h30 tlj ; P).

Salinas d'Es Trenc
Voir p. 172 (971 655 306 ; www.salinasdestrenc.com ; Carretera Campos a Colònia de Sant Jordi, Campos ; visites guidées de la mine de sel adulte/réduit 10/6 €, gratuit -8 ans ; 10h-17 lun-sam)

Cala Santanyí Diving
Voir p. 171 (604 52 08 10 ; www.pacosdiving.com ; Carrer sa Costa d'en Nofre 15, Cala Santanyí ; plongée et sports nautiques à partir de 75 €)

Casa de Cultura Ses Cases Noves
Voir p. 170 (971 65 30 02 ; ajsantanyi.net ; Carrer del Bisbe Verger, Santanyí ; 9h-14h et 17h-20h mar-ven, 10h-14h sam, 9h-14h lun)

Més Aventura
Voir p. 171 (722 47 29 81 ; www.mesaventura.com ; Carrer del Canonge Alcina 46 à Inca ; excursions et cours de canyoning, spéléologie, randonnée, escalade à partir de 35 € ; 9h-20h tlj)

Redstar Tours
Voir p. 171 (644 24 34 64 ; www.redstartours.com ; Virgen del carmen 52, Cala Figuera ; excursions en bateau, location de bateaux, kayak, vélos et paddle à partir de 15 €)

Blau Colònia Sant Jordi
Voir p. 171 (971 65 65 77 ; www.blaucoloniasantjordi.com ; Camí de Sa Síquia 3, Colònia de Sant Jordi)

Can Ferrereta
Voir p. 171 (971 90 59 05 ; www.hotelcanferrereta.com ; Carrer de Can Ferrereta 12, Santanyí ; mars à mi-nov)

Fontsanta Hotel Thermal & Spa
Voir p. 171 (971 65 50 16 ; www.fontsantahotel.com ; Carretera Campos a sa Colònia de Sant Jordi ; mars à mi-nov)

Petit Hotel Sant Miquel
Voir p. 171 (649 73 17 79 ; petitsantmiquel.com ; Carrer Isaac Albéniz, 4, Calonge)

S'Hotelet de Santanyí
Voir p. 171 (971 65 35 85 ; www.hoteletsantanyi.com ; Carrer d'en Simonet 3, Santanyí ; avr-oct)

Villa Piccola by Cassai
Voir p. 171 (Av. Primavera 2, Colònia de Sant Jordi ; location d'appartements de vacances à partir de 113 €)

5 Illes Beach Restaurant
Voir p. 171 (971 18 05 58 ; 5illesmallorca.com ; Platja dels Estanys, Colònia de Sant Jordi ; plats 16-30 € ; 12h-minuit tlj, fermé en hiver)

Anoa Santanyí
Voir p. 170 (971 65 33 15 ; anoa-santanyi.com ; Carrer de s'Aljub 32, Santanyí ; plats 12-28 € ; 18h-22h jeu-dim, ouvert de mars à nov)

Cassai Beach House
Voir p. 171 (971 07 09 39 ; cassaibeachhouse.com ; Carrer Major 21, Colònia de Sant Jord ; plats 12-26 € ; 11h-minuit tlj)

Es Molí de Santanyí
Voir p. 170 (971 65 36 29 ; Carrer Consolació 19, Santanyí ; 13h-23h mer-lun)

La Petite Iglesia
Voir p. 171 (971 64 50 09 ; www.facebook.com/people/La-Petite-Iglesia ; Carrer la Marina 11, Cala Figuera ; plats 10-30 € ; 9h-13h et 18h-23h lun-sam, 18h-23h dim)

Laudat
Voir p. 170 (871 90 60 34 ; www.restaurantlaudat.com ; Carrer de Sant Andreu 18, Santanyí ; plats 22-34 € ; 18h-22h30 lun, mar, jeu, ven, 12h-15 et 18h-22h mer et sam, fermé en hiver)

Restaurant Es Port
Voir p. 171 (971 16 51 40 ; Carrer Verge del Carme 88, Cala Figuera ; plats 12-22 € ; 12h30-22h30 mer-lun)

Retroway
Voir p. 170 (689 08 36 41 ; retroway.negocio.site ; Carrer de na Ravandella 21b, Santanyí ; plats 12-17 € ; 13h-22h mer-lun)

Sa Cova
Voir p. 170 (971 16 33 70 ; sacova-santanyi.com ; Plaça Major 30, Santanyí ; concerts à partir de 21h30)

Mercat setmanal de Santanyí
Voir p. 170 (Plaça Major ; 9h-15h mer et sam)

CAPOCORB VELL ET SES ENVIRONS

Capocorb Vell
Voir p. 174 (971 18 01 55 ; talaiotscapocorbvell.com ; Ma-6014 Km 23 à Llucmajor ; 3 € ; 10h-17h lun-mer et ven-dim)

El Castillo del Bosque
Voir p. 174 (971 82 41 44 ; elcastillodelbosque.es ; Carretera Felanitx Puerto C, Cales de Mallorca ; plats 21-40 € ; 13h-15h et 19h-22h jeu-lun, fermé de mi-nov à début fév)

Port Petit Restaurant
Voir p. 174 (971 64 30 39 ; portpetit.com ; Carrer d'en Perico Pomar, Cala D'or ; plats 25-70 € ; 13h-14h45 et 19h-22h30 jeu-lun, 19h-22h30 mer, fermé en hiver)

Rapa Nui Can Pelat
Voir p. 174 (971 83 96 43 ; Carrer del Metge Obrador, Cas Concos des Cavaller ; plats 15-50 € ; 19h-23h jeu-mar)

Son Terrassa
Voir p. 174 (971 83 95 51 ; www.sonterrassa.com ; Carretera Cas Concos-Felanitx, Cas Concos des Cavaller ; plats 20-25 € ; 13h-15h30 et 19h-23h jeu-mar)

PARC NATURAL DE MONDRAGÓ

Parc Natural de Mondragó
Voir p. 176 (971 18 10 22 ; en.balearsnatura.com ; Carretera de Cala Mondragó ; 9h-16h)

KSTIPEK/STOCK.ADOBE.COM ©

Botanicactus

Iberostar Club Cala Barca
Voir p. 177 (971 65 82 41 ; Carrer de la Barca Trencada, 18D, Barca Trencada ; fermé en hiver)

Meliá Cala d'Or Boutique Hotel
Voir p. 177 (971 64 81 81 ; Carrer de Portinatx 16-18 ; fermé en hiver)

Playa Mondragó
Voir p. 177 (971 65 77 52 ; www.playamondrago.com/es ; Cala Mondragó ; fermé en hiver)

El Baúl
Voir p. 176 (684 41 88 41 ; www.facebook.com/elbaulportopetro ; Carrer d'es Far 7, Portopetro ; plats 9-23 € ; 18h-22h jeu-ven, 13h-22h sam-dim)

Gastrobar Na Petra
Voir p. 176 (971 41 64 56 ; restaurantnapetra.com ; Carrer Passeig d'es Port 61, Portopetro ; plats 13-26 € ; 12h-10h tlj)

Restaurant Norai
Voir p. 176 (971 65 70 12 ; @norai_portopetro ; Carrer Passeig d'es Port 60, Portopetro ; plats 10-23 € 12h-10h45 tlj)

PARC NACIONAL DE L'ARXIPÈLAG DE CABRERA

Es Celler (Museo Etnográfico e Histórico)
Voir p. 178 (630 982363 ; adulte/enfant 2 €/gratuit ; 11h30-13h et 16h-18h)

Refugio del Parque Nacional de Cabrera "Rosa del vents"
Voir p. 178 (971 65 62 82 ; www.caib.es/sites/espaisnaturalsprotegits/es/refugio_de_cabrera-64720 ; Illa de Cabrera ; mai-oct)

CARNET PRATIQUE

Ce chapitre présente toutes les informations pratiques essentielles dont vous aurez besoin pour voyager à Majorque.

Pêcheur réparant ses filets à Palma (p. 42)

Arriver à Majorque

Situé à 8 km du centre-ville, l'aéroport international de Palma est le troisième d'Espagne et l'un des plus fréquentés l'été. Il est aussi possible de se rendre sur l'île en ferry : des liaisons régulières desservent Palma et Alcúdia, principalement depuis Barcelone, Dénia, Ibiza, Valence, Mahon/Ciutadella (Minorque) et Toulon.

Passeport

Pour les citoyens des pays membres de l'UE et de la Suisse, une carte nationale d'identité ou un passeport en cours de validité suffit. Les Canadiens doivent présenter un passeport valide six mois après la date de départ.

Cartes SIM

Il est très facile de se procurer des cartes SIM locales, compatibles avec des mobiles européens. Il n'y a aucun frais d'itinérance lors des voyages au sein de l'UE, mais hors de celle-ci, les tarifs varient.

Covid-19

Avant de partir, renseignez-vous sur les règles en vigueur : test PCR, attestation de vaccination à jour... Légalement, vous devez toujours avoir vos papiers d'identité sur vous.

Wi-Fi

À l'aéroport, il suffit de s'enregistrer et de se connecter pour accéder gratuitement au Wi-Fi qui est largement disponible à Palma et dans les hôtels de l'île.

AVION

Aéroport international de Palma de Mallorca (PMI ; ☎91 321 1000 ; www.aena.es/en/palma-de-mallorca.html). En été, les vols charters et réguliers sont extrêmement nombreux au départ de toute l'Europe. Beaucoup de compagnies low cost sont présentes. Comptez environ 2 heures depuis Paris (avec Air France, EasyJet, Transavia ou Vueling) pour vous rendre à Majorque par vol direct. Les prix varient énormément selon les compagnies et le moment de l'année. L'été ne sera pas forcément la saison la plus chère, à condition de s'y prendre bien à l'avance. Au départ de la Belgique, seules les compagnies low cost (Ryan Air, Brussels Airlines, TUI Fly Belgium) assurent une liaison directe (2 heures) avec Palma. Les aéroports de Bâle-Mulhouse, Genève et Zurich sont desservis toute l'année (Vueling, Swiss). Prévoyez un budget de 200-400 CHF. Il n'y a pas de liaison directe entre Montréal ou Toronto et Majorque, vous devrez donc faire une, voire deux escales. Comptez environ 10 heures de vol. Pour rallier Palma depuis l'aéroport : **bus** toutes les 30 minutes l'été, 5 € ; **taxi** 15 minutes, 20-25 €.

BATEAU

Des ferries relient Majorque à l'Espagne continentale (7 heures 30 depuis Barcelone) et à Ibiza (2 heures 15), Minorque et Formentera. La plupart des bateaux n'assurent la liaison que de Pâques à fin octobre et ceux qui continuent à naviguer en hiver diminuent la fréquence de leurs départs. La plupart des compagnies de ferries permettent le transport de véhicules sur les longs trajets et sont équipées de soutes à voitures (frais supplémentaires à prévoir et réservations obligatoires). Si vous voyagez avec votre véhicule, assurez-vous d'arriver au port en avance pour l'embarquement. Les tarifs varient selon la période ; comparez les prix sur **Direct Ferries** (www.directferries.fr) et consultez les sites de **Trasmediterránea** (www.trasmediterranea.es/fr), **Baleària** (www.balearia.com/fr) et **Grandi Navi Veloci** (www.gnv.it/fr).

HEURE LOCALE

Comme toute l'Espagne, Majorque est à l'heure GMT + 1 heure en hiver et GMT + 2 heures en été. Il n'y a donc pas de décalage avec la France, la Belgique ou la Suisse. En revanche, lorsqu'il est midi à Palma, il est 6h du matin à Montréal. L'heure d'été s'applique du dernier dimanche de mars au dernier dimanche d'octobre. Pour autant, l'île fonctionne parfois selon une temporalité bien à elle. Il ne faut donc pas s'étonner de voir des guides, chauffeurs ou commerçants arriver un peu plus tard que prévu.

Comment circuler

Il est très facile et peu onéreux de se déplacer en bus ou en train en haute saison, mais en basse saison, mieux vaut louer une voiture.

BUDGET

Location
À partir de 20 €/jour

Essence
Environ 1,725 €/litre

Recharge
5 €/15 min

Billet de train de Palma à Sóller
À partir de 18 €

Louer une voiture

Vous pouvez facilement louer une voiture à l'aéroport ou dans les principaux lieux de villégiature, généralement pour un prix abordable, mais anticipez vraiment votre réservation, surtout en haute saison, où la demande explose.

État des routes

Les routes majorquines sont globalement bonnes, et les itinéraires principaux bien signalisés. Celles de campagne et de montagne sont forcément parfois plus étroites, avec quelques nids-de-poule ici ou là, et un manque de signalisation.

VOYAGE EN TRAIN

Si vous prenez le train, écoutez bien les annonces, car certaines lignes récentes arrivent sur des quais abaissés ; vous devez alors vous positionner à une extrémité spécifique du quai. Voyagez comme autrefois en empruntant le vieux train d'époque qui relie Palma à Sóller en traversant le magnifique massif de la Tramuntana et des tunnels, puis en prenant le tramway à l'ancienne jusqu'à Port de Sóller (p. 86).

Scannez ce QR code pour connaître les horaires à jour des lignes.

Bus et train

Le bus et le train sont bon marché, mais le tarif est un peu réduit en basse saison. Vous pouvez acheter un billet à l'unité (3-9 €) ou un pass valable sur une plus longue période. Les lignes et les horaires en vigueur sont consultables sur tib.org.

Vélo

Majorque est l'une des destinations les plus populaires d'Europe pour le vélo sur route. Le terrain est parfois difficile dans les zones montagneuses, mais la majeure partie de l'île est assez plate et peut être facilement explorée à vélo.

Parking

Il est difficile de se garer à Palma : préférez les parkings souterrains et la périphérie. Sinon, il existe des zones payantes, matérialisées par des lignes bleues, avec parcmètre.

À SAVOIR

Palma est une ville cyclable, qui propose des vélos en libre-service. Idéal pour une balade en ville ou sur les pistes cyclables en bord de mer !

CODE DE LA ROUTE

50

La vitesse est limitée à 30 ou 50 km/h en zone urbaine, 90 km/h sur les routes secondaires, et 120 km/h sur l'autoroute.

Attention : les Majorquins ne mettent pas forcément leurs clignotants aux ronds-points.

Argent

MONNAIE : **EURO (€)**

Cartes bancaires et DAB

La plupart des hôtels et restaurants acceptent les cartes bancaires, mais pour les restaurants un peu isolés, les taxis, les transports publics et les attractions touristiques moins courues, mieux vaut prévoir du liquide. Les DAB sont omniprésents sur l'île. Ils acceptent la majorité des cartes, mais appliquent parfois des frais : vérifiez bien le coût de la transaction à l'écran avant la fin de l'opération.

Paiements mobiles

Nombre de magasins acceptent les paiements mobiles, mais ayez toujours une carte ou du liquide sur vous en cas de problème technique.

Espèces

Les espèces sont utiles pour les petits achats, au marché et dans les cafés. Sur la plage, ayez ce qu'il faut pour les glaces, les boissons et louer un transat. Enfin, avant de prendre le bus, un taxi ou d'entrer dans un petit restaurant familial, renseignez-vous sur le mode de paiement accepté.

COMBIEN COÛTE...

Une entrée à La Seu avec visite des terrasses

12 €

Une croisière dans la baie

13-100 €

Un trajet Palma-Sóller en train

18 €

BON PLAN...

Sur présentation d'un justificatif, les étudiants et les seniors bénéficient d'une réduction pour certains trajets, musées et sites. L'entrée de nombreux musées est toutefois gratuite, et beaucoup de sites et galeries prévoient une "Entrée libre", par semaine, généralement le dimanche. Renseignez-vous.

À SAVOIR

Il est de bon ton de laisser une obole lors de la visite d'églises locales.

POURBOIRES

Dans un hôtel, il est courant de donner quelques euros par bagage, mais libre à chacun de laisser un pourboire aux agents d'entretien. Dans un restaurant dont le service est correct, un pourboire de 10% (15% si c'est votre jour de bonté) est bien vu, mais facultatif. Pour les taxis, l'usage est juste d'arrondir à l'euro supérieur.

Hébergement

Retour aux sources

Les randonneurs et amateurs d'expériences originales pourront passer une nuit dans un refuge de montagne, près d'un grand sentier de randonnée, ou séjourner dans un monastère, où le confort des chambres peut aller de la sobriété d'une cellule monacale à celui d'un hôtel. Ces hébergements se situent souvent dans un écrin de nature.

Séjour à la ferme

Beaucoup d'anciens ravissants domaines ruraux et *fincas* (fermes) ont été rénovés pour offrir un hébergement de luxe dans un cadre de caractère : ambiance chic ou rurale, ou les deux. Certains, avec piscines et spas, accueillent des curistes. Pour un vrai retour à la nature, préférez une ferme encore en activité.

Hôtels

Pour le plus large éventail d'hôtels adaptés aux familles, gagnez les stations balnéaires au sud-ouest de Palma, ou optez pour Port de Pollença et ses environs, au nord.

Locations de maisons

Partout sur l'île, des maisons (souvent avec piscine ou jardin) sont à louer. C'est une bonne option pour un séjour en famille et cela permet de se faire une idée plus juste de la vie insulaire. Renseignez-vous sur les plateformes habituelles.

COMBIEN COÛTE UNE NUIT DANS...

Un monastère
25 €

Un hôtel de gamme moyenne
80-120 €

Un gîte
À partir de 40 €

Camping

Majorque est une destination idéale pour la randonnée, et le nombre de touristes en mobile home a grimpé pendant le Covid. Le camping sauvage est strictement interdit en raison des risques de feux de forêts, mais il existe des sites aménagés fabuleux, comme le Campament Lluc près du Santuari de Lluc, dans la montagne, ou le Campament La Victòria, à l'est.

Séjour écolo

Si vous vous souciez de votre empreinte carbone, un séjour "vert" dans un gîte, une *finca* ou un hôtel responsable sera parfait. Un établissement comme Ecocirer propose aussi des cours de cuisine.

SÉJOURS RESPONSABLES

Le tourisme est tellement vital pour l'économie majorquine que les hôtels y sont rois. Cela crée évidemment des tensions avec les habitants. D'un côté, ceux-ci se réjouissent de la manne financière que représentent les visiteurs, qu'ils accueillent généralement très bien ; d'un autre côté, ils sont réellement préoccupés par l'exploitation des ressources. L'eau est un enjeu majeur, car en été, l'afflux de touristes restreint les ressources. La dégradation du milieu marin provoquée par les croisières et les yachts inquiète également. Le tourisme de demain doit être responsable.

Avec des enfants

Majorque propose de très nombreuses activités et attractions pour les enfants, des parcs aquatiques aux châteaux, en passant par des activités d'aventure et des animations sur la plage. Les Majorquins sont très famille, et les enfants sont les bienvenus presque partout. Hormis une poignée d'hôtels réservés aux adultes, beaucoup d'établissements proposent des clubs pour enfants avec garderie et des activités pour tous les âges.

Visites

Les enfants bénéficient souvent d'un tarif réduit pour les visites de sites, les attractions, les musées, les expositions et l'hébergement. Comme les tranches d'âges concernées varient, renseignez-vous sur ce point et sur les journées "Entrée libre" en vigueur dans beaucoup d'endroits : il y a certes plus de monde, mais l'économie est appréciable.

Pratique

Au moment de réserver votre hôtel, vous pouvez demander un lit d'enfant avec barreaux (*una cuna*) ou sans (*una camita*), voire une chambre familiale. Le lit est parfois facturé en sus. Peu de restaurants proposent un espace à langer. Les pharmacies sont souvent fermées le dimanche, mais la plupart des hôtels peuvent appeler un médecin si nécessaire.

Se déplacer

Si vous louez une voiture, il vous faut impérativement un siège auto ; le mieux est d'apporter le vôtre, car la location coûte une dizaine d'euros par jour. Le bus et le train sont gratuits ou à tarif réduit pour les enfants.

Au restaurant

À l'exception de ceux des grands hôtels, peu de restaurants prévoient des menus enfants, mais sur demande, la plupart peuvent proposer une nourriture adaptée et appréciée des plus jeunes. Certains restaurants n'ont pas non plus de chaise haute : cet aspect est à voir lors de la réservation.

NOTRE SÉLECTION

Aqualand (p. 188)
Parc aquatique avec des toboggans, des attractions et une pataugeoire pour les plus petits.

Coves del Drac (p. 160)
La magie des grottes souterraines de Porto Cristo transporte les enfants dans un autre monde.

La Reserva (p. 59)
Parc naturel pour marcher en montagne, se baigner dans les cascades et voir des aigles et des ours de près.

Jungle Parc (p. 72)
Accrobranche et activités de plein air à sensations, comme la tyrolienne.

Équitation
Nombreuses possibilités, parmi lesquelles les camps d'équitation à La Gubia (p. 94).

FÊTES

Les enfants adorent participer à l'une des nombreuses fêtes majorquines. Ils y découvrent la vie locale en s'amusant et, souvent, des ateliers de musique, d'art ou de danse leur sont dédiés. Le carnaval est particulièrement populaire. Celui de Palma, Sa Rua, organise en parallèle un carnaval réservé aux enfants : Sa Rueta. Les informations sur les événements, ateliers et activités à venir sont affichées dans les bibliothèques locales.

À GAUCHE : LIMIPIX/SHUTTERSTOCK ©, À DROITE : ASCANNIO/SHUTTERSTOCK ©

Santé et sécurité

ASSURANCE

Certes facultative, l'assurance voyage reste judicieuse en cette période post-Covid. Elle doit inclure les perturbations de trafic et annulations de vols, ainsi qu'une assistance médicale. Les ressortissants de l'UE peuvent demander une carte européenne d'assurance maladie (CEAM) qui garantit la gratuité des soins.

Épuisement par la chaleur

L'épuisement par la chaleur touche particulièrement les randonneurs et les cyclistes, même par temps couvert, d'autant que la brise marine atténue parfois la sensation de chaleur. Il faut absolument porter un chapeau, utiliser une protection solaire, éviter le pic de chaleur du midi et, si vous faites du sport, avoir assez d'eau à disposition.

Morsures et piqûres

En été, les moustiques, voire les guêpes, peuvent être un vrai problème. Il faut aussi se méfier des tiques si vous marchez dans les grandes herbes ou sur des sentiers étroits en forêt. Couvrez-vous, surtout à l'aube et au crépuscule, et utilisez un spray anti-moustique. La nuit, vous apprécierez une moustiquaire si vous séjournez à la campagne ou dans un lieu sans climatisation. Si vous vous baignez, prudence : il y a parfois des méduses.

BAIGNADE

Chaque année, des touristes meurent par noyade. Vous devez vraiment être prudent et vous renseigner sur les conditions de baignade. Ne nagez jamais seul et surveillez vos enfants.

SÉCURITÉ À LA PLAGE

Drapeau vert
Aucun danger apparent

Drapeau jaune
Prudence requise : restez près des maîtres-nageurs

Drapeau orange
Maître-nageur absent

Drapeau rouge
Conditions dangereuses, baignade interdite

Drapeau noir
Plage fermée, danger sanitaire potentiel

Catastrophes naturelles

Malgré son ensoleillement légendaire, Majorque connaît parfois de violents orages avec de la grêle et des inondations. Si cela vous arrive, cherchez un lieu où vous abriter. En été, la vigilance et un comportement responsable s'imposent en forêt, à cause du risque d'incendie.

VOYAGER SEULE

Majorque a beau être une destination sûre et sympa, les précautions habituelles restent de mise. Si vous faites l'objet de commentaires, d'appels ou de regards insistants gênants, ignorez-les, simplement. Dans l'arrière-pays et en ville, les gens s'habillent souvent de manière plus conventionnelle.

Manger, boire et sortir

Les repas

Desayuno (7h-9h) Petit-déjeuner assez frugal : la plupart du temps un café et une viennoiserie.

Almuerzo (10h-11h30) En-cas un peu plus copieux : souvent un *bocadillo* (sandwich).

La Comida (13h30-15h30) Déjeuner habituellement tranquille.

Merienda (17h-19h) Généralement une douceur sucrée, comme un gâteau avec un café.

Tapas (18h30-20h) Facultatif ou à la place de la *cena* : de petites portions avec une boisson.

Cena (21h-23h) Dîner, souvent plus léger que le déjeuner.

Où se restaurer

Celler : restaurant de cave à vins servant une cuisine majorquine classique et traditionnelle.

Cafe : établissement souvent doté d'une terrasse, pour le café du matin, un en-cas léger, un verre, les tapas du soir, etc.

Chiringuito : cabane de plage servant des boissons, des en-cas et des glaces, voire des tapas.

Confitería : pâtisserie, aussi appelée *pastelería* ou, si elle fait plus boulangerie, *forn*.

Marisquería : restaurant de fruits de mer.

Tabernas/Tasca : taverne rustique servant des repas copieux ou des tapas.

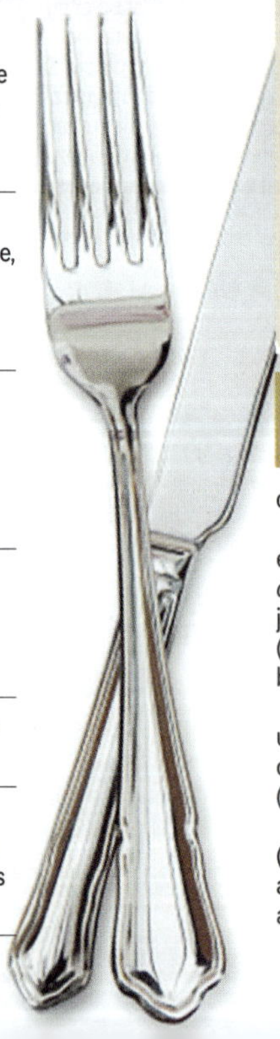

COMPRENDRE LA CARTE

Les menus peuvent être en catalan ou en espagnol.

PLATS LOCAUX COURANTS

Arròs brut : spécialité à base de porc et de légumes, voire de lapin (littéralement "riz sale")

Bottifarra : saucisses de porc (spécialité majorquine)

Pa amb oli : pain frotté à l'huile d'olive (souvent servi)

Sobrassada : saucisson de porc séché et salé, au paprika

Trempó : salade de tomates, poivrons et oignons émincés

Tortilla española : omelette espagnole

Tumbet : tomates et légumes (souvent courgettes, pommes de terre, aubergines et ail) mijotés

MOTS UTILES

Carne de res : bœuf

Cerdo : porc

Cerveza/caña : bière

Jarra de vino : verre de vin

Pescado : poisson

Pollo : poulet

Postre : dessert

Mariscos : fruits de mer

Menu del dia : menu du jour : déjeuner correct et bon marché (lun-ven)

Raciones : petites portions de nourriture

Sin gluten : sans gluten

Vegetariano : végétarien

Vino blanco/tinto : vin blanc/rouge

Commander un café

Prendre un café en regardant les passants dans les rues de Palma ou sur les places des villes de l'arrière-pays : quel moment agréable !

Attention au type de café si vous commandez en espagnol : *café solo* (expresso), *cortado* (macchiato), *café con leche* (café au lait), *manchado* (lait avec juste un peu de café), *descafeinado* (déca), *con hielo* (café glacé), *carajillo* (café avec de la liqueur ou du brandy) ou *bombón* (café avec du lait concentré).

En majorquin, un café au lait se dit *cafè amb llet*, un expresso *cafè exprés* et un déca *descafeïnat*, sans oublier *si us plau* (s'il vous plaît) et *moltes gràcies* (merci beaucoup).

Profitez-en pour prendre une *ensaïmada* (viennoiserie fourrée à la crème pâtissière ou au chocolat) ou un *gató Mallorquí* (gâteau aux amandes) !

Passer une soirée en ville

Pour certains, la soirée commence tôt. Ainsi, le samedi, dans le quartier de Santa Catalina, à Palma, le Tardeo (consommation de tapas et boissons) démarre à 16 h. La musique envahit les clubs de plage, qui basculent en mode nocturne. D'une manière générale, les gens commencent à prendre un verre et des tapas vers 18h30, puis vont de bar en bar. Les quartiers anciens de Palma (Sa Gerreria par exemple) ont leur propre circuit comprenant une vingtaine de bars et surnommé la Ruta Martiana (route des Martiens).

Pour savourer le coucher de soleil, rien ne vaut un verre en fin de soirée sur un *rooftop* en ville ou commandé au bar d'un *chiringuito* (club de plage) et bu sur le sable. À Palma vient la promenade du soir, la *paseo* : des familles et des couples flânent sur le Passeig des Born ou La Rambla arborés.

Les restaurants servent de 20h30 à 23h, les gens dînant souvent tard (même les familles avec enfants). Les bars commencent à s'animer vers 23h, et les clubs vers 1h, quand les clients quittent les bars. Pour occuper ses soirées, le choix est vaste : bars, clubs, scène musicale live variée, ou encore cinéma, récitals et concerts en plein air.

Le saviez-vous ?

On ignore l'origine du terme "tapas". Il pourrait venir de *tapar* (couvrir), à l'époque où, en Andalousie, on posait des tranches de pain sur les verres de xérès pour protéger celui-ci des mouches.

COMBIEN COÛTE UN...

Verre de vin
À partir de 2 €

Café
1,50 €

Pinte de bière
1,50-6 €

Glace
3 €

Ensaïmada
1 €

Déjeuner (menu du jour)
À partir de 12 €

Dîner dans un restaurant local
Environ 45 € pour deux

Dîner dans un restaurant étoilé du guide Michelin
À partir de 180 € pour deux

POURQUOI LES ESPAGNOLS MANGENT-ILS TARD ?

Bien des visiteurs s'étonnent des horaires tardifs des repas en Espagne : les restaurants n'ouvrent souvent qu'à 21h et les habitants ne mangent pas avant 23h.

La raison la plus évidente est pratique : en été, il fait si chaud que les familles et les amis préfèrent se réunir plus tard pour dîner, une fois que la température de la journée a baissé.

Néanmoins, ce n'est pas la seule raison. Située sur la même longitude que le Royaume-Uni, l'Espagne a longtemps été à l'heure universelle (GMT). Mais pendant la Seconde Guerre mondiale, en solidarité avec l'Allemagne, le général Franco a adopté l'heure CET (Central European Time), avançant ainsi d'une heure tous les horaires de repas.

Notons aussi que l'alimentation quotidienne d'un Espagnol se répartit traditionnellement comme suit : d'abord le petit-déjeuner (souvent un café et une viennoiserie), puis l'*almuerzo* (en-cas copieux ou sandwich), le déjeuner entre 13h30 et 15h30 (pris au restaurant, il peut inclure trois plats) et la *merienda* (souvent une pâtisserie) entre 17h et 19h environ. Il paraît donc logique de ne pas dîner (*cena*) avant 21h.

Voyage responsable

Voyage et changement climatique

L'impact des voyages sur l'environnement est aujourd'hui bien connu, et impose de faire ce qui est en notre pouvoir pour le limiter. Lonely Planet recommande ainsi aux voyageurs de se renseigner sur l'empreinte carbone de leurs déplacements. Divers outils en ligne permettent de calculer les émissions de CO_2 générées par chaque trajet, notamment celui de l'Ademe. De nombreuses plateformes de réservation et compagnies aériennes proposent de compenser leurs émissions de gaz à effet de serre par une contribution financière à des projets respectueux de l'environnement, partout dans le monde. Chez Lonely Planet, nous continuons à compenser l'empreinte carbone de tous nos auteurs, tout en étant conscients que ce n'est qu'une solution partielle.

Arts, artisanat et produits locaux

Il est important de soutenir les artisans et producteurs locaux en achetant sur les marchés hebdomadaires : miel, fromage, pain, produits bio ou objets artisanaux fabriqués avec des matériaux durables, le choix est vaste !

Protection animale

Pour une sortie équestre organisée dans un parc naturel ou en bord de mer, contactez NaturaCavall (p. 152), qui accueille les chevaux malades ou blessés et leur apporte les soins nécessaires.

Paysages naturels et faune sauvage

Pour découvrir les paysages naturels, vous pouvez marcher avec un guide de randonnée et animalier, ou visiter un domaine rural, comme Son Moragues (p. 94), où des insulaires vous expliqueront l'histoire du paysage et sa gestion actuelle et vous feront déguster de l'huile d'olive locale.

Save the Med

Cette association locale travaille à éveiller les consciences sur les problèmes environnementaux, surtout la protection marine. Sa mission : "permettre à la Méditerranée de retrouver la richesse de sa biodiversité". Elle a mis en place un programme en ce sens dans les écoles, et réalise des opérations régulières de nettoyage des plages. En laissant les endroits que vous traversez propres, vous contribuez à votre manière.

Écoséjours

Animé d'un esprit de durabilité, l'établissement Ecocirer à Sóller (p. 87) propose des ateliers axés sur l'environnement et des cours de cuisine végétariens. Sinon, un séjour à la campagne dans une *finca* (ferme) encore en activité permet de découvrir très concrètement la vie rurale.

Offrez-vous un repas dans un restaurant Km 0, comme Béns D'Avall (p. 88) ou Andana (p. 55), dont les chefs cultivent les produits locaux qu'ils cuisinent.

Oubliez la voiture et partez randonner en montagne ou le long de la côte.

EN HAUT À GAUCHE : NPETER/SHUTTERSTOCK ©, EN BAS À GAUCHE : BEARFOTOS/SHUTTERSTOCK © ; À DROITE : JULIE208/SHUTTERSTOCK ©

Mesures gouvernementales

Le gouvernement majorquin a pris plusieurs mesures pour favoriser l'écotourisme et œuvre de plus en plus pour la protection de l'environnement local. L'écotaxe instaurée en 2017 (chaque visiteur paie une petite "taxe" quotidienne, ajoutée à son forfait hôtelier) sert à financer des projets de protection de l'environnement sur l'île, tels que l'aménagement de sentiers de randonnée, la création de nouvelles pistes cyclables et la restauration de sites et bâtiments historiques. Autre projet en cours à plus long terme : la création d'un réseau de *zonas verdes* (zones vertes) dans Palma, afin de réduire les inondations et les dégâts environnementaux, favoriser la biodiversité et offrir un cadre plus sain aux habitants et aux touristes. Des efforts sont aussi faits en faveur de l'énergie solaire, et la gestion des ressources en eau est devenue une vraie préoccupation.

Participez à une journée de nettoyage des plages organisée par une association caritative environnementale locale.

Laissez les plages propres en partant. Soyez responsable et remportez tous vos déchets.

Arbres

Le panneau sur la Plaça d'Espanya indique le nombre d'arbres plantés à ce jour dans le cadre du projet "10 000 Arbres" de Palma. Vous pouvez aussi scanner le QR code ci-dessous.

Fin des plastiques à usage unique

Majorque a interdit ces plastiques en 2021, mais cela ne vaut pas encore pour les bouteilles en plastique. Des associations locales s'engagent donc sur ce point. Par exemple, cleanwave.org travaille à l'installation de points d'eau potable partout dans l'île, où chacun pourrait remplir sa gourde, réduisant ainsi la quantité de bouteilles en plastique et de déchets.

SITES UTILES

mallorcapreservation.org Axé sur des projets de protection de l'environnement.

marilles.org Soutient des projets en faveur de la diversité et protection du milieu marin.

Pour acheter des produits bio frais à Majorque, rendez-vous sur un eco-market ou dans un magasin Agromart, qui vend des produits bio locaux, dont des huiles d'olive, des amandes et des olives.

Voyageurs LGBTIQ+

L'homosexualité est légale en Espagne, pays traditionnellement conservateur. Le mariage entre personnes du même sexe a été légalisé en 2005 par le président socialiste de l'époque, José Luis Rodríguez Zapatero. Palma est au cœur de la culture gay majorquine.

Semaine et festivals de la fierté

Lors de la semaine de la fierté en juin, Palma accueille divers événements : concerts, master classes, performances, conférences, DJ, ateliers et théâtre. Le point d'orgue a lieu le 28 juin, avec la Marche de la fierté, défilé festif organisé par l'association Ben Amics. Parallèlement se tient le Festival du film Out!, avec une programmation variée. Pour plus d'informations : palma.cat.

FESTIVAL INTERNATIONAL LESBIEN ELLA

Ce festival (ellafestival.com) offre un riche programme : événements, conférences, excursions, dîners et soirées, avec, côté plage, volley, yoga et paddle, notamment.

BEN AMICS

Ben Amics, l'association phare de l'île pour les membres de la communauté LGBTIQ+, fournit de nombreuses informations sur son site : benamics.com. Ses bureaux sont à Palma, Carrer Guillem Galmes 2, et sont ouverts de 9h à 15h.

Bars gay-friendly

Palma est tout particulièrement accueillante et fière. Quelques endroits *gay-friendly* :

The2 Palma : bar convivial avec DJ, cocktails, drag show (@the2palma)

La Dama de Ella : bar à tapas, ouvert très tard (@ladamadeella)

Bar Michel à El Terreno : tapas, musique, atmosphère conviviale (@bar_michel)

PROGRAMME DE LA SEMAINE

Le site de Gay Mallorca (gay-Mallorca.blogspot.com) donne la liste des événements actualisée chaque semaine.

Mallorca Gay Map

Un guide pratique des lieux *gay-friendly*, notamment restaurants, clubs, bars et hôtels, est consultable sur mallorcagaymap.com ou en version papier, à l'office du tourisme de Palma.

À GAUCHE : ALEXANDER SPATARI/GETTY IMAGES ©, À DROITE : OLEGDOROSHIN/SHUTTERSTOCK ©

Voyage et handicap

Certains sites et établissements majorquins sont désormais plus accessibles aux voyageurs à mobilité réduite, mais il y a encore beaucoup à faire.

Se déplacer

À Palma et dans beaucoup de bourgades de l'île, les rues raides et étroites sont légion, ce qui pose un réel problème d'accessibilité. Si les zones pavées et passages piétons principaux ont été pensés avec cet aspect en tête, d'autres lieux s'avèrent plus difficiles d'accès. C'est le cas de moult gares ferroviaires, dont l'entrée et la sortie se font via des portillons sans présence humaine.

Scannez ce QR code pour obtenir une liste des hôtels accessibles.

Aéroport

En réservant 48 heures avant, les personnes à mobilité réduite peuvent bénéficier d'une assistance 24/7 à l'aéroport. L'exploitant AENA dédie aussi une ligne d'information et de service client aux personnes atteintes de troubles auditifs ou de la parole.

Hébergement

Les grands hôtels prévoient des chambres adaptées. Le site accessiblespaintravel.com en fournit une liste précieuse pour différents budgets, avec descriptifs des accès et aménagements.

SITES UTILES

Accessible Spain Travel peut aider les personnes à mobilité réduite à organiser leurs vacances, y compris pour trouver un hébergement et des visites privées.

Handiscover fournit une liste des voyages accessibles sur l'île et des conseils.

TAXIS

En passant par l'intermédiaire de votre hôtel, vous pouvez réserver un taxi adapté.

Accessibilité des bus

Les bus TIB de Palma ont un espace pour fauteuils roulants, avec des boutons de demande d'arrêt placés plus bas. Ce n'est pas forcément le cas des bus circulant dans le reste de l'île.

Scannez ce QR code pour consulter une liste des plages accessibles.

PLAGES ACCESSIBLES

Le site disabledaccessibletravel.com (en anglais) fournit une liste des **plages** accessibles dans l'île. Alcúdia, Magaluf, Palmanova, San Telmo et Cala Millor, notamment, sont bien aménagées, avec des places de parking réservées, des trottoirs et toilettes accessibles, un service d'assistance et des fauteuils amphibies qui permettent la baignade.

CARTES EN BRAILLE

L'office de tourisme d'Alcúdia propose des cartes en braille de la région.

Noix et fruits secs au marché de Sineu (p. 142)

L'ART DE...

Faire son marché

Malgré la prolifération des grands supermarchés en banlieue des villes importantes, le marché hebdomadaire fait partie de la vie majorquine. Il est l'occasion de rencontrer les producteurs locaux (apiculteurs ou fromagers artisanaux, oléiculteurs, boulangers ou artisans) et d'échanger avec eux, mais aussi d'appréhender les traditions insulaires au travers des produits.

Jours de marché

À chaque bourgade son jour de marché, d'où la nécessité de se renseigner. Celui de Sóller a lieu le samedi matin ; très imposant, il s'étend de la gare ferroviaire à la place principale, et au-delà, y compris sur la Calle Luna. On y trouve aussi bien de la nourriture et des fleurs que des vêtements, du bric-à-brac, de la maroquinerie et de l'artisanat local. Le dimanche est le jour du marché populaire de Santa María del Camí et de celui de Pollença, l'un des plus grands de l'île.

Marchés aux puces

Avec sa vente de vêtements, meubles, antiquités, bijoux et biens locaux d'occasion, le marché aux puces de Consell vous garantit un dimanche matin divertissant.

Produits locaux

Une grande variété de stands vous attend aux marchés de Sineu (8h30-13h30, mer) et Inca (jeu). Vieux de plus de 700 ans, le marché de Sineu donne un authentique aperçu de la vie insulaire. C'est sur la place principale, près de l'église, et sur la Plaça des Fossar qu'il est le plus animé. Souvent plus fréquenté par les habitants que par les touristes, le marché d'Inca est davantage centré sur les produits traditionnels, comme les textiles, le cuir, les chaussures et la céramique.

Vigilance

Les marchés étant très fréquentés, il est important de garder un œil sur vos effets personnels.

Marchés nocturnes

En été, plusieurs villes et stations balnéaires accueillent des marchés nocturnes. C'est le cas d'Alcúdia, dans le port (18h-22h, mer-sam), Playa del Muro (19h-23h, tlj) et Santa Ponça (19h-24h, tlj). Celui de Cala d'Ór, dans l'Est, se tient le dimanche soir.

Argent liquide

Il faut toujours avoir un peu de liquide sur vous quand vous allez au marché, car certains commerçants ne prennent pas la carte bancaire, ou fixent un montant minimal.

MADE IN MAJORQUE

Le marché de Sóller du samedi est un bon endroit pour découvrir des produits majorquins. Mallorca Natur (jabondemallorca.com) y propose des cosmétiques naturels et artisanaux (parfums, savons, baumes à lèvres, etc.), entièrement à base d'huiles d'olive ou d'amande vierges et d'huiles essentielles bio, comme vous l'expliquera Joachim Pourqué, gérant et savonnier. Le marché est aussi le lieu idéal pour acheter les célèbres oranges de Sóller.

Bon à savoir

HEURES D'OUVERTURE

Les heures d'ouverture varient dans l'année et sont souvent réduites en basse et moyenne saisons. À certains endroits, nombre de magasins ferment même en hiver.

Banques 8h30-14h lun-ven, et certaines 9h-13h sam

Bars 19h-3h

Boutiques 10h-14h et 16h30-19h30 ou 17h-20h lun-ven, 10h-13h sam

Bureaux de poste 8h30-21h30 lun-ven, 8h30-14h sam

Cafés 9h-19h

Centres commerciaux 10h-22h

Discothèques minuit-6h jeu-sam

Restaurants 13h-15h30 et 19h30-23h

Supermarchés 10h-21h lun-sam pour les plus grands

EN BREF

Heure locale
Heure GMT + 1 heure en hiver et + 2 en été (mars à octobre)

Indicatif téléphonique
+34

Numéro d'urgence
112

Population
924 000

JOURS FÉRIÉS

Nouvel an 1er janvier

Épiphanie 6 janvier

San Sebastián 20 janvier (à Palma seulement)

Jour des îles Baléares 1er mars

Jeudi saint mars/avril
Vendredi saint mars/avril

Lundi de Pâques mars/avril
San Juan 24 juin (à Palma seulement)

Assomption 15 août

Fiesta Nacional (Fête nationale) 12 octobre

Toussaint 1er novembre

Dia de la Constitución (Jour de la Constitution) 6 décembre

Inmaculada Concepción (Immaculée Conception) 8 décembre

Noël 25 décembre

Poids et mesures

L'Espagne utilise le système métrique, la virgule comme séparateur décimal, et le point comme séparateur de milliers.

Eau du robinet

De qualité variable, l'eau du robinet n'est pas forcément potable. Remplissez vos gourdes à un point d'eau gratuit.

Électricité 220 V/50 Hz

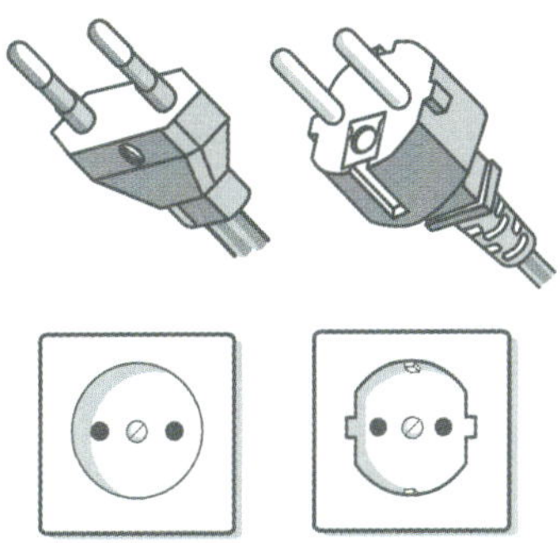

Type C 220 V/50 Hz

Type F 230 V/50 Hz

Cigarettes

Il est strictement interdit de fumer en Espagne dans tous les lieux publics. Depuis 2019, il est interdit de fumer sur plusieurs plages de Majorque.

Langue

Les deux langues de Majorque sont l'espagnol et le catalan (català), plus une variante locale de celui-ci, le majorquin. L'espagnol reste la lingua franca, surtout entre habitants et autres Espagnols ou étrangers.

Les essentiels

Bonjour. Hola. *o·la*

Au revoir. Adiós. *a·dyos*

Oui. Sí. *si*

Non. No. *no*

S'il vous/te plaît.
Por favor. *por fa·vor*

Merci. Gracias. *gra·sias*

Comment ça va ? ¿Qué tal? *ké tal*

Bien, merci.
Bien, gracias. *bien gra·sias*

Pardon. Perdón. *pèr·donn*

Désolé. Lo siento. *lo ssi ènn·to*

Comment vous appelez-vous/ t'appelles-tu ?
¿Cómo se llama Usted? (poli)
ko·mo se lya·ma ou·ssté
¿Cómo te llamas? (familier)
ko·mo té lya·mass

Je m'appelle...
Me llamo... *me lya·mo ...*

Parlez-vous/parles-tu français ?
¿Habla francés? (poli)
a·bla frann·théss
¿Hablas francés? (familier)
a·blas frann·théss

Je (ne) comprends (pas).
Yo (no) entiendo.
yo (no) ènn·tiènn·do

Demander son chemin

Où est...?
¿Dónde está...? *don·dé èss·ta...*

Quelle est l'adresse ?
¿Cuál es la dirección?
coual ès la di·rèk·sionn

Pourriez-vous me l'écrire, s'il vous plaît ?
¿Puede escribirlo, por favor?
poué·dé ess·cri·bir·lo por fa·vor

Pourriez-vous me montrer (sur la carte) ?
¿Me lo puede indicar (en el mapa)?
mé lo poué·dé inn·di·car (ènn èl ma·pa)

Panneaux

Abierto Ouvert

Cerrado Fermé

Entrada Entrée

Hombres Hommes

Mujeres Femmes

Prohibido Interdit

Salida Sortie

Servicios/Aseos Toilettes

Heure et date

Quelle heure est-il ?
¿Qué hora es? *ké o·ra èss*

Il est (10) heures.
Son (las diez). *sonn (lass dièth)*

(Une heure) et demie.
Es (la una) y media.
èss (la ou·na) i mé·dia

Matin. Mañana. *ma·nia·na*

Après-midi. Tarde. *tar·dé*

Soirée. Noche. *no·tché*

Hier. Ayer. *a·yèr*

Aujourd'hui. Hoy. *oï*

Demain. Mañana. *ma·nia·na*

Urgences

Au secours ! ¡Socorro! *so·co·ro*

Va-t'en ! ¡Vete! *vé·té*

Je suis malade.
Estoy enfermo/a.
èss·toï ènn·fèr·mo/a (m/f)

Appelez... ! ¡Llame ...! *lya·me*

un médecin
a un médico. *a ounn mé·di·co*

la police a la policía. *a la po·li·ssi·a*

Au restaurant

Que conseillez-vous ?
¿Qué recomienda?
ké ré·co·miènn·da

Santé ! ¡Salud! *sa·lou*

C'était délicieux.
¡Estaba buenísimo!
èss·ta·ba boué·ni·ssi·mo

CHIFFRES

1
uno *ou·no*

2
dos *doss*

3
tres *trèss*

4
cuatro *coua·tro*

5
cinco *thinn·co*

6
seis *seïss*

7
siete *ssyé·té*

8
ocho *o·tcho*

9
nueve *noué·vé*

10
diez *dyèth*

EMPRUNTS À L'ESPAGNOL

Cafétéria, mais aussi gaspacho, flamenco, patio, canyon ou rodéo, entre autres.

SONS

Le r est roulé, le ch prononcé "tch", et ll comme un "l" mouillé.

Faux amis

Attention aux mots espagnols qui ressemblent à des termes français, mais dont le sens diffère radicalement. Par exemple, un *gato* est un chat, et non un gâteau (*pastel* en espagnol).

Vouvoiement

Comme le français, l'espagnol distingue le "vous" (*ou-ste*) poli et le "tu" (*tou*) familier. Ils entraînent deux conjugaisons différentes.

Les essentiels en majorquin

Fiers de leurs racines baléares, les insulaires parlent le majorquin. Vous leur ferez particulièrement plaisir en les saluant et remerciant dans leur dialecte, surtout dans l'arrière-pays, loin des grands centres touristiques.

Bonjour. Bon dia *(bonn di-a)* signifiant "bonjour", ou hola *(ola)* signifiant "salut"

Bon après-midi. Bona tarda *(bo-a tarda)* à partir de 15h, environ

Comment ça va ? Uep, com anam? Uep *(ou-ep)* est un mot de remplissage très utilisé comme interjection à Majorque ("alors", "eh" ou "oh"). Com anam signifie "Comment ça va ?" Réponse classique : Bé, tot bé ("Bien, impeccable")

S'il vous plaît. Si us plau

Merci. Gràcis

Oui. Sí

Non. No

De rien. De res

Au revoir. Adèu *(adé-ou)*/Fins un altra! Signifie "jusqu'à la prochaine fois" au sens "à bientôt" ou "à la prochaine".

L'ESPAGNOL DANS LE MONDE

À l'origine, l'espagnol, ou castillan (castellano), était la langue de Castille, royaume principal de l'Espagne. Mais suite à la découverte du Nouveau Monde par Christophe Colomb en 1492 et de la colonisation espagnole, il s'est propagé en Amérique latine, jusqu'à des pays comme Cuba, l'Équateur et le Guatemala, dont l'espagnol actuel diffère un peu de sa version européenne.

300 millions de personnes parlent l'espagnol comme première langue.

100 millions de personnes parlent l'espagnol comme deuxième langue.

COMPREND RE MAJORQUE

Nos auteurs proposent de découvrir les multiples facettes de Majorque

Le tramway entre Sóller et Port de Sóller (p. 86)

UNE HISTOIRE DE MAJORQUE EN 15 LIEUX

Posée au cœur de la Méditerranée occidentale, Majorque a essuyé, au fil des siècles, les assauts d'envahisseurs, de pirates et de conquérants. On peut en retracer l'histoire au travers de ses lieux emblématiques, de sa langue, de ses traditions ancestrales, de son architecture et de son milieu naturel.

AU CARREFOUR DES cultures et des Empires, Majorque a longtemps été un port maritime et commercial de premier plan. À la préhistoire et à la culture naviforme fit suite, à l'âge du bronze (vers 1200 av. J.-C.), la période talayotique, puis se succédèrent Phéniciens et Grecs, Carthaginois, Romains, Vandales et Byzantins. Plus tard, à partir de 902, l'île connut un long intermède, relativement paisible, sous la férule maure, avant l'arrivée, au XIIIe siècle, de conquistadors chrétiens venus d'Aragón. On trouve, partout sur l'île, des vestiges de cette riche histoire, ponctuée d'inlassables incursions de pirates.

Au cours des derniers siècles, la proximité de Majorque avec le sud de l'Europe et ses liens commerciaux, notamment avec la France, ont progressivement laissé des traces que l'on retrouve dans l'héritage linguistique de l'ouest de l'île, comme dans certaines influences artistiques perceptibles dans sa peinture, son architecture moderniste et sa littérature.

Malgré un nombre annuel incroyablement élevé de touristes (plus de 10 millions), l'île reste solidement attachée à ses traditions et demeure, en dehors des secteurs balnéaires de sa côte, un paradis naturel. Forte de son identité et de son patrimoine culturel, elle fait la joie des randonneurs et des amateurs d'expériences authentiques.

1. Ses Païsses, Artà

LA PÉRIODE TALAYOTIQUE

Dans le nord-est de l'île, à Ses Païsses, près d'Artà, subsistent des vestiges remontant à la période préhistorique. Ce site talayotique, datant de l'âge du bronze, doit son nom aux **talayots**, édifices mégalithiques, en forme de tours rondes ou carrées, érigés entre 1300 et 900 av. J.-C. Située sur une colline, la structure circulaire de Ses Païsses, large de 12 m et haute de 4 m, présente des murs dotés d'escaliers aménagés dans leur épaisseur. La tour comprend plusieurs salles attenantes et des fouilles, menées en 1960, ont mis au jour des céramiques, une tombe, des outils en fer, des fragments d'os et du charbon.

D'autres vestiges talayotiques peuvent être visités sur l'île, dont Capocorb Vell dans le sud, Necròpolis de Son Real près de Ca'n Picafort, ainsi que plusieurs sites autour de Costitx.

Pour en savoir plus sur Ses Païsses, voir p. 153.

2. Pol·lèntia

LA PÉRIODE ROMAINE

Les Romains arrivèrent en 123 av. J.-C, avec à leur tête le consul Quintus Caecilius Metellus. Ce dernier savait que les frondeurs de l'île pouvaient atteindre ses navires avec de gros projectiles et les faire couler. Il avait donc innové : au moyen de cuir épais et de lourdes peaux de bêtes, il avait fabriqué les premiers navires cuirassés. Incapables de mettre à mal les embarcations romaines, les guerriers majorquins s'enfuirent vers les terres. Les Romains mirent deux ans à imposer leur domination sur l'île.

Le consul fit venir 3 000 colons de la péninsule Ibérique et fonda Palmeria (l'actuelle Palma dans le sud) et Pol·lèntia, au nord-est de l'île, qui devint la capitale romaine des Baléares. En flânant au milieu des ruines de ce site archéologique, imaginez les grands temples, la place du marché, les **tabernae** (commerces) et les nobles demeures qui s'y dressaient naguère. Déambulez dans le **teatro romano** (amphithéâtre), puis prenez un bain de soleil, assis sur ses gradins de pierre. Alors que ses habitants s'étaient faits à la vie romaine, Majorque subit de nouvelles attaques, venues d'abord, en 426, des Vandales, puis des Byzantins, en 534.

Pour en savoir plus sur Pol·lèntia, voir p. 119.

MATT ELLIOTT/SHUTTERSTOCK ©

3. La mémoire des noms

LA PÉRIODE MUSULMANE

La période relativement courte de souveraineté byzantine sur l'île prit fin en 903 avec l'avènement de siècles de domination islamique. Cette époque de souveraineté musulmane y a laissé maintes traces, tels que les bains arabes (Banys Àrabs) dans la vieille ville de Palma et les jardins d'Alfàbia à Bunyola. Le palais royal de l'Almudaina de Palma fut autrefois un *al-qasr* (palais forteresse, nom dont dérive celui, espagnol, d'alcazar). Les méthodes d'irrigation sophistiquées, comme les réservoirs souterrains et les versants en terrasses, ainsi que les oliviers centenaires, vestiges des pratiques agricoles arabes, constituent d'autres héritages de cette période.

La langue et les noms de lieux rappellent eux aussi le passé maure de Majorque, lorsque celle-ci était l'une des "îles orientales d'Al-Andalus".

Des villages comme Binibasi (avec ses palmiers nord-africains), Biniatzar et Binissalem ; les noms se terminant par un -x, tels que les villages de montagne de Fornalutx, Biniaraix et Teix ; les toponymes commençant par Al-, comme Almundiana ou Alfàbia, témoignent tous de ce passé maure.

Pour en savoir plus sur les Banys Àrabs (les bains arabes), voir p. 48 ; sur les Jardins d'Alfàbia, voir p. 90, et sur le Palau de l'Almudaina, voir p. 48.

4. Carrer de Monti-Sion

LE QUARTIER JUIF

Carrer de Monti-Sion, dans le quartier de Sa Calatrava, fut autrefois le lieu d'habitation de plusieurs milliers de Juifs à Ciutat (Palma).

Les premiers Juifs seraient arrivés sur l'île en 70. Durant la période musulmane, nombre d'entre eux résidaient à Medina Mayurka (nom donné par les Maures à l'actuelle Palma) et occupaient des postes importants ; médecins, banquiers et négociants, ils étaient, pour beaucoup, polyglottes, parlant catalan, espagnol, hébreu, arabe et latin. Après la reconquête de l'île par les chrétiens, en 1229, leurs conditions de vie se dégradèrent et ils furent transférés dans le ghetto autour de la Carrer de Monti-Sion dont ils ne pouvaient sortir de nuit. Au XIVe siècle, les synagogues furent transformées en églises (ce fut le cas

Oliviers centenaires

pour l'actuelle Església del Monti-Sion) et de nombreux Juifs furent contraints de se convertir au christianisme.

Aujourd'hui, il reste peu de choses de la synagogue originale, hormis des pierres de fondation, entre lesquelles vous verrez de petits morceaux de papier (inscrits de vœux, puis glissés là). Visitez le Centre Maimó ben Faraig à Palma où une exposition retrace l'histoire des Juifs sur l'île.

Pour en savoir plus sur l'Església del Monti-Sion, voir p. 52.

5. Le Puig de Randa et Raymond Lulle

QUAND LE CATALAN DEVINT LANGUE LITTÉRAIRE

Né à Palma, Raymond Lulle (1232-1315) était un théologien, philosophe, écrivain et père du catalan littéraire. Après avoir mené une vie de plaisir lors de ses jeunes années à la cour, il eut à cinq reprises, en 1267, une vision du Christ sur la Croix, ce qui bouleversa le cours de sa vie. Il apprit l'hébreu et l'arabe, suivit une formation théologique et morale, fonda un monastère où l'on enseigna la théologie et les langues orientales. Il entreprit de nombreux voyages d'évangélisation qui le menèrent en Europe, en Afrique du Nord et au Proche-Orient. Il laissa des écrits en catalan, en latin et en arabe.

Visitez le Santuari de Nostra Senyora de Cura, au sommet du Puig de Randa, et rendez-vous dans l'Aula de Gramática (salle de Grammaire) afin de contempler les manuscrits originaux laissés par Raymond Lulle.

Pour en savoir plus sur le Santuari de Nostra Senyora de Cura, voir p. 140.

6. Le monastère de Lluc

LE CENTRE SPIRITUEL DE L'ÎLE

La légende veut qu'en 1229 un jeune garçon du nom de Lluc trouva une statuette de la Vierge Marie dans la Serra de Tramuntana. Il l'apporta dans une église proche, où le prêtre lui fit une place d'honneur. Le jour suivant, la statuette fut trouvée à nouveau dans la montagne, ce qui fut interprété comme un signe, voire un miracle, faisant de ce site ce qui est aujourd'hui l'un des lieux sacrés les plus emblématiques de Majorque.

Lieu de recueillement réputé pour sa tranquillité (il est possible d'y passer une ou plusieurs nuits), le monastère est également connu pour sa chorale, Els Blauets, formée de jeunes garçons et filles, qui donne des concerts le dimanche.

Pour en savoir plus sur le Santuari de Lluc, voir p. 90.

7. Le Castell de Bellver

UNE FORTERESSE GOTHIQUE

Érigé sur une colline près de Palma, sur ordre de Jacques II, en 1300, le château de Bellver est un imposant édifice circulaire de style gothique, dont la construction a pris plus de neuf ans. Résidence royale à l'origine, il fut converti en prison à l'époque médiévale, transformé bien plus tard en un atelier de monnaie pour une courte période, puis à nouveau en lieu de détention pour les prisonniers républicains lors de la guerre civile espagnole.

Le château, qui abrite aujourd'hui le Museu d'Historia de la Ciutat (musée d'Histoire de Palma), accueille également des événements culturels. La terrasse sur son toit offre une vue panoramique à 360° qui s'étend au-delà de Palma et de Badia de Palma.

Pour en savoir plus sur le Castell de Bellver, voir p. 49.

8. Les remparts d'Alcúdia

DE PUISSANTES FORTIFICATIONS MÉDIÉVALES

Datant du XIVe siècle, les remparts médiévaux qui entourent la vieille ville d'Alcúdia remontent à la période ayant suivi la Reconquista (reconquête par les souverains chrétiens des territoires tenus par les musulmans). Protégée par ces murs formant un périmètre pentagonal de 1,5 km, ainsi que par ses 26 tours et ses douves, Alcúdia était parfaitement en mesure de repousser les attaques depuis sa position stratégique au nord de l'île.

Si les cités et bâtiments fortifiés vous intéressent, ne ratez pas la foire médiévale qui se tient en mai dans l'enceinte du château de Capdepera. Vous pourrez également visiter le Palau de l'Almudaina de Palma (qui fut autrefois un *al-qasr*, un palais maure).

Pour en savoir plus sur les remparts d'Alcúdia, voir p. 119.

9. Les processions de la Beata

DES CÉLÉBRATIONS EN L'HONNEUR DE LA SAINTE PATRONNE DE MAJORQUE

Parmi les nombreuses festivités locales qui se tiennent sur l'île, la fête de la Beata, en l'honneur de Santa Catalina Tomás (1531-1574), sainte patronne de Majorque, est particulièrement évocatrice. Chaque année, les célébrations commencent le 28 juillet à Valldemossa, d'où était originaire la sainte. Elles ont également lieu en septembre à Santa Margalida.

Lors de ces processions, qui remontent à 1792, année de la béatification de Catalina Tomás, des villageois, arborant des costumes traditionnels ou grimés en **dimonis** (démons), parcourent les rues du village. Ils sont accompagnés de musiciens, fanfares et chars décorés, représentant chacun un épisode de la vie de la sainte. Entourant une jeune femme vêtue à la manière de Catalina Tomás, tous les habitants, petits et grands, se joignent, en costumes, au défilé.

Pour en savoir plus sur les fêtes de la Beata, voir p. 92 et p. 138.

10. Pirates et tours de guet

UNE HISTOIRE LONGUE PORTÉE

Un réseau de tours de guet fut bâti le long des côtes de Majorque et sur les îles de Dragonera et de Cabrera. Construites pour l'essentiel aux XVIe et XVIIe siècles, époque marquée d'incursions de pirates et de corsaires, ces édifices étaient conçus de façon à pouvoir repérer sur la mer l'arrivée d'envahisseurs. Dès qu'un navire approchait, un feu était allumé dans la tour, envoyant des signaux de fumée aux tours voisines : les populations locales, ainsi informées, pouvaient alors se préparer.

Parmi les tours les plus intéressantes à visiter figurent la Torre des Verger, près de Banyalbufar, ainsi que la Torre de Albercutx à Pollença, d'où l'on a une incroyable vue panoramique sur des kilomètres.

Pour en savoir plus sur la Torre des Verger, et sur la Torre de Albercutx, voir p. 96.

11. L'Illa de Cabrera

DES PRISONNIERS FRANÇAIS DES GUERRES NAPOLÉONIENNES

L'île de Cabrera est aujourd'hui un parc naturel terrestre et maritime à l'environnement préservé. Mais quelque 12 000 soldats français, défaits par les Espagnols et les Britanniques lors de la bataille de Bailén (1808), y avaient jadis été abandonnés dans un dénuement presque total. Beaucoup moururent de malnutrition ou de maladie.

Sur l'île, un petit musée conserve la mémoire de cette tragédie, tout comme le centre d'interprétation installé au point d'embarquement de Colònia de Sant Jordi.

Pour en savoir plus sur l'Illa de Cabrera, voir p. 178.

12. Le train et les oranges de Sóller

UN RETOUR DANS LE PASSÉ

Prenez le train historique, datant de 1912, entre Palma et la ville de Sóller, au cœur de la "vallée d'or". Avant la création de la ligne ferroviaire (qui a nécessité le percement de 13 tunnels dans la Serra de Tramuntana), Sóller était une ville à part, entretenant davantage de liens et relations commerciales avec la France qu'avec le reste de l'île. Cette particularité se reflète encore aujourd'hui dans son dialecte.

Sóller est réputée pour ses agrumes. Ses orangers et citronniers dateraient du XIIIe siècle et de l'occupation maure. Plus tard, des fermiers français ayant fui la révolution de 1789 et qui s'étaient installés en ville décidèrent d'organiser l'exportation de ces fruits vers la France. Ce furent ensuite des émigrés majorquins revenus de France qui en rapportèrent des influences Art nouveau (Modernista) que l'on peut admirer dans l'architecture de places ou de maisons dans la ville et ses alentours.

À mesure des échanges, Majorque a bénéficié de toutes sortes d'apports, matériels, culturels et linguistiques, qui contribuèrent à en façonner la vie au XIXe siècle.

Pour en savoir plus sur Sóller, voir p. 86.

13. La Platja des Trenc

DES BUNKERS DE LA SECONDE GUERRE MONDIALE

Es Trenc est une plage sauvage s'étirant sur 2 km au sud de l'île. On y trouve de grands bunkers blanchis, portant des phrases peintes émouvantes. Ils furent construits à des fins défensives lors de la Seconde Guerre mondiale, afin de faire face à un éventuel débarquement. Rien de tel ne s'est produit, mais les bunkers, eux, sont restés, servant davantage aujourd'hui de support artistique que de moyen de défense.

Pour en savoir plus sur la Platja des Trenc, voir p. 171.

14. L'hôtel Formentor

L'ÂGE D'OR DE MAJORQUE

C'est au cours de la période franquiste, dans les années 1950, que Majorque est devenue une destination touristique, lorsque les premiers avions atterrirent près du Cap de Formentor dans le nord de l'île. L'hôtel Formentor, construit par l'Argentin Adan Diehl en 1928, devint synonyme de glamour et de douceur de vivre, accueillant, au fil du temps, des hôtes tels que Charlie Chaplin, Audrey Hepburn, Ava Gardner, Elizabeth Taylor, Gary Cooper, Grace Kelly, Winston Churchill et Scott Fitzgerald. Il fut également un important lieu de rencontre pour les écrivains, où se rendirent Jorge Luis Borges, Camilo José Cela, Robert Graves, Italo Calvino et bien d'autres.

Repris par la chaîne hôtelière Royal Hideaway Luxury Hotels & Resorts, l'hôtel Formentor, qui a fait l'objet d'importants travaux de rénovation, est bien différent de ce qu'il fut, mais sa nouvelle incarnation devrait rendre justice à ses années de gloire.

Pour en savoir plus sur l'hôtel Formentor, voir p. 118.

15. Posidonies et eaux turquoise

BLUES ÉCOLOGIQUE

Les eaux turquoise font partie des clichés les plus répandus relatifs aux Baléares, Majorque comprise. Ces teintes lumineuses que prend la mer dans ces régions sont dues aux posidonies, des plantes qui poussent sur les fonds marins. Apparues il y a plus de 100 000 ans en Méditerranée, elles sont menacées depuis quelque temps à Majorque du fait de l'insuffisance des mesures de protection des milieux marins.

Ces dernières années ont vu une explosion du nombre de touristes en haute saison, exerçant une pression sur les ressources et mettant à mal les milieux naturels. Les gouvernements successifs de l'île ont proposé divers plans environnementaux pour faire de Majorque une destination écotouristique. La prise de conscience actuelle et l'évolution des mentalités en matière de tourisme et d'écoresponsabilité laissent ainsi entrevoir pour l'île la perspective d'un avenir durable.

Un talayot, édifice mégalithique typique de Majorque (p. 202)

Dunes à Cala Mesquida (p. 160)

TOLOBALAGUER.COM/SHUTTERSTOCK ©

UN TOURISME LENT ET DURABLE

Majorque a bien plus à offrir que les images stéréotypées d'escapades éthyliques ou de séjours bon marché auxquelles elle est parfois associée.

EN DEHORS DES stations balnéaires bétonnées, la majeure partie de l'île est un paradis naturel qui ne demande qu'à être découvert. En 2011, le paysage culturel de la Serra de Tramuntana a été inscrit au patrimoine mondial de l'Unesco. Au sud-est de l'île s'étend le Parc Nacional Marítimoterrestre de l'Arxipèlag de Cabrera, plus vaste parc naturel d'Espagne, avec une superficie de 90 800 ha. À l'ouest, Sa Dragonera, inhabitée, est une autre île à la nature préservée et à l'environnement marin protégé. Et si vous vous éloignez des côtes et des montagnes, il vous suffira de vous rendre dans les vignobles, les bourgs de campagne et les villages de l'intérieur pour découvrir un mode de vie paisible, à l'écart de toute agitation.

À Alaró, l'entreprise artisanale Mel Vici (p. 94) produit du miel exclusivement récolté sur l'île. Ses fondateurs, Biel Coll et Pau Queralt, deux amis d'enfance, réalisent la plupart des tâches à la main et suivent le rythme de la nature. En automne, les caroubiers apportent au miel leurs riches saveurs, tandis qu'au printemps, les fleurs de saison lui confèrent un arôme plus léger.

Il existe d'autres entreprises écoresponsables, telles que Circle Carbon Labs, basée à Bunyola et qui vise à éliminer le dioxyde de carbone de l'atmosphère : elle produit à cette fin du charbon à usage agricole, une solution de séquestration du carbone, qui régénère également les sols. Circle Carbon Labs utilise des chutes de bois récupérées localement et collabore avec des agriculteurs afin d'améliorer la croissance des plantes, la biodiversité des sols et la productivité agricole, tout en réduisant le dioxyde de carbone et en renforçant la durabilité.

Près de Campos, les frères Jaime et Sebastián Burguera, agriculteurs et fromagers artisanaux, ont créé leur fromagerie sur la ferme familiale. Leurs cinq produits, dont le *llet formatjada* (un lait de baratte en bouteille), sont tirés du lait de vaches Holstein ou frisonnes. Leurs fromages sont affinés sur place.

Partout sur l'île, on trouve maints autres exemples d'entreprises artisanales et créatives, proposant des produits d'origine locale et souvent fabriqués selon des techniques séculaires. Témoignant d'une prise de conscience grandissante en faveur de la préservation des connaissances et des pratiques traditionnelles, des savoir-faire ancestraux sont remis au goût du jour. Il existe une véritable passion (et un marché) pour les produits et pratiques durables.

Le gouvernement régional porte un intérêt croissant aux questions de l'écotourisme et du développement durable. Ces préoccupations, liées notamment à l'impact du tourisme de masse sur l'île en haute saison, reflètent également une tendance mondiale valorisant les approches locales et écologiques. Parmi les initiatives prises dans cette optique figure l'écotaxe : mise en place ces dernières années par le gouvernement, elle permet de prélever un petit montant auprès des touristes sur chaque nuit passée sur l'île. Les fonds ainsi recueillis servent ensuite à soutenir des écoprojets, comme la remise en état de chemins de randonnée ou de murs de pierre (construits à la main selon des techniques anciennes).

Un plan prévoit par ailleurs la création de *zonas verdes* (zones vertes) dans des centres urbains, tels que Palma, afin de rendre les villes plus accessibles aux piétons et aux cyclistes, de réduire l'usage de la voiture et d'améliorer la qualité de l'air et la biodiversité locale. Une autre initiative en bonne voie vise à planter 10 000 nouveaux arbres dans toute la ville. Un compteur, installé sur la Plaça d'Espanya, permet d'en suivre le nombre en temps réel (voir aussi p. 193).

Des associations locales, comme Save the Med (savethemed.org) et Marilles Foundation (marilles.org), s'investissent dans la protection du milieu marin de l'île. Celui-ci est notamment menacé par les dommages infligés par les ancres des yachts et des bateaux aux herbiers de posidonies, des plantes poussant sur les fonds marins et donnant à la mer ses magnifiques teintes turquoise. La gestion de l'eau est un autre sujet de préoccupation majeur, en particulier en ces temps où, partout, se ressentent les effets du changement climatique avec de longs étés, inhabituellement chauds (en 2022, les températures ont dépassé les 44°C, le plus haut niveau jamais atteint sur l'île), des sécheresses et une diminution des pluies entraînant une baisse importante du niveau des réservoirs.

La crise climatique, couplée à l'explosion du nombre des touristes (plus de 10 millions en 2022, la population totale de l'île ne dépassant pas un million), notamment estivaux, et à l'épuisement des ressources qui en résulte, y compris en eau, ont alimenté d'importants débats. En mars 2021, l'île a interdit

les plastiques à usage unique afin de protéger l'environnement, et l'association locale Clean Wave (cleanwavefoundation.org) a mis en place des points de distribution gratuite d'eau à Palma et ailleurs dans l'île pour inciter à une utilisation responsable des plastiques, tout en sensibilisant aux nuisances qu'ils entraînent.

Lors de la journée du tourisme en septembre 2022, tandis que Majorque rendait hommage à ses meilleurs hôteliers et prestataires touristiques, des manifestants ont entouré d'une chaîne humaine les bâtiments du gouvernement. Les participants exprimaient ainsi leurs inquiétudes quant au tourisme de masse incontrôlé et ses conséquences sur la vie locale. Même si l'île dépend fortement du tourisme (en 2020, Rosana Morillo, alors directrice générale du tourisme des îles Baléares, estimait qu'environ 200 000 emplois insulaires étaient liés à ce secteur ; d'autres sources l'évaluent plutôt à 35%), on observe dans la population un désir de prise de distance avec la *balearización* (favorisant le profit à court terme plutôt que les pratiques durables), ainsi qu'une popularité croissante des modèles touristiques innovants.

Ainsi, des hôtels, comme l'Ecocirer à Sóller (p. 87), dirigé par Barbara et Martin Lucas-Martí, ont-ils d'emblée adopté pour principe d'associer voyage responsable et mode de vie végétalien. Organisant des voyages sur mesure, le site espanolita.net, créé et géré par Carmen Ruiz de Huidobro, passionnée par la vie et les traditions espagnoles (p. 28), offre aux visiteurs la possibilité de découvrir les aspects les plus authentiques de Majorque, de se rendre chez les artisans et de les soutenir, de séjourner dans des lieux respectueux de l'environnement et d'établir des liens avec les habitants : le tourisme lent dans ce qu'il a de meilleur. De son côté, l'entreprise Son Moragues (p. 94), qui produit de l'huile d'olive près de Valldemossa, incite les visiteurs à s'intéresser aux pratiques de gestion paysagère dans des vergers vieux de plusieurs siècles. Dans le nord-est de l'île, NaturaCavall (p. 152) recueille des chevaux en difficulté ou mal en point, et gère une éco-*finca* (gîte rural), entièrement hors réseau. Ici, sans Wi-Fi, on profite de la nature, on découvre, à cheval, la beauté de la côte et du parc naturel à proximité, et on séjourne dans un hébergement simple et authentique, entouré de personnes partageant un même état d'esprit.

Les voyageurs optant pour la basse ou l'intersaison profitent d'une île plus calme. N'ayant pas à batailler pour trouver une place de stationnement, ni à jouer des coudes pour accéder aux points de vue "instagrammables", ils peuvent profiter de la tranquillité et du rythme de vie insulaire. Il existe un vaste choix d'éco-hébergements : cellules spartiates dans des sanctuaires perchés, terrains de camping hors du commun, simples refuges de montagne pour randonneurs, séjours en *finca* dans des fermes en activité, hôtels tournés vers un tourisme responsable. Mêmes créativité et diversité du côté de la restauration : des établissements tels que Andana (Palma), Re:Organic (Sóller), Ziva (Palma), Botanic (Palma) et Béns d'Avall (près de Deià) montrent la voie en sélectionnant des produits bio et locaux.

Lancé par deux adeptes du "slow living", Mira et Lily, le site mallorcalma.com recense des organisations majorquines axées sur le tourisme lent et durable. Que vous souhaitiez entrer en contact avec des associations environnementales locales comme Amics de la Terra, vivre la belle vie dans une maison d'artiste, telle que la Casa Balandra, ou faire vos achats dans un commerce bio et zéro déchet (comme Bio Kalma à Palma), vous trouverez votre bonheur sur ce site.

Notre rubrique *Voyage responsable* (p. 192) réunit des suggestions pour réduire son empreinte carbone en voyage. En soutenant les entreprises et artisans locaux, et en voyageant plus longtemps ou plus lentement, on favorise en effet le tourisme durable dans les Baléares. Et pour qui se déplace peu, ou souhaite préparer un voyage plus long, une chaîne de TV locale, IB3 (qui diffuse des programmes sur YouTube, souvent sous-titrés), propose deux séries d'émissions consacrées aux beautés naturelles et à l'histoire de l'île : *Passejades* (déambulations dans diverses régions de l'île agrémentées d'interviews) et *Balears des de l'aire* (présentation, à la faveur de leur survol, de l'histoire et de la culture de différents territoires).

Du fait de la beauté naturelle et de la diversité de ses paysages, il n'est guère étonnant que Majorque attire des réalisateurs de cinéma du monde entier. Productrice expérimentée, Diana de la Cuadra est la responsable d'un programme innovant, Green Film Shoots, mis en place par la Mallorca Film Commission. Son travail consiste à créer des dispositifs en faveur du développement durable dans le secteur cinématographique. Les initiatives sont nombreuses et variées : éducation et formation, valorisation de pratiques vertueuses et subventions aux méthodes de tournage respectueuses de l'environnement, évaluation du bilan carbone et choix d'investissement en faveur de projets locaux, comme Film Food Forest, de sorte à soutenir l'économie circulaire dans le secteur du cinéma. Précurseur à l'échelle européenne, le programme Green Shoots incite les réalisateurs qui filment à Majorque à opter pour des méthodes de production écologiques. "Majorque est au cœur de la Méditerranée, bien connectée et ouverte sur l'extérieur, tout en bénéficiant d'une identité singulière. De telles initiatives nous placent à la pointe des réflexions sur la durabilité, tout en nous offrant l'occasion de faire évoluer notre secteur et notre industrie" se réjouit Diana de la Cuadra, soucieuse de protéger tant l'environnement de l'île que le présent et le futur de sa production cinématographique.

De fait, comme tout paradis, Majorque mérite qu'on la protège.

MAJORQUE CÔTÉ CULTURE

On vient ici pour le soleil et les plages superbes, on y reste pour la culture. Outre une offre abondante de spectacles vivants et un festival de cinéma de renommée internationale, Majorque tire parti d'une remarquable scène littéraire et artistique.

L'ÉCRIVAIN ARGENTIN JORGE Luis Borges associait Majorque au bonheur, et il semble que nombre d'auteurs, artistes et réalisateurs soient d'accord avec lui. De fait, l'île attire de longue date les esprits créatifs, séduits par sa situation au cœur de la Méditerranée.

Les peintres en aiment la lumière, autant que l'inspiration qu'ils trouvent dans les paysages naturels, et les écrivains viennent en quête d'un coin tranquille où travailler sereinement. Le poète et romancier Robert Graves, qui résida à Deià, affirmait que la campagne majorquine convenait parfaitement à ceux dont l'esprit déborde d'idées. Il semblerait que seule George Sand, qui séjourna à Valldemossa, dans la chartreuse Real Cartuja, en compagnie de son amant Frédéric Chopin, n'ait pas tout à fait trouvé l'île à son goût, comme on peut le lire dans son récit *Un hiver à Majorque*. Pour d'autres en revanche, on peut parler de véritable histoire d'amour. L'artiste et écrivain barcelonais, Santiago Rusiñol, avait ainsi été conquis par les contrées paisibles, les vallées silencieuses et le charme des chemins de montagne de ce qu'il appelait la *meravellosa illa* (l'île merveilleuse). Collaborant avec des publications telles que *La Almudaina* ou *La Vanguardia*, il y évoquait régulièrement son attachement à Majorque, *l'illa de la calma* (l'île de la tranquillité).

Depuis les années 1950 et son ouverture au tourisme, l'île est également associée au glamour et au chic. Les célébrités du monde du cinéma se retrouvaient à l'hôtel Formentor, un établissement de luxe désormais repris par le groupe Royal Hideaway Luxury & Resort). Jusqu'à la construction d'une route sinueuse et spectaculaire sur la péninsule de Formentor, il était tellement isolé que ses premiers hôtes devaient y être amenés par bateau depuis la baie de Pollença. Des manifestations littéraires s'y tenaient régulièrement, réunissant des écrivains renommés : Camilo José Cela, Rubén Dario, Borges et Graves y participèrent tous. Parmi les autres célébrités à y avoir séjourné, mentionnons Charlie Chaplin, Ava Gardner, Audrey Hepburn, Elizabeth Taylor, Grace Kelly, Gary Cooper, ainsi que des hommes politiques (Winston Churchill, aquarelliste de toujours) et de fameux écrivains, tels que Francis Scott Fitzgerald.

Ce lien avec les esprits créatifs du monde entier perdure encore aujourd'hui. Majorque apparaît ainsi dans de nombreux films, comme *Cloud Atlas* par exemple, ou encore *Avant toi*, dans lequel l'île sert de décor pour représenter l'île Maurice. Ses magnifiques paysages et sa côte escarpée se retrouvent également dans des séries comme *The Night Manager*, *White Lines*, *The Crown* et *The Mallorca Files*. L'île, en

effet, est étonnamment bien pourvue en studios de tournage, équipements et expertise cinématographique.

La réalisatrice et actrice Sandra Lipski, qui partage aujourd'hui son temps entre Majorque, dont elle est originaire, et Los Angeles, est la fondatrice de l'Evolution International Film Festival (evolutionfilmfestival.com ; voir p. 54). Cette manifestation est le plus grand festival de l'île et le plus international, réunissant depuis plus de 10 ans des personnalités d'Hollywood, scénaristes et réalisateurs de premier plan, et talents locaux. Chaque année, elle organise une tournée sur l'île avec les réalisateurs finalistes afin de leur faire découvrir ses lieux de tournage et ses ressources cinématographiques (dont un grand studio entièrement équipé à Parc Bit dans les environs de Palma) et, à chaque fois, leur surprise et leur enthousiasme face à la qualité des installations à Majorque la réjouit. Au fil des années, Sandra Lipski a réussi à faire venir sur l'île des acteurs et des réalisateurs récompensés aux Oscars, ainsi que des figures célèbres, dont Danny DeVito, Mads Mikkelsen et Ana de Armas, mais aussi, parallèlement, à amener les talents des Baléares à Los Angeles à l'occasion d'une présentation annuelle de courts-métrages. Les qualités des professionnels locaux gagnent en visibilité, que ce soit dans des séries télévisées populaires comme *Pep* ou *Mòpies*, ou, autre exemple, dans le travail du scénariste, réalisateur et acteur renommé, le regretté Agustí Villaronga.

Du côté du monde des livres, El Bazar del Libro (p. 57) est une caverne d'Ali Baba à Palma, attirant tant les touristes que les habitants. La ville compte de nombreuses librairies, qui sont également des lieux d'animation culturelle, où lecteurs et auteurs se rencontrent, et où ont lieu des lectures et des lancements de livres, entre autres événements littéraires. Il n'est pas rare non plus que des soirées philosophiques, des cours de langues ou des clubs de lecture y soient organisés. Majorque a inspiré de nombreux écrivains célèbres, parmi lesquels Rubén Darío, Anaïs Nin, D. H. Lawrence et Jules Verne. Pollença, ville dans le nord de l'île, apparaît dans la nouvelle d'Agatha Christie, *L'Intrigante de Pollensa*, inspirée par un séjour que fit la romancière dans l'hôtel Illa d'Or.

Real Cartuja, lieu de séjour de George Sand et Frédéric Chopin (p. 92)

VIVOOO/SHUTTERSTOCK ©

Située à Binissalem, l'association Mallorca Literaria s'emploie à faire connaître l'histoire littéraire de l'île aux visiteurs comme aux habitants, en proposant des promenades et visites guidées dans des lieux tels que le musée littéraire Casa Llorenç Villalonga ou le Museu de la Paraula à Sant Joan. Elle organise par ailleurs des événements célébrant la tradition orale majorquine de la *glosa*, sorte de joute verbale poétique.

L'île compte également maints artistes. Les villages de l'arrière-pays cachent ici et là des ateliers de peinture, de sculpture ou de production de céramique. À Palma et dans les grandes villes de l'île, un grand nombre de galeries et de lieux d'exposition présentent les œuvres de talents locaux comme Miquel Barceló, mais aussi de maîtres inspirés par la lumière de l'île, tels Miró et Picasso. En vous promenant à Palma, dans les rues de la vieille ville, vous découvrirez des dizaines de galeries proposant à la vente le travail d'artistes originaires de Majorque ou y résidant. Chaque mois de septembre a lieu la Nit de l'Art, manifestation au cours de laquelle galeries d'art et musées ouvrent gratuitement leurs portes au public durant toute une nuit ; elle s'accompagne d'un riche programme d'événements dans divers lieux, comme le Rialto Living (élégant concept store avec galerie d'art et espaces dédiés à des événements éphémères dans le centre de Palma), la Casal Solleric, le Pelaires Centre Cultural Contemporani, et de nombreuses galeries d'art sur le Passeig del Born et le long de la Carrer de Sant Feliu.

Un festival de théâtre très dynamique se tient chaque année à Manacor, dans l'arrière-pays, tandis que Palma accueille en permanence des spectacles de danse, de musique et de théâtre sur diverses scènes, comme celles du Teatro Principal ou de l'Auditòrium sur le Paseo Marítimo. Le Teatre del Mar et le Teatre Municipal Mar i Terra proposent également des programmes de spectacles théâtraux très riches, et, en septembre, a lieu le marché professionnel Fira B! présentant les talents locaux les plus représentatifs. Alors, quittez les plages et les stations balnéaires de la côte, et laissez-vous emporter par l'effervescence culturelle de Majorque !

INDEX

Référence des cartes **000**

M

N

O

P

Référence des cartes **000**

PLANS ET CARTES EN COULEURS

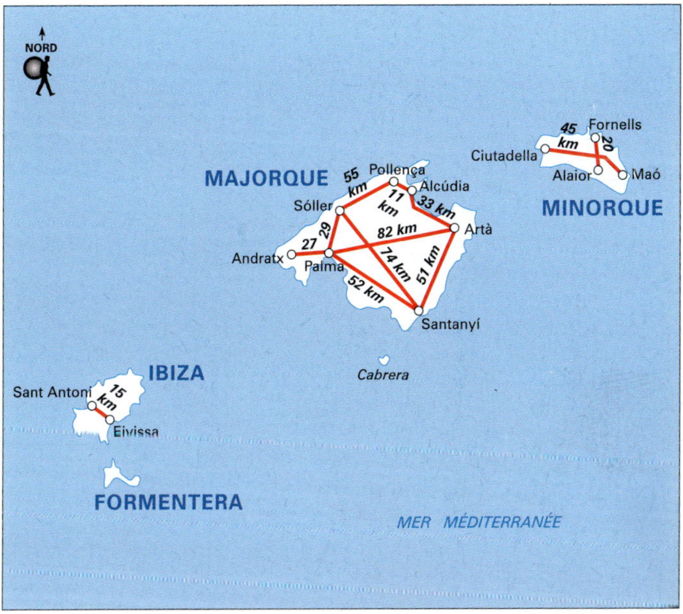

CARTE DES DISTANCES

MAJORQUE

NORD
LA SERRA DE TRAMUNTANA p. 101
PALMA ET SA BAIE p. 81
LA CÔTE SUD p. 158
Sa Calobra
T. de Pareis
Cala Tuent
Port de Sóller
Monastère de Lluc
Cap Gros
Escorca
Lluch Alcari
Fornalutx
Biniaraix
Caimari
Falaises de La Foradada
Sóller
Selva
Son Marroig
Deià
Jardins d'Alfàbia
Orient
Alaró
Inca
Port de Valldemossa
Valldemossa
Port d'Es Canonge
Alaró
Banyalbufar
Bunyola
Esporles
Consell
Estellencs
La Granja
S. Maria del Camí
Sencelles
Reserva de puig de Galatzó
Puigpunyent
Galilea
Illa Sa Dragonera
PALMA DE MALLORCA
Marratxi
Sant Elm
Andratx
Calvià
Coves de Gènova
Son Ferriol
Algaida
Port d'Andratx
Bellver
AÉROPORT DE PALMA DE MALLORCA
Cap de Sa Mola
Camp de Mar
Peguera
Cala Major
Illetes
Portals Nous
Ca'n Pastilla
Platja de Palma
Palma Nova
Magaluf
Santa Ponça
S'Arenal
Llucmajor
Baie de Palma
Portals Vells
Badia Gran
Capocorb Vell
Cap Blanc
Cala Pí
IBIZA, VALENCIA, BARCELONA, DÉNIA
MER MÉDITERRANÉE
C 710
PM 211
C 713
PM 27
C 711
PM 104
PM 111
PM 304
PM 103
C 715
PM 1
C 119
C 717
PM 602
Valldemossa Lieux traités
Bunyola Adresses et lieux dans les environs
Costitx Repères

Cap Formentor
Cala Bóquer
Cala Sant Vicenç
Péninsule de Formentor
Castell del Rei
Port de Pollença
Pollença
PM 220
Badia de Pollença
Cap des Pinar
C 710
Ermita de Nostra Senyora del Puig
Alcúdia
Port d'Alcúdia
MENORCA (Ciutadella)
C 712
C 713
Coves de Campanet
Parc natural s'Albufera
Parc natural Peninsula del Llevant
Aubarca
Cala Estreta
Sa Pobla
Can Picafort
Cala Mesquida
Colònia de Sant Pere
PM 343
Muro
PM 341
Cala Agulla
Pta de Capdepera
PM 340
Ermita de Betlem
Capdepera
Cala Ratjada
Son Moll
LA CÔTE NORD p. 137
Artà
C 715
Santa Margalida
PM 324
Ses Païsses
LES TERRES INTÉRIEURES p. 160
Canyamel
Coves de Artà
Costitx
Platjas de Canyamel
Sineu
PM 333
PM 404
Costa de Canyamel
Son Servera
Sant Llorenç des Cardassar
PM 330
PM 313
Petra
PM 403
Cala Millor
PM 332
PM 323
Ermita de Bonany
C 715
Manacor
Montuïri
Vilafranca de Bonany
PM 402
S'Illot
Santuari de Nostra Senyora de Cura
C 714
PM 503
Coves del Hams
Porto Cristo
Coves del Drach
Puig Randa
Porreres
LA CÔTE EST p. 146
PM 502
PM 510
PMV 401-4
S'Espinagar
PM 504
Felanitx
PM 401
C 717
PM 512
Santuari de Sant Salvador
Campos
S'Horta
Portocolom
Castell de Santuari
PM 603
C 714
Calonge
Cala d'Or
S' Estanyol
Portopetro
Santanyí
Llombarts
Parc naturel de Mondragó
Es Trenc
Ses Salines
Cala Figuera
Colònia Sant Jordi
Cala Llombarts
MENORCA (Mao)
Cap de ses Salines
Illa Conejera
Île de Cabrera
0
5
10 km

MAJORQUE

Où dormir ?

- 31 Hostal Regina
- 32 Hostal Corona
- 39 Hotel Abelay
- 42 Hotel Residencia Abelux

Où manger ?

- 51 Mercat municipal Santa Catalina
- 57 Monolisto
- 58 Sa Llimona « Pa amb coses »

Où boire un verre le soir ?

- 78 Rimanblu
- 79 Hogans

Où sortir ? Où danser ?

- 80 Tito's, Abraxas
- 81 Made in Brasil

Achats

- 51 Mercat municipal Santa Catalina

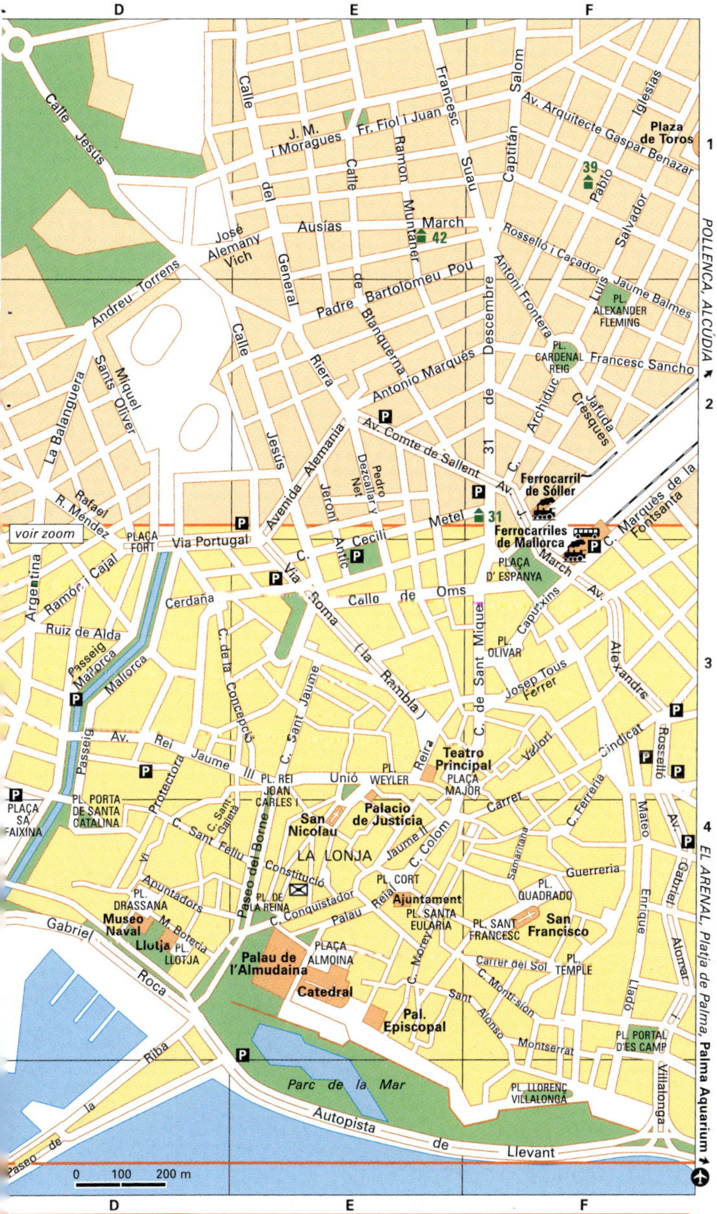

PALMA DE MAJORQUE – PLAN D'ENSEMBLE

PALMA DE MAJORQUE – PLAN D'ENSEMBLE

PALMA DE MAJORQUE – CIUTAT VELLA (ZOOM)

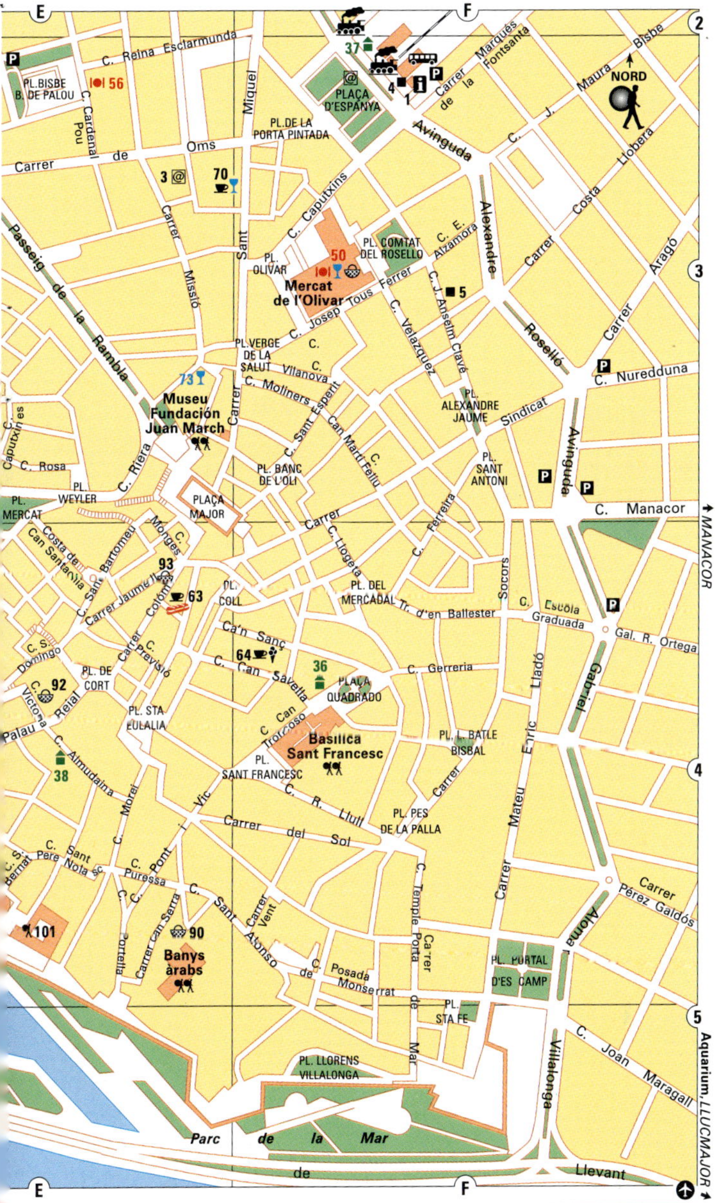

PALMA DE MAJORQUE – CIUTAT VELLA (ZOOM)

Adresses utiles

- 1 Offices de tourisme OIT municipaux de Palma
- 2 Office de tourisme OIT du Conseil de Mallorca
- 3 Chip Comunicaciones
- 4 Palma Lock & Go !
- 5 Bus urbains EMT
- 6 Casa del Mapa
- 7 Consulat de France
- 8 Palma on Bike
- 9 Hospital General

Où dormir ?

- 33 Hotel Jaime III
- 34 Hostal Ritzi
- 35 Hostal Apuntadores
- 36 Central Palma Youth Hostel
- 37 Hostal Terminus
- 38 Hotel Dalt Murada
- 40 Brondo Architect Hotel
- 41 Hotel San Lorenzo
- 43 Hotel Palladium

Où manger ?

- 50 Mercat municipal de l'Olivar
- 52 La 5ta Puneta
- 53 Tast
- 54 Bar Día
- 55 Ca'n Eduardo
- 56 Celler Sa Premsa
- 59 Celler Pagès
- 60 Bon Lloc
- 61 Es Mercat
- 62 Tasu

Où faire une pause gourmande ?

- 63 Forn Ca na Teresa
- 64 Ca'n Joan de S'aigo

Où boire un café ou un verre ?

- 70 Cappuccino
- 71 Bar Bosch
- 72 Café Varadero

Où boire un verre le soir ?

- 73 Café l'Antiquari
- 74 La Bodeguita del Medio
- 75 Jazz Voyeur Club
- 76 Abaco
- 77 Agua

Achats

- 50 Mercat municipal de l'Olivar
- 90 Monasterio de Santa Clara
- 91 Alpargateria La Concepción
- 92 Gordiola
- 93 Majorica

À voir

- 100 Es Baluard
- 101 Museu Diocesà
- 102 Parc de la Mar

PALMA DE MAJORQUE – REPORTS DU ZOOM

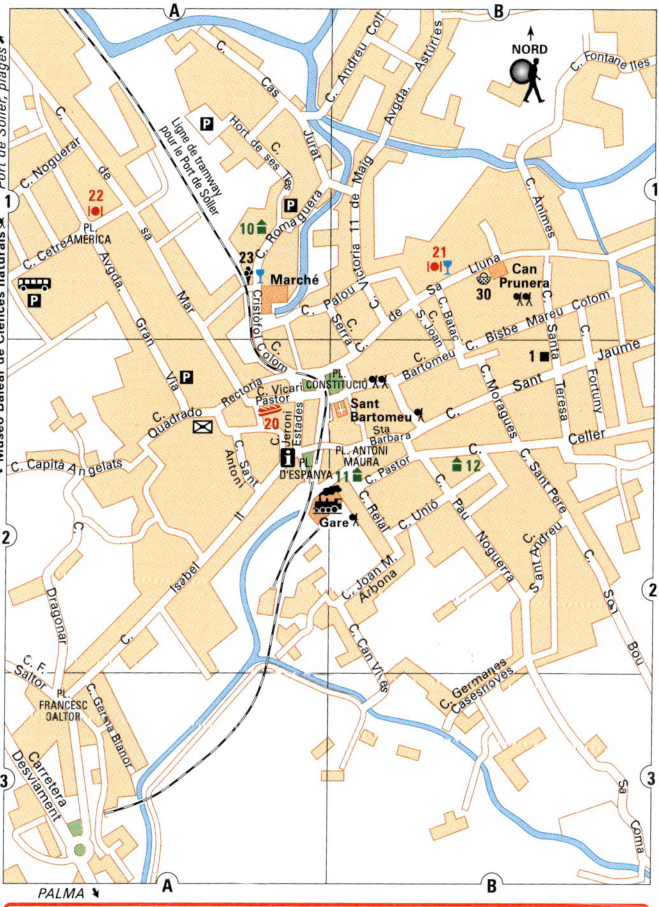

SÓLLER

■ **Adresses utiles**

- Office de tourisme (OIT)
- 1 Rent a Bike Vivas

Où dormir ?

- 10 Hostal Nadal
- 11 Casa Margarita
- 12 Hotel Ca'n Abril

Où manger ?

- 20 Forn Marroig – Can Panxetà
- 21 Bodega Can Mora des Vi
- 22 Petit Celler Cas Carreter

Où boire un verre ?
Où déguster une bonne glace ?

- 21 Bodega Can Mora des Vi
- 23 Sa Fabrica de Gelat

Achats

- 30 Ben Calçat

MAÓ

■ **Adresses utiles**

- Office de tourisme (OIT)
- @ 1 Bibliothèque publique
- @ 2 Institut de la Joventut de Menorca
- 3 GOB Menorca
- @ 4 Cyber Comunicaciones Menorca

Où dormir ?

- 10 Hostal Jume
- 11 Hostal La Isla
- 12 Hostal Posada Orsi
- 13 Apartamentos Royal
- 14 Eurotel
- 15 Casa Albertí
- 16 Hotel Capri
- 17 Hotel San Miguel

Où manger ?

- 30 Forn Can Senyalet
- 31 La Parra

MAÓ

32 La Tropical	44 American Bar
33 Bar Tabaris	**Où déguster une glace ?**
34 Ses Forquilles	45 El Turronero
35 Wepi	**Achats**
Où boire un verre ? Où écouter de la musique ?	50 Mercat des Claustre del Carme
40 Bar Nou	51 Destilerías Xoriguer
41 Café Baixamar	
42 Akelarre	
43 Ars Café	

EIVISSA – VILLE NOUVELLE (PLAN I)

■ Adresses utiles

- Station maritime pour Formentera
- 1 Police nationale
- 2 Police municipale (dans la gare routière)
- 4 Hôpital Can Misses et Centre médical international
- 5 Croix-Rouge
- 7 La Clave, cybercafé et consigne
- 13 Extra Rent et consigne

Où dormir ?

- 21 Hostal La Ebusitana

Où manger ?

- 31 Es Tap Nou
- 39 Restaurante Antonio
- 41 Valentino Café
- 45 Bar-restaurante Ca'n Brodis
- 48 S'Ametller
- 49 El Cigarral

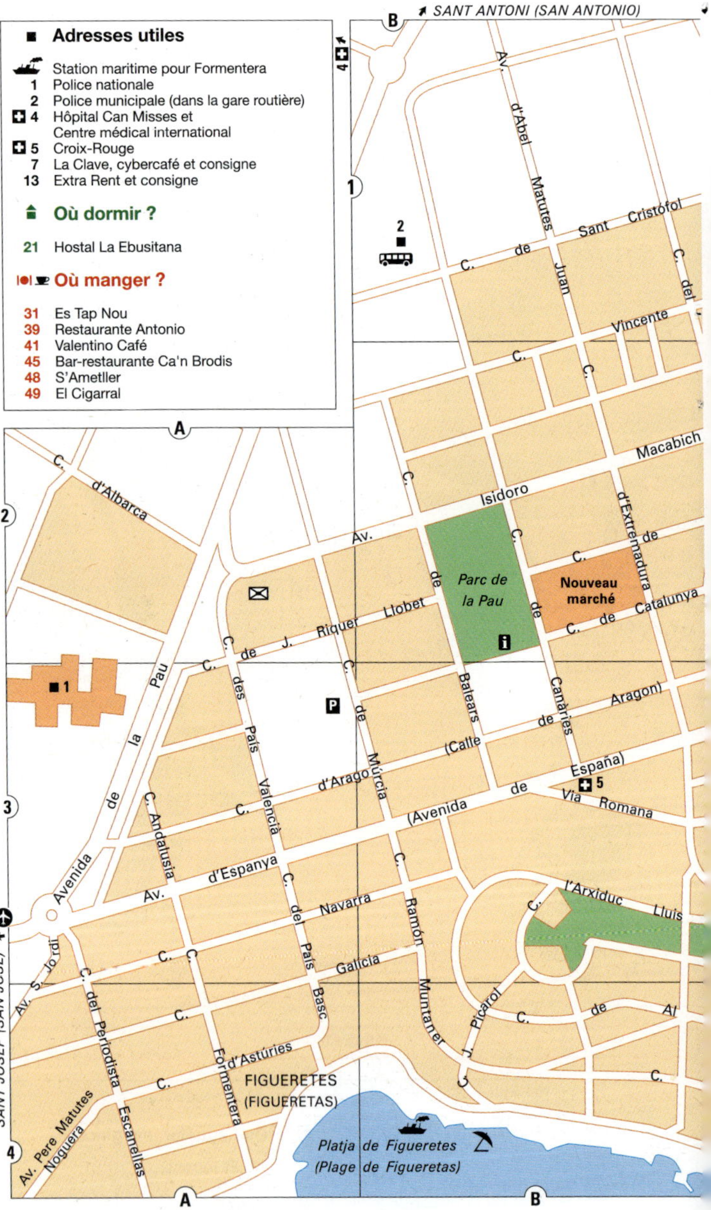

EIVISSA – VILLE NOUVELLE (PLAN I)

EIVISSA – VILLE NOUVELLE (PLAN I)

EIVISSA – VIEILLE VILLE (PLAN II)

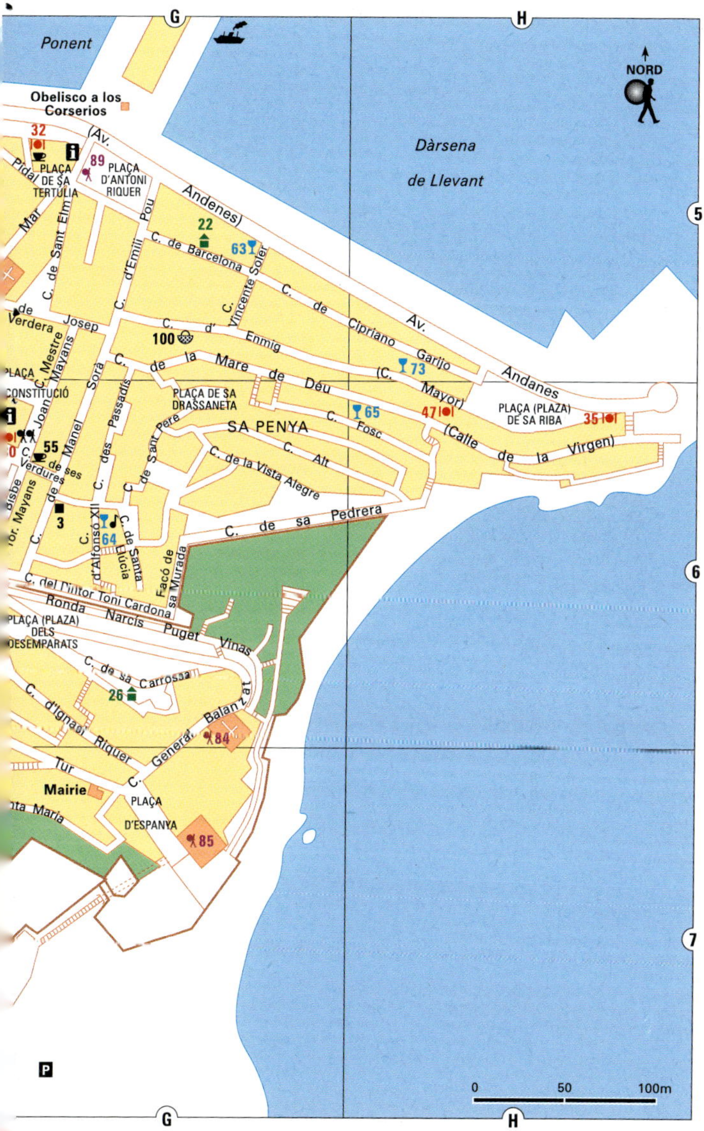

EIVISSA – VIEILLE VILLE (PLAN II)

Adresses utiles

- 1 Office de tourisme de l'île d'Ibiza
- 2 Office de tourisme municipal – La Cúria
- Gare maritime pour Barcelone, Palma, Alicante, Valence et Dénia
- Station maritime inter-plages et Formentera
- 3 Police municipale (annexe)
- 8 Taxis
- 9 Proamar (change)
- @ 10 Telepost (téléphone, fax, Internet, poste restante, change)
- 12 Librairie Vara de Rey

Où dormir ?

- 18 Hostal Residencia Juanito y las Nieves
- 19 Hostal Juan de Austria
- 20 Casa de Huéspedes Vara de Rey
- 22 Hostal La Marina
- 23 Hostal Parque
- 26 La Ventana
- 28 La Torre del Canónigo
- 29 Ripoll Ibiza Hostal & Apartamentos

Où manger ?

- 30 Comida Can Costa
- 32 Pastelería Los Andenes
- 34 Le Bon Profit
- 35 Ca'n Lluis
- 36 La Brasa
- 37 El Zaguan
- 38 Pastelería Vadell
- 40 La Oliva
- 42 Ca'n Alfredo
- 43 Herry's Bar
- 44 Comida San Juan
- 46 El Olivo
- 47 Rincón del Puerto
- 55 Croissant Show
- 56 Bueniissiimo croissanteria
- 80 Marché

Où boire un verre ? Où écouter de la musique ?

- 60 Can Pou Bar
- 62 Teatro Pereyra
- 63 El Chupito
- 64 Dôme
- 65 Exis Bar et Sunrise Bar
- 69 Café Madagascar
- 72 Bar La Carbonera
- 73 Arte del Mojito

Achats

- 100 Ibimusic

À voir

- 80 Marché
- 83 Museo Arqueológic
- 84 Església de Sant Domingo
- 85 Convent Dominic (couvent des Prédicateurs dominicains)
- 86 Capella de Sant Ciriac
- 89 Mercado hippy (marché hippie)

EIVISSA – VIEILLE VILLE – REPORTS DU PLAN II

"Émerveillez-vous devant de magnifiques points de vue comme celui depuis le phare du Cap de Ses Salines à l'extrémité sud de Majorque ou sur Es Pontàs (p. 171 ; photo), extraordinaire arche de pierre."

"Le sentier de La Trapa (p. 101) qui sillonne une réserve naturelle vous emmènera jusqu'aux ruines d'un monastère d'où vous aurez une vue incroyable sur l'île de Sa Dragonera."

À DROITE : ROMAN BABAKIN/SHUTTERSTOCK ©

À PROPOS DE CET OUVRAGE

Cette cinquième édition en français du guide Majorque est la traduction-adaptation de la sixième édition en anglais du guide Mallorca de Lonely Planet, rédigée par Laura McVeigh. L'édition précédente avait été rédigée par Damian Harper et Josephine Quintero.

Traduction Servane Heudiard, Catherine Le Palud, Laura Vaz

Direction éditoriale Dominique Bovet

Responsable prépresse Jean-Noël Doan

Coordination éditoriale Marie Barriet-Savev

Maquette Gudrun Fricke

Cartographie Cartes originales de Hunor Csutoros adaptées en français par Caroline Sahanouk

Couverture Adaptée par Laure Wilmot et Laurent Briard pour l'édition française

Remerciements à Jean-Victor Rebuffet et Christophe François pour leur travail sur le texte, à Sylvie Rabuel pour sa relecture, à Vahagn Terzian pour sa préparation du texte et son travail de référencement et à Pauline Lecoq pour son travail sur les carnets d'adresses. Merci à Dominique Bovet, Clara MacKenzie, Nicolas Guérin pour leur aide et leurs judicieux conseils, ainsi qu'à Stéphanie Rian. Enfin, merci à Luan Angel et Nigel Longuet à Londres, et à Jean-Pierre Masclef à Melbourne.

En Voyage Éditions | un département édi8

Majorque

5e édition

Traduit et adapté de l'ouvrage *Mallorca, 6th edition, June 2023*

© Lonely Planet Global Limited 2023

© Lonely Planet et Édi8 2023

92 avenue de France

75013 Paris

Dépôt légal Juin 2023

ISBN 978-2-38492-143-0

Photographes © comme indiqué 2023

Imprimé par Pollina, Luçon, France - 46704